▲

在 1938 年 3 月 12 日纳粹德国占领及吞并奥地利后，奥地利边境上的德国士兵。

▲

1938 年 11 月 9 日，为纪念发生在 1923 年德国慕尼黑的啤酒馆暴乱而举行的游行。参加游行的纳粹党最高成员包括弗里德里希・韦伯、赫尔曼・戈林、阿道夫・希特勒和乌尔里希・格拉夫（前排左起）。这个仪式是水晶之夜的前奏。当晚，一系列针对犹太人的联合袭击开始了。

▲
1939 年，阿道夫・希特勒在慕尼黑德意志艺术之家前发表讲话。

▲
德国入侵波兰后，1939 年 10 月，阿道夫・希特勒在华沙庆祝胜利的游行中。

▲

1940 年 1 月，排队打水的波兰华沙犹太居民。他们头上的牌子上写着“传染区”。竖立这些牌子是德国军队建立华沙犹太区的步骤之一。

▲
1940 年，意大利独裁者墨索里尼。

▲
1940年，纳粹对低地国家发动闪电战，荷兰鹿特丹有850人因此失去生命。

▲
1940 年 5 月，纳粹入侵时，比利时的城市居民为减缓德军的行进而堆设的临时路障。

▲
1940 年 5 月的一张海报，上面引用了刚上任的英国首相温斯顿·丘吉尔在下议院第一次演讲中的一句话。

▲
1940 年，纳粹入侵低地国家后，被德军俘虏的比利时士兵。

◀ 1940 年 5 月，德国军队正从比利时进击法国。

◀ 1940 年，入侵法国行动中，在约讷省的德国士兵。

▲
1940 年，法国某城市的废墟。

▲
1940 年 6 月，敦刻尔克，被德国军队俘虏的英国士兵。

▲
1940年，德国军队向巴黎推进。

◀ 1940年，法国协和广场，德国陆军元帅冯·博克（中）与德国士兵。

▲
1940 年，法国协和广场，当局在宣布法国政府停战的意愿。

◀ 英格兰北德文区塔普利公园中的哈伊姆·魏茨曼家的花园，一个护士与来自普利茅斯的年幼的撤离人员。

▲
1940 年 9 月，不列颠之战中，德军空袭后的伦敦泰晤士河上，救火船正与大火搏斗。

▲
1940 年至 1941 年的那个冬季的闪电战之后，伦敦的断壁残垣。

《纽约时报》二战全纪实

《纽约时报》／著
［英］理查德·奥弗里／主编
钱垂君　王晶晶　向　娜／译

叛逆的帝国

［1939—1940］

World War II represented a profound challenge to every major newspaper in the democratic world because of its sheer scale, length and complexity. No one in 1939 could possibly have foreseen a war that was to last for six years and cost at least 55 million people their lives. No one in 1939 could have predicted that a war that began with the German invasion of Poland, a conflict confined at first to eastern Europe, would engulf the entire globe, from the Aleutian Islands in the far north of the Pacific to Madagascar in the southern Indian Ocean, from the sea lanes of the Caribbean to the icy waters of northern Norway. The complexity of the war derives from the many conflicts now known unsatisfactorily by the single label of World War II. In Asia the Japanese began a war in 1937 against China and then undertook another one in 1941 across the Pacific, and a further campaign into Southeast Asia and toward India. In the Mediterranean, Italian dictator Benito Mussolini began war against Britain and France in June 1940 and then turned to Greece and Africa to try to carve out a new Roman Empire while the West was in crisis. The main threat came from the militarily and industrially powerful Germany. Hitler also found himself fighting two wars, one against the Western democracies, including by 1941 the United States, and a second one of imperial conquest in the Soviet Union. Against the West, at sea and in the air, Germany fought a war based on the most modern science and technology; against the Soviet Union it was more traditional, a clash of mass armies. Descriptions of the German soldiers at Stalingrad read like accounts of the Grand Army of Napoleon that froze to death in Russia 130 years earlier.

1939—1945

新世界出版社
NEW WORLD PRESS

图书在版编目（CIP）数据

叛逆的帝国 / 美国《纽约时报》著；（英）奥弗里主编；钱垂君，王晶晶，向娜译．—北京：新世界出版社，2016.9
（《纽约时报》二战全纪实）
ISBN 978-7-5104-5576-6

Ⅰ．①叛… Ⅱ．①美… ②奥… ③钱… ④王… ⑤向… Ⅲ．①第二次世界大战—史料 Ⅳ．① K152

中国版本图书馆 CIP 数据核字（2016）第 007556 号

北京版权保护中心海外图书版权合同登记号：图字 01-2016-0369

叛逆的帝国

作　　者：《纽约时报》
主　　编：［英］理查德·奥弗里
译　　者：钱垂君　王晶晶　向　娜
策划编辑：周　强　曹福双
责任编辑：秦彦杰　杜　力
责任校对：宣　慧
责任印制：李一鸣　黄厚清
出版发行：新世界出版社
社　　址：北京西城区百万庄大街 24 号（100037）
发 行 部：（010）68995968　（010）68998705（传真）
总 编 室：（010）68995424　（010）68326679（传真）
http://www.nwp.cn
http://www.nwp.com.cn
版 权 部：+8610 68996306
版权部电子信箱：nwpcd@sina.com
印　　刷：三河市骏杰印刷有限公司
经　　销：新华书店
开　　本：710mm×1000mm　1/16
字　　数：428 千字　印张：25.5
版　　次：2016 年 10 月第 1 版　2016 年 10 月第 1 次印刷
书　　号：ISBN 978-7-5104-5576-6
定　　价：59.80 元

推荐序

汤姆·布罗考

100年、500年、1000年后，历史学家研究第二次世界大战时，会心生疑惑：这是一场全面的战争，它席卷欧洲文明的中心，横跨太平洋，它野心勃勃而又极具杀伤力，然而英国著名军事历史学家约翰·基冈居然称之为“人类历史上最伟大的事件”。为什么会这样？

从1939年到1945年，你可以在《纽约时报》驻国内外记者的报道中，看到这场战争从开始是多么混乱不堪、错综复杂，充斥着表里不一、背信弃义，甚至是痴心妄想。阿道夫·希特勒唤起了德国狂热的激情，而日本这个岛国则开始将国旗插在远离国境的地方。

1939年9月1日德国入侵波兰，《纽约时报》用醒目的黑体字《华盛顿认为这场危机很严重》为标题进行报道，详细地描述富兰克林·D.罗斯福总统是如何花了一整天的时间阅读新闻通讯并收听欧洲电台的节目的。第二天法国动员了800万军人，第三天英国向德国宣战。

然而，9月3日哈罗德·B.辛顿在《纽约时报》发表题为《美国能置身于战争之外吗》的长篇分析文章，文中写到罗斯福对希特勒顾虑重重，但已经暗中备战。同时，辛顿引用罗斯福的话说：“他希望并相信美国能远离危险，而且他的政府将尽其所能地保持远离战火。”

人类历史上这场“最伟大的事件”就这样开始了。不怀好意的德国拉开了序幕，整个欧洲一片哗然，美国总统却依旧举棋不定。

从那天起，《纽约时报》的记者和编辑开始了急行军，以实时追踪事态的发展。

加拿大、澳大利亚等英联邦国家都投身对德作战，《纽约时报》驻伦敦记者詹姆斯·赖斯顿描述说，全城人都猫着腰以躲避德国空袭，之后又记录了温斯顿·丘吉尔是如何一步步晋升到高位的。赖斯顿颇有先见之明地指出："丘吉尔先生骨子里就有战争因子。他就像一位快乐的老拖船船长，头顶一顶破旧不堪的水手帽，嘴叼一支熄灭了的雪茄。不管是外形上，还是讲话的声音上，他都堪称真正的领袖。"事实上，丘吉尔当之无愧。

消息不断地从东线和西线传来：《英国儿童已经撤离城市》《传说中的苏联严冬即将围困侵略者》《新加坡对日本的威胁将信将疑》《潜艇击沉英国战舰》。

查尔斯·林德伯格仍然公开宣称，反对美国卷入这场战争，还称，美军的妈妈们会强闯国会，要求美国不要参战。

然而，到了 1941 年秋，罗斯福的个人担忧变成了热火朝天的战争武器计划，也就是罗斯福所说的"民主国家的兵工厂"。汉森·鲍德温在《纽约时报》中写道："'民主国家的兵工厂'的武器产量大增。"

30 多天之后的一个周日，也就是 1941 年 12 月 7 日，日本偷袭珍珠港，美国举国上下一片震惊。正如罗斯福之后对世界所说的，"一个耻辱日"。也正是珍珠港事件使美国迅速卷入了战争。

在现代史上一系列最大的海战中，日本与美国在整个太平洋上，围绕着塔拉瓦、硫黄岛、瓜达尔卡纳尔岛等之前闻所未闻的小岛展开殊死搏杀。

这是一场亘古未见的世界大战，战火蔓延到了北非、意大利乃至整个欧洲和苏联西部，以及所有的海域和领空。

1600 万美国人齐心协力，为打击敌人而努力，从深入敌后到烤面包再到包装降落伞，从乘飞机空降作战到乘潜艇潜入深海袭击敌舰，不一而足。

苏联人从东面挺进。同盟国军队齐聚英国，在总司令德怀特·艾森豪威尔的统一指挥下，准备发动有史以来最大规模的战役。艾森豪威尔出生于美国堪萨斯州的一家农场，性情温和，直到 1941 年才晋升为陆军上校。

1944 年 6 月 6 日，同盟国在诺曼底登陆。这是二战中具有重要意义的一场战斗。这场规模浩大的海陆空协同的军事行动昭示着第三帝国和阿道夫·希特勒的疯狂行为即将走向末路。

然而，盟军登陆3小时后，《纽约时报》和华盛顿其他的新闻记者才得知这一消息。

从那天起，新闻开始变得振奋人心。《纽约时报》头条新闻变成：《纳粹继续猜测巴顿将军的部队的动向》《日军（在塞班岛）被打得落花流水》《B-29轰炸机首度亮相》《苏联红军的进攻一如既往地勇猛》。

苏联军队在东线挺进，同盟国军队从西线打来。德军遭到夹击，虽殊死拼斗，却损失惨重。阿道夫·希特勒这个历史上的暴君，在柏林的一个掩体内开枪自杀，他那打造千古帝国的邪恶梦想不到10年便走到了尽头。

在太平洋，同盟国军队已把矛头指向日本的本土。除非日本投降，否则一场对谁都没有好处的战争将无法避免。

但最终战争得以避免。日本遭受两颗极具毁灭性的原子弹袭击后，投降了。

这场疯狂的战争于1945年8月宣告结束。这场真正意义上的全球战争结束了。和平来之不易，世界需要史无前例的重建和重组；一场全新的战争，亦即苏联与西方国家的冷战，揭开了序幕；在一定程度上，纳粹德国对犹太人的大肆屠杀促成了一个全新的国家在中东地区崛起。

和平虽然并不稳固，但依然让人欣喜。男人重返家园，或读书，或工作，投身于休眠已久的经济建设。妇女孕育了具有鲜明个性的新一代。底特律又开始生产民用汽车。超市又可以买到肉类和黄油。一座座新城市在美国东南部、西南部和西部兴起。

历经硝烟的人们把战争的可怕记忆深埋心底，继续生活，一心要弥补自己、家庭和朋友做出的牺牲。

在《纽约时报》的这些报道中，你可以追溯那段混乱的时光，重温那些重大决策；你会因战胜国领袖的伟大事迹备受鼓舞，也会为战争贩子的虚伪而愤怒。

这是超越时代的新闻。对于亲历这场战争的人们，对于渴望了解战争是如何发生的，我们又是如何取胜的人们，这更是一份不可多得的礼物。

目录
contents

引　言

历史的真相

第二次世界大战规模大、持续时间长、战事复杂，对民主世界的各大主流报纸而言是一种深刻的挑战。1939年，没有人会预见到这场战争将持续6年、夺去5500多万人的生命。1939年，也没有人会料到，德国入侵波兰引发的一场限于东欧国家的冲突，会发展成全球性的战争：从太平洋北部的阿留申群岛到印度洋南部的马达加斯加、从加勒比海上的航线到冰冷的挪威北部海域，无不波及。

这场由众多冲突引发的复杂战争如果仅贴上“第二次世界大战”这个标签似乎有点勉强。在亚洲，日本于1937年对中国发动了一场战争，于1941年将战火烧过太平洋，随后又把战争的号角吹到了东南亚和印度。在地中海，意大利独裁者贝尼托·墨索里尼于1940年6月对英法两国宣战，然后趁西方国家自顾不暇之际，又将矛头转向希腊和非洲，试图打造一个全新的罗马帝国。然而，最主要的威胁则来自军事和工业强国——德国。希特勒发现了自己身处双线作战的局面，其一是针对西方各民主国家的战事，到1941年把美国也卷了进来；其二是对苏联的征服。在对西方各国的海战和空战中，德国动用了彼时最先进的科学技术；而对苏战争则传统得多，双方集结大批军队展开厮杀。如今，德军士兵对斯大林格勒战役的叙述读起来与130年前拿破仑的“大军团”冻死在俄国的情景如出一辙。

这场战争被交战各国归结为一场你死我活的斗争。西方民主国家认为，整个西方的传统和民主生活方式似乎受到来自军国主义和现代独裁主义的致命威胁。德国、意大利和日本则认为，西方民主国家及其帝权（显然毫无民主可言）支配下的世界似乎是以陈腐的自由主义价值观为基础的，西方国家不过是在假惺惺地维护政治自由和公开贸易，并没有付诸实践。在西方国家的支配下，它们看不到自己国家的未来。被称为轴心国的这三个国家，在激进民族主义者政权的统治下，意欲扫除西方国家长久以来的妄自尊大，妄图在亚洲、地中海和欧洲建立它们所谓的“新秩序”。为了反击这种日益膨胀的野心，世界其他国家纷纷团结起来站到了同盟国这一边。同盟国则于 1942 年 1 月采用了“联合国家”的名称，以确认越来越多的反对轴心国的国家。

同盟国主要包括英国、美国、苏联和中国。尽管各国的政治体制与抗战议程截然不同，但是它们有着共同的愿望，那就是团结一致，打败共同的敌人，以期建立一个更合理、更和平的世界体系。对各国而言，将战争归结为单纯的对与错并非难事，尽管从民主国家的角度来看，那时中国和苏联实行的独裁统治有诸多不妥。对胜利的期许让联盟撑到了 1945 年，之后逐渐让位于新的危机，战时的朋友战后很快成了敌人。

二战期间，《纽约时报》坚持“不偏不倚”，尽可能全面地报道了军事和政治新闻。该报大量的文章、报道、社论所聚焦的地区和事务绝不仅仅关乎美国的利益。《纽约时报》发行商阿瑟·海斯·索尔兹伯格和他的编辑团队在战争期间全力以赴，以确保读者能够更充分地了解这场战争。《纽约时报》派驻全球各地的 160 多名记者没有坐在办公室里：为了跟踪报道时事动态，他们远离熟知的城市，深入偏远地区。《纽约时报》所刊印的二战报道远远超越任何其他报纸，工作日刊发量平均 12.5 万字，周日版更是达到 24 万字。每天有 100 多万字的动态新闻稿通过电台、电话和电报潮水般涌入《纽约时报》，连宝贵的广告板块也不得不取消，以刊载所有的消息。战时报纸的读者数量从 1941 年的日均 126 万（含日报和周日版）增加到 1945 年的日均 147 万[1]。战时的新闻用纸供给限额，似乎并未对《纽约时报》产生过影响。1942 年年底，索尔兹伯格应邀加入出版人新闻纸委员会。该委员会根据 1941 年平均耗纸量确定了各报社的纸张配额，并根据“L-240 令”，制订了一项计划，确保每家报纸都能得到它应得的纸张。《纽约时报》刊发的报道，尤其是全球报道，比其他的报纸多，代价就是取消了广告版面、牺牲了广告收入[2]。

在发掘新闻、刊发新闻的过程中，总有各种问题出现。战时新闻的报道与刊发并不容易。第一个问题是官方压制，其次是新闻审查。军事行动属于高度机密，关于战争进程的消息要么是不真实的，要么遭刻意隐瞒。报道1940年的法国战役和1944年的诺曼底登陆时，记者所能获得的讯息仅有区区几份公报，只好据此猜测战事进展。要了解东部战线和中国境内的战争，获取任何有价值的材料，每每要历经重重难关。自1941年6月22日德国对苏联发动巴巴罗萨行动之后的半年时间里，德国的历次新闻发布会对战争的进程都闪烁其词，鲜有实事求是的消息披露。10月初，在柏林举行的一场大型记者招待会上，德国放出消息说苏联已经被击败，遭到在场几位美国记者的质疑，德方消息旋即被证实是一派胡言[3]。

即使有新闻可报道，各国也会实施审查以避免危及国家安全。新闻审查制度的形式多样，审查对象不仅包括文字，还包括图片。于是，记者练就了不触犯审查规则写出新闻稿的本事。美国禁止报纸刊登牺牲的士兵或人们哭泣的照片。英国则严禁刊登空袭中丧生者或重伤者的图片[4]。有时候，新闻审查制度让记者们极为沮丧。1940—1941年德国对伦敦实施闪电战期间，《纽约时报》驻伦敦办事处主任雷蒙德·丹尼尔简要地解释了新闻业从业人员对新闻审查制度的看法：

“一天到晚要与审查员打交道。审查员往往是那种好心犯糊涂的人，要么办事拖拖拉拉，要么脑子不灵光，分不清什么是军事情报，什么是无关痛痒的猜测，把记者都快逼疯了[5]。”

丹尼尔认为审查制度就像禁酒令一样，“目的高尚”但寸步难行。在独裁统治下，审查制度被所有外国记者看作不可避免的风险。1938年，《纽约时报》驻维也纳的通讯记者乔治·E.戈迪遭奥地利驱逐出境，因为他自3月份德军占领维也纳之后，报道了一些不招人喜欢的新闻。问及被驱逐的理由时，却被告知不需要理由。乔治是在一名奥地利侦探的陪同下离开的，出关时还遭海关人员上上下下搜了个遍。他们用针扎进他带的肥皂，还检查了他的裤脚翻边[6]。1941年，《纽约时报》记者奥托·托里斯克斯因他那些不服从审查制度的文章（它们为他赢得了普利策奖）而被驱逐出德国。几个月后，他在日本因发表报道被捕入狱，而那些报道事实上已通过审查[7]。

这场战争让《纽约时报》的海外记者时常在最偏远的角落里身处险境。这种凶险从报纸上刊发的最终报道中很难看出来，读者也无法领会。英国小说家W. 萨默塞特·毛姆在为丹尼尔所写的书作序时，对记者们默默承受的风险给予了真诚的评价：

“战时的新闻人从事的职业是相当危险的。哪里有战事，哪里就有他们的身影。他们必须勇敢而坚韧；他们必须忍受种种不适和常年的艰难困苦；为了新闻，他们必须直面危险，甚至流血牺牲。电讯中不会提及他们自己，也没有人授予他们奖牌或头衔。他们可能会流露出英雄气概，但没有人会注意到[8]。”

通讯记者在前线身着军装，头顶头盔，危险程度可想而知。《纽约时报》有两名记者在战争中不幸牺牲。拜伦·达恩顿因“友军炮火”丧生。其时，拜伦正乘登陆艇前往新几内亚的布纳，遭一架B-25轻型轰炸机误袭。1943年2月，伦敦办事处的罗伯特·波斯特在美国第八航空军与德军争夺威廉斯港的首次战事中牺牲。理查德·约翰斯顿在美军进攻法国布雷斯特港的战役中受伤。哈尔·丹尼，早先曾在北非被盖世太保逮捕并讯问（幸未遭刑讯），在比利时被炸弹碎片击中。《纽约时报》的雇员，有910人参军，其中19人丧生[9]。

可歌可泣的事迹有许多，其中一桩是关于身材矮小的戏剧评论家布鲁克斯·阿特金森的。布鲁克斯厌倦了在百老汇写戏剧评论，急于投身战地报道。1942年年底，他旅行到了非洲，发出生平第一篇战地报道。随后，他来到了中国，作为通讯记者，报道中缅战区的新闻。1944年10月，蒋介石曾要求华盛顿召回史迪威将军，提出要更换美国顾问。布鲁克斯是第一个得知消息的人，为了避开审查，他不辞辛苦长途跋涉回到纽约才发出报道。早在中国时，他就已经重病缠身，回国后立即住院治疗。他那在亚洲战场的残酷条件下本来就瘦得可怜的身体因此更是骨瘦如柴[10]。

《纽约时报》在二战期间热切希望保持其政治独立性。正是由于这种独立性，它才会在1940年的选举中支持共和党候选人温德尔·威尔基，以及在4年后的 1944 年支持民主党候选人富兰克林·罗斯福。对轴心国的侵略行径，无论是战前还是战争期间，要想无动于衷是很难的。丹尼尔写道：只有机器，“新闻业的机器人，才能在这种情况下不偏不倚”。他认为，即便是面临世界各地的错误消息和宣传，通讯记者都仍有可能坚守“新闻的客观性”[11]。如果非要说《纽约时报》站了队，那这个队就是支持国际主义。20 世纪 30 年代初，索尔兹伯格曾反对战争，但他和 1938 年 11 月新任命的编辑查尔斯·默兹都意识到了美国更多地参与到更广泛的世界事务的重要性。1939 年，在丹尼尔之前派驻伦敦的资深记者费迪南德·库恩曾预测：英国在德国面前表现出来的软弱必将遭受经济衰退的厄运和世界末日般的狂轰滥炸，而美国因为拥有“充满活力和青春勃发”的人口，还有机会“明智地使用我们的民主制度”，将自然而然地取代英国在全球的地位[12]。

整个二战期间，《纽约时报》自始至终都在大力倡导美国应在战后担起全球责任这一理念。《纽约时报》外交新闻记者哈罗德·卡伦德在 1944 年出版的《和平的序幕》一书中，警告说美国现在面临的是“一个本质上更小、联系更紧密的世界，在这个世界中，任何大国都不可能中立或被孤立”[13]。索尔兹伯格在关于组建联合国的讨论中一直焦虑不安，担心公众会因为某种原因看不到国际主义可以保护其自身利益。1945 年 8 月，《纽约时报》不无理由地声称：“我们成为世界上最强大的国家。”然而这句话的用意是为了确保美国领导人和公众意识到孤立主义已一去不复返[14]。

《纽约时报》的影响力如何很难评判，尽管白宫和国外的领导人都带着极大的兴趣阅读并关注它刊发的社论。然而，到了要求各国直接参与时，机会却寥寥无几。《纽约时报》记者奥托·托里斯克斯被捕后，日本检察官在总结案情时对他说：在民主国家，新闻会影响公众舆论，公众舆论会影响政府。托里斯克斯所写的东西影响了美国的政策，“导致了日本和美国之间的战争”，因此托里斯克斯“对这场战争负有责任”[15]。坦白说，这种影响与现实相差十万八千里。《纽约时报》偶尔会为杰出的军人或政治家提供一个平台，将他们的事迹公布于众。1944 年，该报为英国皇家空军上将亚瑟·哈里斯留出数个版面，极为详细地描述了轰炸攻势取得的成果。早些时候，索尔兹伯格和哈里斯曾通信谈论通过美国媒体宣传轰炸战略[16]。1943年夏，索尔兹伯格在《纽约时报》记者詹姆斯·赖斯顿的陪同下前往莫斯科，拜会苏联领导人，目的是向苏联领导层表明美国新闻界明白苏联是抗击法西斯的重要力量。此举得到了罗斯福的亲自授意。他被领入《真理报》的办公室，却诧异地发现这里居然没有新闻编辑室（新闻都是上级部门下发的）。他见到了苏联外交人民委员维亚切斯拉夫·莫洛托夫，此人面带笑容却少言寡语。索尔兹伯格得出结论："苏联不想被世人所知。"从此，二战后期《纽约时报》关于苏联的报道比1941年少了很多[17]。1944年4月《真理报》刊发了一篇关于《纽约时报》军事记者汉森·鲍德温的报道，称他为"墨水池里的海军上将"，说他写的军事分析自以为是、惯于误导，言辞之间充满敌意。苏联对《纽约时报》的态度由此可见一斑。[18]毫无疑问，《纽约时报》最大的影响力就是其毫无保留地支持联合国项目以及美国的全球政策。1944年10月，《纽约时报》同时谴责了"民族孤立主义者"和主张真正的"人民的议会"的纯粹理想主义者，说他们破坏了寻求新型全球组织的努力，还说这一组织虽然存在诸多不足，却仍比回归战前好得多[19]。

战争期间，《纽约时报》对关乎美国重大利益的许多事务持进步观点。彼时，人们对战争可能导致总统权力大幅膨胀而忧心忡忡，而这也是罗斯福与媒体关系尴尬的原因所在。对于黑人参战的权利，以及在平等的条件下作战和工作的权利，《纽约时报》都定期报道，并为促进民族融合做出不懈努力。《纽约时报》特别报道了突出部战役中，1944年12月黑人部队在巴斯托涅包围战中奋战的事迹[20]。《纽约时报》还定期以专题报道和社论的形式，重点描述战争年代女性所做的工作，并提供了一个平台，为战后妇女应继续工作而不是做家庭主妇这种言论鼓劲。然而，1945年，无论美国黑人还是美国妇女都未能如愿以偿。《纽约时报》在退伍士兵返回纽约的报道中，对走下军舰时白人士兵和黑人士兵被隔开的情况并未置评。

无论是捷克利迪策村的大屠杀，还是日军在中国南京的大屠杀，《纽约时报》在揭露战时暴行时从不扭扭捏捏。该报是一支揭露不公正的有生力量，其对英国拒绝印度独立的定期报道就是最好的明证。但是,《纽约时报》也曾遭到批判，原因是对最穷凶极恶的暴行，即阿道夫·希特勒领导下的第三帝国对欧洲600万犹太人的迫害和灭种行为，未做出舆论导向。然而，如果说《纽约时报》无视此事，那就是误导了。在整个20世纪30年代和战争期间，该报曾多次报道德国的反犹太人政策。它报道了1938年11月的水晶之夜事件中纳粹分子在德国和奥地利对犹太人实施的暴行，还报道了1942年11月海因里希·希姆莱对波兰犹太人的系统性大屠杀[21]。然而，阿瑟·索尔兹伯格对自己的犹太血统感到矛盾，反对犹太复国主义，极力想避免美国的反犹太主义将《纽约时报》视为一份“犹太报纸”[22]。他下定决心要实现这一目标，因而“错失良机，没有使用《纽约时报》的巨大影响力凸显人类社会有史以来一桩最严重的罪行”——苏珊·E.蒂夫特和亚历克斯·S.琼斯在关于《纽约时报》的历史《报业帝国》一书中如是写道。关于谋杀犹太人的文章很少出现在该报头版。关于波兰东部特雷布林卡死亡集中营运作的报道刊登在第11版上。在《〈纽约时报〉销赃匿迹》一书中，萝瑞尔·莱夫写道：关于欧洲犹太人的毁灭“仍旧被掩盖，只是间或以轻描淡写或支离破碎的形式出现”[23]。

借用汉森·鲍德温的话,《纽约时报》在战时岁月中所刊发的是“历史的真相”，有别于那种“精确的、毫无感情色彩的纪年式历史教科书”。这种如实记录历史的观点，有种种局限性，而且还可能出现这样或那样的错误，因为记者总是在展望不确定的未来；而历史学家则不同，他们总是在回顾特定的某段历史。1932年年末至1933年年初,《纽约时报》曾刊文称，希特勒永远不会实行独裁专政。1940年4月，就在英国首相内维尔·张伯伦辞职的4个星期之前，该报称，内维尔作为英国领导人的地位似乎比以往任何时候都稳固。1941年6月17日，就在巴巴罗萨行动前数天,《纽约时报》刊发了沃尔特·杜兰蒂的专题报道，声称德苏之间更可能续订协议而并非发生战争[24]。作为《纽约时报》长驻莫斯科记者和普利策奖的获得者，杜兰蒂事后受到了严厉批判，理由是他曾掩饰布尔什维克的残酷行径，并对20世纪30年代初乌克兰的饥荒熟视无睹，最终报社只好对他此次获奖不予承认。

然而，在很多事情上，《纽约时报》都是正确的，并且经常先于主要竞争对手报道新闻。1939年至1945年，在整个二战中，《纽约时报》发表了成千上万篇文章。本书从中精挑细选，力求兼收并蓄。由于很多文章的篇幅很长，本书对部分文章做了删减。这些文章之所以被选入是因为它们反映了《纽约时报》叙述二战的主要视角，既涵盖了各国国内战线上的战斗，也包括了战争在美国和欧洲人日常生活中引发的一些奇闻怪事。入选文章也包括对军旅生涯之艰辛的描述，这一点许多记者都有亲身体会。叙述从同盟国面临的危机及不确定性开始，贯穿1942年至1943年那段一切似乎悬而未决的紧张时期，再到各同盟国为了胜利而奋起出击——由于轴心国的负隅顽抗，同盟国不得不拉长战线，付出更大的代价，这是公众未曾料到的。本书以全新核时代的到来结尾，在这个时代，无条件胜利的确定性带来了一个充满不确定的“核未来”。现在，人们总是想当然地认为二战同盟国的胜利是正义战胜罪恶的必然结果，但对于那些被记者们在新闻里记录下来的人来说却不尽然。记者们总是希望自己能有所作为，让战争和死亡留下的印记不那么残酷。更值得称道的是，《纽约时报》编辑罗伯特·达弗斯在敦刻尔克大撤退后，于1940年6月写道：“这就是民主的伟大传统。这就是未来。这就是胜利。”毋庸置疑，这一次《纽约时报》的预测终究是应验了[25]。

---

1 梅耶·博格，《〈纽约时报〉的故事：1851—1951》（纽约：西蒙—舒斯特出版公司，1951年），447—448页，570页，附录Ⅱ。

2 同上，476页。

3 霍华德·史密斯，《来自柏林的最后一班火车》（伦敦：克雷瑟特出版社，1942年），62—63页。史密斯曾在合众社柏林办事处工作。

4《论美国》。参见 G.H. 罗德，《审查的战争：二战中美国的视觉体验》（纽黑文：耶鲁大学出版社，1993 年），20—21 页，25 页；亚伦・摩尔・威廉，《书写战争：士兵记录日本帝国 》（马萨诸塞州堪布里奇：哈佛大学出版社，2013 年），183—185 页。

5 雷蒙德・丹尼尔，《百姓必须斗争》（纽约：双日出版社，1941 年），17 页。

6 乔治・戈迪，《维也纳华尔兹》，汉森・鲍德温、谢泼德・斯通（等合编），《目睹：可刊印的新闻背后的新闻》（纽约：西蒙—舒斯特出版公司，1939 年），34 页。

7 奥托・托里斯克斯，《东京纪实》（伦敦：汉密施・汉密尔顿，1943 年），254—255 页。

8 雷蒙德・丹尼尔，《百姓必须斗争》，W. 萨默塞特・毛姆，前言，8 页。

9 梅耶・博格，《〈纽约时报〉的故事》，462—466 页，503 页。

10 同上，489—492 页。

11 雷蒙德・丹尼尔，《百姓必须斗争》，13—14 页，15 页。

12 汉森・鲍德温、谢泼德・斯通（等合编），《目睹》，200—201 页。参见梅耶・博格，《〈纽约时报〉的故事》，531—532 页。

13 哈罗德・卡伦德，《和平的序幕》（伦敦：乔治・爱伦—爱文出版社，1944 年），247 页。

14《18 个生死攸关的日子》，《纽约时报》，1945 年 8 月 19 日。

15 奥托・托里斯克斯，《东京纪实》，257 页。

16 英国皇家空军博物馆，伦敦，哈里斯文件 H28，1942 年 9 月 21 日索尔兹伯格致哈里斯的信。哈里斯在信的下面写道："《纽约时报》的宣传文章和技术质量相当了得。"

17 梅耶・博格，《〈纽约时报〉的故事》，469—471 页。

18《〈真理报〉嘲笑〈纽约时报〉军事作者》，《纽约时报》，1944 年 4 月 10 日。

19《新联盟启动，前景光明》，《纽约时报》，1944 年 10 月 15 日。

20《黑人部队在巴斯托涅》，《纽约时报》，1945 年 1 月 29 日。

21《希姆莱计划屠杀波兰犹太人》，《纽约时报》，1942 年 11 月 25 日。

22 苏珊・蒂夫特、亚历克斯・琼斯，《报业帝国：〈纽约时报〉背后的家族传奇》（纽约：小布朗出版社，1999 年），216—218 页。

23 萝瑞尔・莱夫，《〈纽约时报〉销赃匿迹：大屠杀与美国最重要的报纸 》（剑桥：剑桥大学出版社，2005 年），164 页，358 页。

24《德苏战争谣言四起，但双方更可能达成交易而不是发生冲突》，《纽约时报》，1941 年 6 月 17 日。

25 梅耶・博格，《〈纽约时报〉的故事》，437 页。

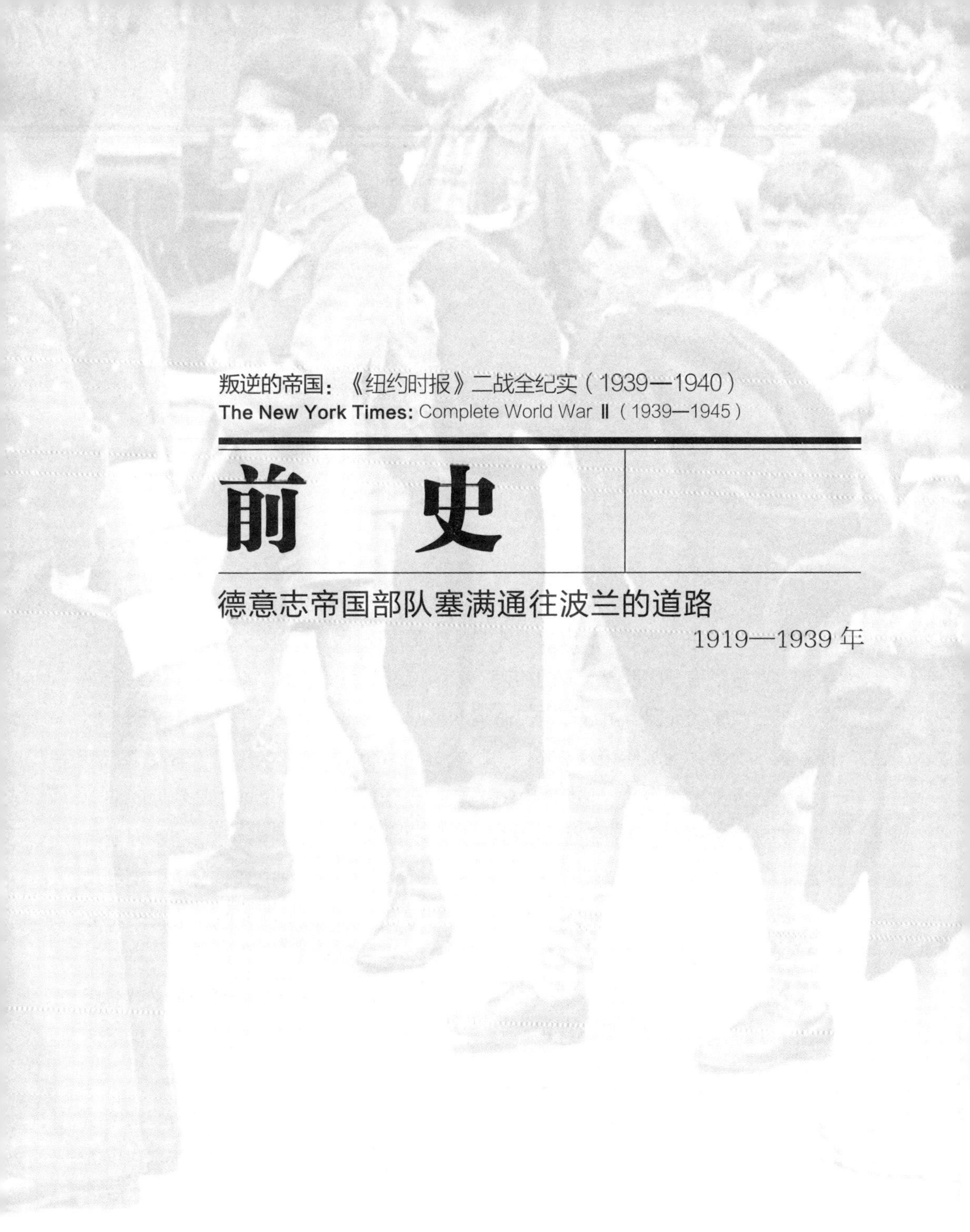

叛逆的帝国：《纽约时报》二战全纪实（1939—1940）
The New York Times: Complete World War Ⅱ（1939—1945）

前　史

德意志帝国部队塞满通往波兰的道路

1919—1939 年

1919 年 6 月 28 日，在巴黎郊外的凡尔赛宫镜厅，战胜的协约国与德国签署条约，宣告了第一次世界大战的结束。美国总统伍德罗・威尔逊希望该条约能够在和平、裁军和人民自由选择自己命运的基础上为建立世界新秩序铺平道路。然而，第一次世界大战结束仅 20 年，更具破坏性的第二次全球性战争爆发了。第二次世界大战的根源可以追溯到 1919 年达成的协议。该协议雄心勃勃地要建立一个和平的世界新秩序，同时却播下了狭隘的民族主义的种子，催生了暴力偏激的政治。即便是威尔逊总统的理想主义也未能存活多久：1920 年，参议院拒绝承认《凡尔赛和约》，因而实际上美国脱离了新的国际联盟。建立联盟的目的是尝试以理性、和平的手段来解决国际争端。在之后的 20 年中，美国从不积极投身于国际秩序建设，也不愿参与国际事务。无独有偶，1917 年战时共产主义革命后新生的苏联也是如此。英国对欧洲内外的危机若即若离，极力自保，不愿承担任何风险，以免损害其全球利益。

这种局势为政治中那些不满足于威尔逊理想主义的力量提供了肥沃的土壤。战后经济的低迷和政治的动荡，使意大利陷入危机，民族主义趁机反扑，政权落到了贝尼托・墨索里尼领导的法西斯黑衫党手中。1922 年 10 月，墨索里尼被任命为总理。1926 年，他建立了强硬的独裁统治，自任首脑（或称领袖）。战败后的德国危机更甚。《凡尔赛和约》将这场战争归咎于德国，要求德国支付巨额的战争赔偿、让出其在波兰和法国的领土、解除武装，让德国人备感屈辱。所有这一切催生了恶性通货膨胀，吞噬了国民积蓄，与此同时，还催生了反对西方强加和平、寻求政治报复的暴力性极端民族主义运动。阿道夫·希特勒的国家社会党就是其中一支。当时的希特勒还不那么起眼。1923 年 11 月，希特勒效仿墨索里尼发动政变，但这场闹剧最终却以自己被捕入狱而收场。他满怀对《凡尔赛和约》和犹太人的仇恨，热切希望重建德国的军事力量，花了近十年苦心经营，广泛开展民族主义运动。1933 年，在巨大的经济危机和政治混乱中，希特勒被任命为德国总理。不出几个月，他便颁布法律，要把犹太人排除出新的“国民革命”。1934 年，他也成为独裁者——德国元首；1938 年，他任命自己为武装部队总司令。

在世界的另一端，日本对 1919 年巴黎和会的决议也心生不满。日本军方领导人对列强给予日本二等地位之事愤愤不平。他们认为日本应该像英国和法国一样，成为一个庞大帝国的领袖，领导崛起中的亚洲。国内金融危机和国外市场的封锁让日本备受挫折。1931 年，日军入侵中国东北，次年，又进攻华北地区。日本一步一步地巩固了其在亚洲的地位。1937 年 7 月，日本与蒋介石领导的中华民国之间爆发了全面战争。此时，日本宣称它已在亚洲建立“新秩序”，并试图迫使欧洲和美国接受亚洲地区均势的改变。

墨索里尼和希特勒也有意在欧洲和非洲建立“新秩序”。发觉国际联盟的列强对日本侵华无动于衷之后，他们便开始着手各自的领土扩张计划。1935 年，意大利进攻非洲国家埃塞俄比亚，并于 1936 年 5 月占领该国全境。1936 年 7 月，墨索里尼与希特勒联手，同意帮助民族主义军官弗朗西斯科·佛朗哥夺取西班牙的政权。1939 年春，墨索里尼占领阿尔巴尼亚，并开始构想发动更多的战争，以期在地中海地区打造意大利帝国。希特勒撕毁了《凡尔赛和约》，开始重建德军，推动莱茵兰地区的军事化，拒付战争赔偿。1938 年 3 月，德国军队奉命进军奥地利，建立了一个所谓的“大德意志帝国”。1938 年夏，德国对捷克政府施加压力，令其交出日耳曼人占多数的领土。同年 9 月 30 日，在慕尼黑，英国和法国接受了德国的条件，同意将苏台德区移交德国统治。

在日本、德国和意大利以寻求“新秩序”为名破坏国际秩序的这段时间，只有英法两国致力于维护国际秩序，但是它们的选择有限。第一次世界大战的惨状和它带来的人力和物力消耗仍历历在目，两国都不愿承担战争全面爆发的风险。英法两国各自的帝国也摇摇欲坠，下属殖民地的民族主义者纷纷要求摆脱殖民主义统治。与此同时，20 世纪 30 年代的经济危机，增加了民主国家的政治风险，让它们无心重新武装。但最终，面对多重危机，它们不得不一边寻求维护和平的出路，一边开始大规模的军备重组。如果英法面临的是通情达理的对手，这一绥靖战略也许会发挥作用。但是，到 1939 年事态已很明显，抚慰希特勒、墨索里尼和日本军队均告失败，战争一触即发。

1939 年 3 月，德国占领了布拉格。之后，英国和法国对波兰保证会维护波兰的主权完整，而这为即将发生的冲突埋下了隐患。希特勒要求波兰退还 1919 年德国割让的领土，还要求把但泽（归国际联盟管理）重归德国管辖，遭到波兰断然拒绝。波兰担心自己会与捷克斯洛伐克一样，逃不掉被分割的命运。1939 年整个夏天，英国信誓旦旦地说，德国胆敢有任何侵略举动，自己会和其刀兵相见。8 月 23 日，希特勒突然与苏联签署协议，约定两国互不侵犯。至此，希特勒确信自己可以肆无忌惮地进攻波兰，占领他所觊觎的领土。他也确信西方会做出让步。他的战争就是对怯懦的西方民主国家的一场豪赌。当时他没有料到的是，自己 9 月 1 日下令攻打波兰时，已经发动了第二次世界大战。

1919 年/6 月 29 日

《凡尔赛和约》巴黎签订
签约仪式设在富丽堂皇的"法国荣耀中心"
人们为福煦将军欢呼
威尔逊总统受到热情礼遇

沃尔特·杜兰蒂

【凡尔赛 6 月 29 日电】论签署和平条约的地点，尊贵的凡尔赛宫再合适不过了。这座宫殿是凡尔赛的最高建筑，更是数代伟大法国国王的王宫。签字仪式在镜厅举行。来自全球各地的全权大使和贵宾驱车前往，沿途经过壮观的绿树成荫的城堡大道，穿过巨大的著名的兵器广场和一道道宫门，驶过鹅卵石铺地的荣誉院来到镜厅入口。在那里，法国共和国卫队的军官们身着笔挺的军服列队迎宾。

下午 2 点刚过，第一辆汽车沿路驶来，夹道排列着密集的骑兵队列。骑兵队列后方是两排刺刀出鞘的步兵——据称，共有两万名士兵沿途护卫，将欢呼的人群分隔开来。

1919 年 6 月 28 日，这是《凡尔赛和约》签署的日子。站在荣誉院放眼望去，欢欣鼓舞的巴黎人纷纷走上街头，一派壮观的景象。兵器广场上人头攒动，到处都是白皙的面庞，其间点缀着明艳的各色彩旗，边沿嵌着军队的一抹浅蓝。从厚厚的云层间或透出的缕缕阳光，衬得刺刀寒光闪烁。天上有十几架飞机在盘旋。

凡尔赛宫庭院入口处的镀金大门通常紧闭不开，今天却像赞美诗中描绘的那样"金色大门全敞开，欢迎胜利者凯旋"。战胜国代表们乘坐饰有国旗的豪华轿车，驶上宫殿两翼间全长 1/4 英里的凯旋人道，直至镜厅入口处。数百辆轿车鱼贯而入，耗时长达 50 分钟。

庭院中间矗立着路易十四骑马的巨型青铜塑像。塑像周围竖立着辅佐这位法

1919年6月28日，《凡尔赛和约》签署当日，欢欣的巴黎人走上街头。

国“太阳王”的亲王和总督、海军上将和陆军上将的雕像。

在大门入口处的内部，第六骑兵师司令员布里克将军骑在一匹栗色的骏马上，时而像路易十四的雕像般一动不动，时而挥剑向尊贵的来宾致意。而且，似乎是为了烘托整个场景，在路易十四雕像两侧的神殿式立面上，刻有这样的文字：“致法国所有荣耀。”这是凡尔赛宫对法国历史上最伟大的一天的无上礼赞。

人们为福煦将军喝彩

马歇尔·福煦将军在潮水般的欢呼声中早早到达了签约地点。不一会儿，当人们从军车的车窗里看到方头大耳的法国总理克列蒙梭脸上露出的一丝笑容时，欢呼声更加震耳欲聋。福煦将军和克列蒙梭总理，与美国总统威尔逊、美国将军潘兴和英国首相劳合·乔治等首脑来到现场时一样，士兵都手持武器在院中列队以示敬意。

继克列蒙梭之后，其他贵宾纷至沓来，有外交官、士兵、头顶华丽头巾的印度王子、身着整洁西装的日本人、将军、飞行员、阿拉伯人，以及身穿绚丽多彩制服的法国、英国和殖民地军人。

在热火朝天的氛围里，一辆美军卡车在车上士兵的高声欢呼中驶上了通向胜利殿堂的神圣斜坡，但车子没有直接进入正门，而是绕过庭院中央路易十四的雕像之后，从侧门驶入——那里也是贵宾下车后停放接送车的地方。10 分钟后，一辆军用卡车满载着英国士兵到达，并受到热烈欢迎。

设计这个环节的人诚然考虑周到，毕竟每一个曾浴血奋战的普通士兵都应该有机会分享这个光辉时刻。令人遗憾的是，居然没有一辆法国汽车载着士兵来参加仪式。

2 点 45 分，英国外交大臣贝尔福微笑着鞠了个躬，带领英国代表团入场。劳合·乔治紧随其后，与平日不同，这一次他戴着传统的高礼帽而非毡帽。

威尔逊总统受到热烈欢迎

下午 2 点 50 分，威尔逊总统乘一辆大型黑色轿车抵达，车上插着蓝底白鹰图案的总统旗。

人声鼎沸的迎接场面证明了他在法国人心中的地位，以及人们对他此前几周坚决反对为了德国利益改动和约条款的赞赏。

3 点整，最后一位来宾抵达。通往凡尔赛宫的路上很快就冷冷清清，只有担负安保的几排军人仍在值守。德国人早已就座——为了避免发生令人不快的事件，他们被授意从水库大酒店的配楼搭车穿过公园前来。

对凡尔赛人来说这一天意味着什么，没有人知道。对他们而言，甚或是对全体法国人而言，这是洗刷历史屈辱的 天 这种屈辱他们比任何人更有体会。酒店老板的老姑母站在水库大酒店拥挤的餐厅门口，泪眼婆娑。

“就在签署另一个条约的前夜，”她说，“我看到他们在这里用餐。我终于等到了这个和约！感谢上帝，让我活着亲眼看到这一天！”在通往庭院的车辆入口处，出现了一幕令人唏嘘的场景：一名老妇人，由两个儿子搀扶着，其中一个身穿陆军少校制服，另一个穿着平民服装，一只袖子空荡荡的，扣眼上系着荣誉军团勋章和战功十字勋章的丝带。母子三人来到表情严肃的守卫旁，央求他让他们进去，尽管他们连一张票也没有。

老太太恳求道：“帮帮忙，就让我到院子里去吧。”“德国人占领这里的那会儿，一位将军就驻扎在我的家里。我饱尝了失败，也让我分享一下胜利吧。”

军令如山，但是卫兵为这位老太太破了例。

1919年/6月29日

威尔逊称《凡尔赛和约》将成为确立国际事务新秩序的章程

【华盛顿6月28日电】下面是威尔逊总统在《凡尔赛和约》签署之际，向美国民众发表的讲话，由总统的机要秘书塔默蒂供稿。

同胞们：

和平条约已经签署。如果它得到批准，并得到充分履行，将成为确立国际事务新秩序的章程。依条约，德国需要承担很重的责任，接受很严苛的惩罚；严苛是因为德国所犯下的滔天过错需要改正和弥补；其中没有任何一项条款是德国做不到的；它只有积极而诚实地履行条约，才能重新屹立于世界。

和约的意义比和约本身要深远得多。它让许多国家的人民走上了追求自由的道路，得到了解放。它彻底结束了一个令人忍无可忍的旧秩序。在这个旧秩序下，一小撮自私自利的人利用庞大帝国的各个民族，为自己的权力野心和统治欲望服务。和约形成了一个永久性的国际联盟，将全球的自由政府联系起来。在这里，它们承诺要团结一致，通过维护公平和正义来保卫和平。

通过强制制裁，国际法得以被遵守。它废除了征服者的权利，摒弃了吞并他国领土的做法，代之以全新的秩序。在新秩序下，那些落后的国家——那些民众尚未在政治上觉醒的国家，和那些民众已经做好独立的准备但尚需保护与指导的国家——将不再蒙受强国的统治和剥削，而将在国际联盟的领导下，得到各国政府的友好指导和援助。这些国家将本着造福全人类的宗旨履行自己的使命。

和约承认不可剥夺的国家权利、少数民族权利，以及神圣不可侵犯的宗教信仰和实践权利。和约为以后的国际公约奠定了基础。这些国际公约打破种种不公平和不合理的限制，推动世界范围内的商业往来，促进各个领域内的国际合作，促成各国携手合作，让世界变得更美好。和约为全世界劳动者提供了前所未有的公平待遇保障，这在以前是想都不敢想的。

正是出于这一原因，我曾提出把和约作为建立新秩序的宪章。和约深得民意，必将得到普通大众的广泛支持。因此，我有理由充满希望。

伍德罗·威尔逊

1922 年 11 月 1 日

罗马举城欢庆黑衫党执政
10 万名法西斯党员走上罗马街头庆祝墨索里尼当选总理
墨索里尼承诺将铁腕治国

【罗马 10 月 31 日电】今天，由新当选总理墨索里尼领导的内阁在国王面前宣誓就职，正式掌控意大利政府。由墨索里尼领导的法西斯军队——黑衫军，早前已包围了罗马。今日，10 万名黑衫军士兵列队通过罗马。

在宣誓典礼上，墨索里尼和他的部长们都身穿礼服、头顶礼帽，受到意大利人民的赞许。人们由此联想到，社会党人图拉蒂和比索拉蒂最近参拜国王的时候，可是头戴呢帽，身着粗糙的运动夹克。人们认为墨索里尼的行动尤其有趣，因为就在几年前，他是一名社会党人，还是一名狂热的革命家。然而，他决定还是接受君主制，既然如此，就有必要给予国王必要的排场。

这位曾经的社会党人和革命群众的偶像在向国王宣誓效忠时，场面充满了戏剧性。国王向每位部长致意并说道："对你们而言，我觉得没什么好祝贺的，因为摆在你们面前的任务是艰巨的，但我要祝贺我们的国家拥有了你们这样的部长。"

宣誓声高亢嘹亮

国王在典礼上读了誓词：

“我宣誓忠于国王和他的合法继承人。我宣誓遵守宪法和国家基本法，誓死捍卫国王和国家不可分割的利益。”

与各位部长一起站在国王身边的墨索里尼，立即迈步向前，抬起伸出的双臂，铿锵有力地说道：“陛下，我宣誓。”

国王深受感动，上前拥抱了墨索里尼。之后，每位部长都宣了誓。

当众人宣誓完毕，墨索里尼单独留下与国王交谈片刻，之后便坐车返回他在内政部的办公室。热忱高涨的群众希望能抬着他穿过大街小巷庆祝胜利，但是被法西斯民兵奋力阻止了。

墨索里尼结束“双帽子”体制

8 点整，是所有政府职员应该到达工作岗位的时间。墨索里尼今晨早早来到了办公室，打电话给各个部长，要求他们点名。没有到岗的人员遭到了严厉斥责，并被警告说再犯将立即被解雇。

这是墨索里尼政权意图在整个意大利严明纪律的第一次预演。直至目前为止，大多数政府办公室都实行“双帽子”体制：每名办事员都有两顶帽子，一顶永久地挂在办公室的钉子上，另一顶则上下班路上戴。每每有人走进政府办公室找某位职员办事时，即便是正常办公已于两三小时之前开始，接待员也会指着挂在钉子上的帽子说：“他显然就在办公室的某个地方，因为他的帽子在这里。请您稍等片刻。”当局对这种做法睁一只眼闭一只眼，但墨索里尼不准备姑息纵容。今天，他对《纽约时报》的记者说：

“意大利必须清醒地意识到一个事实，那就是只有勤奋工作才能让我们的财政和经济免遭厄运。我建议政府首先做出示范，应该像私营工厂对待职员一样对待政府职员。如果他们工作尽责，就会受到优待；但是，如果他们还没有准备好做他们该做的事情，那就会被解雇。本届政府会让很多人觉得日子难熬，但他们必须意识到，时代已经改变了。”

墨索里尼还概述了他的政策要点。国内事务可以用三个词概括：“纪律、经济、奉献。”

“我能坐上今天的位置，不是靠社会党人那样对享乐的天堂夸夸其谈。一切必须实行铁腕手段治理。如果法西斯党的这一计划得到了国内绝大多数人的支持，就可以证明全体国民是爱这个国家的，是有常识的。当然，最终人们的生活会变得富裕起来。当然我们的政策在短期内还不能有结果，在此期间，人们还要承受痛苦。”墨索里尼说道。

黑衫党罗马大游行

【美联社罗马 10 月 31 日电】今天，10 万名训练有素的黑衫党党徒列队从北向南穿过罗马，引得来自全国各地的 100 万名意大利民众连连喝彩。

总司令墨索里尼是队伍的中心人物。这位领袖和跟随其后的人一样，身穿黑衫党的制服——黑色衬衫。他没有戴帽子，扣子上别着黑衫党的徽章，袖子上有几个布条，表明他曾在战争中负过伤。墨索里尼在总参谋部军官的簇拥下前行，其中有西格诺尔·比安奇、德维奇、几位将军和几名黑衫军副官。他迈着坚定的步伐走完了整整 4 英里的路程，一直走到解散地点。

天色破晓，万里晴空。意大利最明亮的阳光才刚刚照亮了通往鲍格才家族公园的大道，法西斯军队便早早出发向苹丘进发了。这些人来自市郊的蒂沃利、圣马里内拉等地，之前，他们已经在这些地方驻扎了 3 天。

黑衫党公园大游行

来自皮埃蒙特平原的一名年轻强壮的黑衫党农民一边说“这是法西斯主义的太阳”，一边率领皮埃蒙特分遣队向鲍格才家族公园进发。公园内集结了 1.5 万名法西斯党员，他们代表着帝国的各个省份，从北部的威尼西亚和伦巴第到南部的卡拉布里亚和西西里岛。

他们像狼群一般，迅速整队，各自到达指定的位置——这些面庞黝黑的年轻人，目光坚定果敢，脸上闪着胜利的光芒。他们都穿着清一色的黑衬衫，但其余的装束则不尽相同，有戴无檐便帽的，有戴软毡帽的，有戴钢盔的，还有光着头的；裤子更是五花八门；袜子也是五颜六色，各不相同；有穿高筒靴的，有穿半高跟舞鞋和其他各式鞋子的。他们的武器只有马鞭和大头棒，有一个安科纳人手中甚至挥舞着一根棒球棍。

他们迅速地组成若干队列，在罗马特遣队的带领下，沿着苹丘路走向波波洛广场和波波洛门（即人民广场和人民门。——译者注），穿过人民门，走进人民

1922 年 11 月，在标志着法西斯主义兴起的“黑衫党罗马大游行”中，意大利独裁者贝尼托·墨索里尼（中间佩绶带者）带领其首届内阁成员走过罗马的主干道，走过波波洛广场。

广场，然后沿着罗马的主街——旌旗飘扬的翁贝托一世大道前行。

家家户户的窗口都挤满了欢呼的罗马人，有些人把鲜花撒向游行的黑衫党党员，站在路边的人们纷纷抬起手臂，伸向西面，向他们致意。

游行队伍穿过市中心继续向前。那些年轻人从不左顾右盼，对众人的喝彩与欢呼，也只报以嘹亮的法西斯军歌。就这样，一路走到了维克托·伊曼纽尔纪念碑和无名战士墓。

到了墓前，分遣队逐支停在气势雄伟的纪念碑前，身旁旗帜飞扬；然后每支分遣队派出两名队员，一名扛着一片巨大的棕榈叶，另一名手持一束鲜花，爬上台阶，来到墓地前，将手中的东西放在上面，直到墓冢被大量的棕榈叶和鲜花完全遮住。敬献花圈的是一名拥护加里波第的老兵，已年近百岁，由两名岁数相加还不及其年纪一半的年轻人搀扶，走上台阶。

国王检阅黑衫党游行队伍

黑衫党党徒们离开墓地，快步前进，爬上陡峭的塞萨尔·巴蒂斯蒂山，来到奎里纳尔宫。国王就站在阳台上看着他们，向他们致意。每有一支分遣队抵达，国旗就会降下来然后再升上去，就像在无名战士墓前时一样。国王受到聚集人群的热烈欢呼。

法西斯党员重新编队，直接前往车站。遵照“每名士兵都必须在天黑之前赶回家”的动员解散令，从早晨开始就已经有50名训练有素的人在车站待命，每人都能把500到1000名战士送回家中。

那天最大的一个特点就是没有演讲环节。借用一名法西斯官员的说法，原因是法西斯领导层已经决定，他们注重的是行动，而非空话。

1923年/11月11日

劫匪不屑德国马克　仅抢走外币

拎手提箱乘车须另行购票

【美联社柏林11月10日电】如今，柏林的劫匪对受害者手中的马克纸币不屑一顾。马克斯·魏瑟最近在堤尔公园区遭遇劫匪，身上的美元和英镑被洗劫一空。然而，劫匪将马克悉数还给了受害者，声称：“多谢了，但我们不再稀罕这玩意儿。”

在另一起事件中，一名德国人拎着一只大手提箱上了电车，被售票员告知须买两张票，理由是箱子也得买票。

乘客辩解道：“可是，要没有箱子我拿不了车票钱。”他一边说着，一边从箱子里取出了几捆小面值的马克纸币。

售票员便没有再坚持让他另外买票。

1923年/11月13日

希特勒在慕尼黑附近被捕

地点为前纽约艺术商E.F. 汉夫施丹格尔家

【慕尼黑11月12日电】近期暴动事件的首领阿道夫·希特勒于昨晚在慕尼黑40英里外的伊辛那被捕。他没受什么伤，只是肩膀擦破了皮，据传是卧倒躲避枪弹时动作太大所致。周五，魏玛防卫军在奥登广场向在此地暴动的民族主义分子开枪扫射。

今晨，希特勒被捕的消息在慕尼黑尽人皆知，但冯·卡尔博士的《慕尼黑日报》公开否认，说政府并未承认此事。

今天，鲁登道夫将军发表了一份声明，大意是他在获得假释之前许下的承诺只限于不参加任何反对目前的巴伐利亚政府的政治活动。然而，对于这起特别事件，他还在考虑。除此之外，至于民族主义战斗组织于9月1日在纽伦堡商定的计划，他认为自己有权选择为其工作，并给予支持。其时，希特勒也在场。

实际上，目前城中已没有进一步的示威活动，宵禁时间已延至上午10点。明天戏院将重新开门营业。

1923 年/11 月 20 日

骚乱再现柏林　店铺纷纷关张

面值 200 万兆马克的纸币在周末后的 10 月 31 日前印出

西里尔・布朗
通过无线电发回《纽约时报》的报道

【柏林 11 月 19 日电】柏林地区的粮食暴动与抢掠仍在继续，而那些尚未遭劫掠的店铺仍然关闭。即便你能悄悄从后门溜进去，店主也不愿意出售任何东西。特别是肉店老板，他们对前来购物的顾客的回答都是千篇一律的“没肉可卖”。之所以会出现断货，是因为人们预计一两天之后肉和其他食品的价格会涨好几倍。

预计明天的肉价为 7 兆马克每磅，而今天黑市的最高价格才每磅 1 美元。面包也是隔天供应。据悉，军事独裁者冯・塞克特将军正在考虑实行粮食配给制度，有关细则仍在制订中。有一条细则规定，时尚餐馆、半空的酒店、舞厅，以及其他类似的“奢华场所”，在短缺严重时，将被改成饮食供应站和“安置所”。

1932 年/8 月 5 日

日本即将侵华　中国严阵以待

哈雷特・阿班
通过无线电发回《纽约时报》的报道

【上海 8 月 5 日电】满洲和华北地区告急。日本军队正在锦州集结，对热河和华北形成进攻态势。与此同时，在满洲南部，游击队发起的新一轮攻势仍照常进行。

上海的形势也急剧恶化，日本海军大幅增加巡逻次数，指挥官强烈谴责抵抗组织的“恐吓战术”。

此外，中日两国领导人均表示，将坚决使用强硬手段解决满洲问题。“满洲联防军”司令官本庄繁将军声称他已经决定诉诸“终极手段”，因为在热河被绑架的日本使节团领队吉野石本现在身患重病，康复几近无望。

与此同时，南京国民政府批准了在北平政治军事会议上达成的协议，同意对日本实行强硬政策。随后，山东省主席韩复榘在济南发表声明，称无论胜率几何，都要带领自己的部队前去收复满洲。

吴佩孚将军呼吁抗日

原华北军阀吴佩孚将军在北平宣布他赞成征讨日本在华建立的傀儡政权“满洲国”。

军事观察家认为，中国游击队在满洲南部铁路区和辽东湾的频繁活动是周密的对日作战计划的一部分，目的是以热河为跳板，骚扰盘踞在奉天和“满洲国首府”长春的日本人，增加战争的胜率。

北平的紧张局势升级。今天，故宫博物院几名董事在使馆区租了一间仓库，以尽可能保护珍贵藏品免遭洗劫。他们下拨了 10 万美元用于紧急购买箱包以存放价值千百万美元的珠宝和艺术珍品，还另行拨款 3 万美元用于为那些无法替代的艺术品购买战争险。

北京故宫博物院放弃防御计划

在此之前，各位董事原本设想用机关枪、带电铁丝网和一条堑壕为博物院组建防御工事，但最终放弃了该计划，采取了上述措施。

驻沪日本巡逻队指挥官宣布，决定将巡逻小组从 8 个增加至 22 个，声称日本政府将确保驻沪日本人的安全。

他说：“特此通知，在沪日本人，一旦事务遭到干扰或者遭抗日团体恐吓，应立即向先遣登陆部队报告。保护日本人在上海的利益是我的首要责任。由于日本货物运输受到非法干扰，所谓的‘红色锄奸队’又实施恐吓战术，我们原本开始复苏的贸易遭到破坏，局势也进一步恶化。”

“说真的，中国人的做法简直无法用语言来形容。”他补充道。

1932 年/8 月 8 日

施莱谢尔警告德国不要坐等军备均势

称德国政府将支持裁军，但必须保证国家安全

弗雷德里克·T. 伯彻尔
通过电报发回《纽约时报》的特别报道

【柏林 8 月 7 日电】兰德威尔运河幽幽穿过柏林市中心的街道，两旁绿树成荫。不远处有一栋灰色花岗岩结构的坚固大楼，这就是现在的德国政府所在地。

它的前身是战争部，但“战争”在当今的德国是不受欢迎的字眼。另外，所有国家都已签署了《白里安—凯洛格公约》(即《非战公约》。——译者注)。所以，目前这幢楼是魏玛防卫军驻地，也是德国国防部所在地。

这里曾经是军官聚会地。曾几何时，各级军官身着裁剪得体、漂亮笔挺的制服，纷至沓来。总体而言，这里是普通老百姓感觉最不舒适的地方。如今，大楼里穿便服的人们和穿制服者几乎一样多。

在门厅里，依然矗立着冯·毛奇的白色大理石半身像。1870 年，他曾率领德国军队进攻巴黎并凯旋。每天都会有一个魏玛防卫军小分队走进那道厚重的拱门，然后又走出去，他们的职责是在国防部、总统府和其他几座政府大楼值勤站岗。

现在气氛大不相同

现在的气氛与先前大不一样。最大的不同是，眼下它是库尔特·冯·施莱谢尔中将处理军务和政务的地方。施莱谢尔时任冯·帕彭内阁的国防部长，是德国人谈论最多的人物。

柏林人有一半在谈到冯·施莱谢尔将军时，连大气都不敢出。他是德国人心目中最受尊敬的“铁血男儿”，是“内阁背后的人”——他实际上是内阁成员、“德国真正的统治者”，等等。

冯·施莱谢尔将军本人少言寡语，但是，一旦开口必有所言。最近，法国人

发现，他生平第一次在电台发表讲话就言之有物。

所以他的名气与日俱增。共产党的销声匿迹，是因为惧怕冯·施莱谢尔将军；纳粹的野蛮行径有所收敛，也是因为将军悄悄地暗示阿道夫·希特勒，说他们做得已经过火了。

没有人认为这些成绩与性情温和的冯·帕彭有任何关系。冯·施莱谢尔成为继先皇和总统冯·兴登堡之后德国新一代的传奇人物。

我去冯·施莱谢尔将军的办公室拜访了他，请他描述一下他最近说起的德国在国际交往中遇到的困境，以及其决心立即着手创造美好未来等事项。

普通的办公室

冯·施莱谢尔将军的办公室普普通通，跟德国生意人所用的办公室没有区别。穿制服的人只有两个：一个是勤务员列兵，他在大楼门口登记了我的名字；另一个是将军的副官，采访时坐在旁边。

施莱谢尔将军从桌前起身相迎。他穿着一套灰色的西装，和蔼可亲的脸上透着精明，而不是严厉。有人说，他对德国的政治潮流比任何人都了解得更清楚、估计得更准确。也许他会拍案而起发号施令，但显然远不如道斯将军那么咄咄逼人。

有消息称，自从冯·施莱谢尔将军经历了几次灾难性的事故之后，对采访变得风声鹤唳。因此他要求记者采访前先把要问的问题以书面形式交给他。他不会讲英语，但他闪烁的目光，表明他至少能听懂记者用英语所提问题的大概意思。以下是从德语翻译过来的采访内容：

"请问部长先生，如何看待德国国内形势？"这是第一个问题。

"我只能回答我作为国防部长职权之内的问题，"将军谨慎地答道，"我反对将魏玛防卫军卷入国内的政治斗争中。我也反对任何形式的军事独裁统治，这一点我在最近的电台讲话中已明确说过。"

首先要服从总统

"魏玛防卫军的最高统帅是总统。魏玛防卫军是一个非政治武装，总统在必要的时候可以用它来执行命令。德国的总统是由人民选举产生的。在德国政府里只有他可以行使多数人的权威。国防军服务人民最好的方式就是服从总统的命令。

“7月份曾有几天，根据需要把行政权力赋予柏林军区指挥官。通过这种方式，总统的意愿无须魏玛防卫军武力干预就得到了执行。我相信将来也是如此。

“在当下，德国国会选举没有出现任何困难。激进党派，无论是国家社会主义工人党（即纳粹党。——译者注），还是共产党，都取得了最大的成功。外界对此疑惑不解，是有理由的。我国有价值600多亿马克（约合142.8亿美元）的国民财富被拿走。怎么能期望我们的人民满足于现状呢?

“正相反，人们有理由疑惑，为何德国人能够如此平静顺从地忍受这种可怕的痛苦?”

亲见权威受损

“外界对于德国国内此起彼伏的激烈的党派冲突也不必感到惊讶。这种情况的出现不只是由于《凡尔赛和约》损害了德国作为一个主权国家的权利。一连13年，德国被外界视为低贱的国家。时至今日，德国也没有受到平等对待。这样的一个国家，是无法得到人民的尊重的。

“只有当德国政府可以证明给它的子民看，自己拥有与世界上其他国家平等的权利时，我们才能全面实现稳定。只有到那时，我们才能够让那些党派和它们的组织无条件地服从国家。因此，在国内事务和外交事务中，没有什么比权利平等更为重要。德国政府决心在不久的将来解决这一问题。

“由此，就说到你的第二个问题——关于我在外交政策上的态度（冯·施莱谢尔将军曾应邀对国外形势发表意见，尤其是对裁军会议进程及目前成果的意见）。作为国防部长，我认为，裁军问题是外交政策的重中之重。”

强调权利

“考虑一下我们的立场。根据1919年的条约，我们有权要求其他签署国和我们采取同样的方式解除武装。此外，作为国际联盟的成员，我们在一定程度上享有与任何其他国家平等的安全权利。

“自1919年以来，13年已经过去了，我们的权利仍然没有实现。裁军会议开了6个月，所通过的决议，既不能实现裁军，也没有承认权利平等。会议伊始各国政府制定的九项原则后来怎样了呢？它们淹没在技术委员会的辩论中了。

“根据美国总统胡佛的建议，裁军要作为一项长期的任务贯彻下去。围绕这一提议的讨论是友好和善的，然而讨论形成的重要条文一条也没有列入最后的决议。虽说任何裁军公约只有在所有签署国拥有平等的权利且自愿签署的基础上才算有效，但是德国对于平等权利的明确要求，完全没有被纳入考虑范围。因此，德国反对这项决议。

“德国人民已经耐心地等待了 13 年。他们不能再等了。除非在此之前权利平等问题已按照德国的立场解决，德国将不再派代表前往日内瓦。

“关于这个问题，德国人民是一致的，没有党派分歧。不管是与哪一个国家签署裁军公约，只要没有给予德国同等的权利，任何一届德国政府都不会签字。

“如果潜水艇、轰炸机、重型火炮和坦克是现在必需的防御手段，谁又能有什么理由拒绝给予德国的这些防御手段呢？

“所有大国里，德国是唯一不能保证国家安全的。我们不能再容忍这种不道德的形势了。要么所有大国按照《凡尔赛和约》的规定裁军，要么就对德国做出让步，给予其重建自身防御系统的权利，并给予德国同等的维护国家安全的权利。

“我们无意挑起军备竞赛。单就财政来说，我们是无法与别国相提并论的。然而，由于强加于我们身上的《凡尔赛和约》，我们的财政出现了困境，我们就更不应该把钱花在最昂贵、生产力最差的防御系统上，而是应该把每一分钱花在刀刃上。

“我们不奢望像法国一样，在和平时期建立一支 60 万人的军队，也不想与海上强国竞争。我们不想威胁我们邻居的安全。我们支持裁军的各项措施，但我们也要保证自身的安全、平等权利和自由。”

1932 年 / 8 月 16 日

希特勒不可能在德国建立独裁统治

伍德布里奇认为纳粹党不可能夺取政权——德国人民寻求稳定

弗雷德里克·J.E. 伍德布里奇教授——1931 年在柏林大学任西奥多·罗斯福教席美国史教授——昨日已乘荷兰—美国班船“沃伦丹”号回国。他说：阿道夫·希特勒和其领导的德国国家社会主义工人党在德国掌权的概率并不大。他认为希特勒不可能夺取大权，纳粹党还没有在国会取得多数席位。

伍德布里奇教授说：“所有的联盟都希望渺茫。现行政府并不依赖于联盟，而且正处于强有力的地位。由于人民不想受到干扰，它能无限期地掌权。

“现行政府给人一种有权威、控制力强，而且富于进步意识的感觉。希特勒作为其运动的领导人无疑是很成功的，但他的行政能力尚无人知晓。

“离开德国时，我深信，德国国内党派分歧激烈、民情激愤，德国人民会借助一个真正的建设性方案而不是内战走出当前的政治困境。从党派纷争及充满偏见的党派宣传来看，德国政局似乎混乱、无序、危险；但是，只要观察每天实际发生的点点滴滴，再与不同党派的人交谈一番，你就会深刻感受到一种稳定的力量。而正是这种力量牢牢地制约着各类极端行为。”

1933 年 / 1 月 31 日

希特勒搁置独裁目标
1923 年曾因啤酒馆暴动入狱

阿道夫·希特勒同意在一个由保守派和无党派人士组成的联盟政府担任总理一职，表明他已完全摈弃之前要成为“德国的墨索里尼”这种诉求，转而积极承担政府责任，同时也代表着总统兴登堡和保守派地位的衰落。迄今为止，他们坚决反对将总理的位置交予希特勒，尽管他们赞成让他参与政务。最终的结果并没有因此改变。

在其波澜壮阔的职业生涯中，希特勒第一次要用实际行动向千百万支持者兑现他一直以来的口头承诺。他在自己的政党处于严重内部危机时走马上任。该党在激烈的派系斗争中一分为二，极端派坚持认为应越过宪法采取行动，而温和派则认为纳粹党不能一直以在野党的身份存在，只有通过建设性地参与政府事务才能生存。

尽管纳粹党领导人设法怀柔两面，但在 1932 年 12 月，派系斗争还是愈演愈烈，温和派领导人格里哥·斯特拉瑟和戈特弗里德·费德尔纷纷辞职。斯特拉瑟是希特勒的首席执行官。费德尔是纳粹党的思想家，被誉为该党的真正创始人。

两人以辞职的方式抗议纳粹党领导人以被赋予独裁者权力作为加入政府的条件。国家社会主义工人党内部的批评人士称，这一立场导致该党在 1932 年 11 月的德国国会大选中丧失了近 200 万张选票。

8 月以来，纳粹党势力减弱

自 1932 年 8 月希特勒第一次拒绝担任联合政府总理一职以来，纳粹党党员人数持续缩减。继 1932 年国会选举失利后，图林根州的选举就是明证。

最近，由于纳粹党日趋激进，德国工业联盟下属的一个权力集团对该党的态度急转直下。近几个月来，集团有意撤回对该党的支持，并意欲与德国工会化干戈为玉帛。

然而，与此同时，希特勒长期以来的主要财政支持者——一个莱茵兰和鲁尔区的纳粹实业家组织——也力劝他放弃毫不妥协的态度，转而加入政府。据柏林最近发来的电讯，前总理冯·帕彭是纳粹党和这群企业家之间的“友好经纪人”。

柏林最近发来的电讯中还表明，帕彭与希特勒之间已达成协议，要推翻冯·施莱谢尔，理由是他有意对劳工实施怀柔政策并寻求工会支持，引起了莱茵兰和鲁尔区的实业家团体的不满。在这项政策中，这些实业家已经预料到，施莱谢尔的前任总理帕彭所制定的经济计划将被抛弃。

长期没有公民身份

43 岁的希特勒取得政权充满了戏剧元素。这位新任总理出身于奥地利的一个贫苦家庭。有很长一段时间，他甚至不是德国公民，而是一个没有国籍的人。1921 年，他走上政坛，但是前景并不看好。

1914 年，这位纳粹党领袖来到德国。当时“一战”爆发在即，希特勒便应征入伍，因此放弃了奥地利国籍。他的作战记录非常优秀，中过毒气、负过伤，而且还赢得了银质服役勋章。

1918 年，发生了德国革命，德国军事垮台，这一切让希特勒对革命和剧变充满仇恨。从共和国号角吹响的第一天起，他就非常反感，并发誓一定要对他眼中导致帝国垮台的人和政党进行“反革命”，否则决不罢休。

埃里希·冯·鲁登道夫将军，早期曾是希特勒的支持者，后期与之分道扬镳。1923 年 11 月 8 日，两人曾在慕尼黑策划了一场“革命”，但旋即被巴伐利亚政府镇压。

按计划，这次起义本应成为一场“君主主义革命”的信号。希特勒因运动的失败遭受了 5 年的牢狱之灾。在巴伐利亚要塞服刑一年后，他重获自由。

1928 年，他恢复了大规模的活动。这个时期，由于经济萧条的刺激，他的运动进展迅速。到 1930 年，国家社会主义工人党已经在国会赢得 107 个席位。1931 年 7 月，这一数字增至 230 席。

1932 年，希特勒在政界首次得到官方认可。海因里希·布吕宁总理就延长冯·兴登堡总统任期一事征求希特勒的意见，提议通过国会法案而不是竞选来实现，但遭到断然拒绝。随后，希特勒以候选人身份参加竞选，与冯·兴登堡争夺总统宝座，结果以 600 多万票的悬殊差距失败。

在那次选举中，希特勒赢得了 1300 多万票，实力达到顶峰。但是在数月之后德国国会的选举中，国家社会主义工人党惨遭失败，以近 200 万票的差距落败。

1933 年 1 月，被任命为德国总理的阿道夫·希特勒（右）和德国总统保罗·冯·兴登堡同乘一车。

1933 年／3 月 2 日

法国指责纳粹党为德国国会纵火案幕后黑手

各大报纸认为这是选举前夕镇压反对派的拙劣借口

通过无线电发回《纽约时报》的报道

【巴黎 3 月 1 日电】法国人带着与日俱增的焦虑，密切关注莱茵河对岸的一举一动，以及希特勒总理实施的压制性措施。他们看到，希特勒实现法西斯独裁统治的决心已然坚定。

根据今天的新闻，法国甚至明确认为纳粹党自导自演了德国国会大厦纵火案，认为这不过是希特勒方面在选举前夕镇压反对派的拙劣借口。

社会党领导人利昂・布卢姆尤其直言不讳。他称纵火案为“粗野的、极端利己的伪装，只骗得了德国人，骗不了其他国家的人民”。

与此相同，半官方的《时代日报》对共产党人被指为纵火案元凶的真实性也表示怀疑。它指出，这种说法漏洞百出，还说对此大做文章对纳粹党有利。报纸认为，希特勒先生目前的所作所为与 1922 年意大利总理墨索里尼的做法如出一辙，指出德国总理持有同样的政策、思路和方法，同时表示对这些相似之处深感担忧。

《时代日报》最后总结道：“一言以蔽之，已经酝酿了数月的德国危机，正在向内战演变，正推动着一个伟大的国家逐渐走向无政府和政治动乱。”“历史上从没有人可以通过制造混乱而成功实现一个国家的长治久安和社会稳定。”

1933 年／3 月 3 日

魏茨曼抨击德国反犹政策

犹太领袖对巴勒斯坦在伦敦的朋友讲述德国的“野蛮行径”

通过无线电发回《纽约时报》的报道

【伦敦 3 月 2 日电】今晚哈伊姆·魏茨曼博士主持了犹太事务局英国分部为“巴勒斯坦在英国议会的朋友”举办的晚宴，席间他强调了犹太人在德国的悲惨处境。

魏茨曼博士宣称，任何一个尊重正义和公平竞争、没有偏见的观察员，都不可能对德国的局势无动于衷，因为在那儿，“赤裸裸的反犹太主义被列为核心计划最基本的组成部分，使犹太人陷入经济和政治危机”。

就在几天前，他补充道，德国不管部部长赫尔曼·威廉·戈林上尉，还指责犹太人“有组织地破坏德国文化”。文明世界的人们震惊地发现，像日耳曼这么伟大的民族在对待自己祖国遵纪守法的少数公民的态度上会堕落到如此野蛮的程度。

“人人都说，对于我们在德国的犹太同胞而言，他们的处境越发不堪忍受，”魏茨曼博士宣称，“我们只能告诉他们要勇敢、要坚忍。我觉得全世界的进步朋友跟我们一样，对他们的困境感同身受。此刻他们正在经历考验，但是他们不孤单。我们在德国的犹太同胞们应该深知，所有文明国度的人们，尤其是英格兰人民，会成为他们坚强的后盾，支持他们与反动势力的斗争。”

500 位客人参加了晚宴，其中包括 100 位下议院议员。

1933 年 / 3 月 6 日

希特勒当选，法国人震惊

在昨天的选举中，法国人曾希望德国人摈弃独裁统治

通过无线电发回《纽约时报》的报道

【巴黎 3 月 5 日电】昨夜，法国人迫不及待地从沿街叫卖的报童手中“抢夺”《巴黎日报》特刊，随后，大多数人鲜有例外地带着厌恶的表情将报纸丢弃。很明显，他们曾预计或至少希望，希特勒在德国的独裁在选举中被抛弃。

数百名共产党员开始沿着壮观的林荫大道游行示威，一路高唱着《国际歌》。当他们到达《晨报》办公室时，增援而至的警力已经在此严阵以待。游行被驱散，但阅读新闻简报的人群并未受到干扰。今晚，法国社会党领导人利昂·布卢姆发表的讲话反映了很多法国人的态度：

“近期来看，希特勒支持者的法西斯活动不会让法国面临战争的危险。从逻辑上讲，这些活动的目的是重新武装德国，而重新武装是德国复兴和解放的象征。但是真正的危险在于邻国将采取什么措施应对。如果措施不当，我们都会被卷入军备竞赛，而我们都知道军备竞赛意味着什么。

“我们必须阻止德国重整军备，并且敦促裁军会议能有圆满的结果。但是，恐怕只有战争，以及战争带来的痛苦，才能把裁军会议的其他国家再次团结起来。”

1933年/3月28日

日本退出国联，称欲“确保和平”

天皇与首相承诺继续保持国际事务间的合作

休·拜亚士

通过无线电发回《纽约时报》的报道

【东京3月27日电】今天，日本外务大臣内田康哉通知国际联盟称，因与国联在满洲问题上的分歧，日本决定退出国联。

但是向国民宣布这一决定时，日本政府借裕仁天皇和首相、海军大将斋藤实之口，驳斥了“返回亚洲”的政策，并庄严地向国民保证日本无意让自己在远东地区孤立，仍将继续与西方列强培养友谊并谋求合作。

在致国际联盟的照会中，内田康哉简单扼要地重申，因为中国不是一个“组织完整”的国家，所以开展对华关系时必须运用不同于其他国家的办法。这一主张日本曾在国联多次提到。

内田康哉称，2月24日获大会批准的报告，不仅误解了日本的目的，存在大量事实性错误，还错误地认为日本1931年占领奉天不是出于防御。内田康哉还声称，报告未能考虑到事前的紧张局势和日本占领奉天后事态的急剧恶化。

在将此电报发往日内瓦的同时，还公布了天皇诏书，它告诉国民说，日本对在促进国际和平事业的态度并没有改变。官方翻译还说：

“我国退出国联，着手自己的事业，并不是要脱离远东地区，更不是隔断与兄弟国家的情谊。”

首相斋藤实在对全国人民的讲话中也说了同样的话。他说：为促进国际和平而做出贡献是日本的传统政策，所以政府将继续加强国际合作，推动全人类的福祉。

“这个国家并不打算将自己封闭在远东地区，而是要努力加强与其他大国的友谊纽带。”他补充道。

两次否定“返回亚洲”政策可以解读为是枢密院的决策。很多聪明的政治家都对日本被孤立的进程感到遗憾。然而，出于对其实质正义的相信，他们默许了这一做法。

战时任首相的荒木贞夫中将曾发表声明，称日本已经在道德原则上得到重生。帝国的积极政策已经确立，为民族扩张提供了机会。

1933 年／3 月 30 日

爱因斯坦改变公民身份

科学家爱因斯坦采取措施，放弃其普鲁士公民身份

休・拜亚士

通过无线电发回《纽约时报》的报道

【美联社柏林 3 月 29 日电】阿尔伯特・爱因斯坦教授已经采取措施，放弃其普鲁士公民籍。

爱因斯坦教授是一名犹太人。1914 年，他接受普鲁士科学院聘书，加入了普鲁士国籍。近日，他结束赴美之旅飞回布鲁塞尔之后，给德国领事馆写信，咨询有关结束其公民身份的必要步骤。他指出，自己以前是瑞士人。

爱因斯坦教授出生于德国乌尔姆，但随后全家搬到了瑞士，因而成了一名瑞士公民。

在最近乘船周游欧洲之前，爱因斯坦教授说道：

“只要德国不改变现在的状况，我无意再次踏上德国的土地。”

1935 年/10 月 2 日

柏林出台反犹法规

通过无线发回《纽约时报》的报道

【柏林 10 月 1 日电】纳粹党控制的德国国会于 9 月 15 日通过所谓的《纽伦堡法案》，其实施规范仍在由内政部制订中，颁布日期尚未确定。

从根本上说，这些法律已经生效。然而，今天一份官方公报指出，异族通婚这种已经普遍的做法应予以纠正，“雅利安人”与犹太人之间的婚姻在法律上无效。公报称，按照新法规，只有 1934 年 9 月 17 日之后完婚的才会被视为违法。

同时，犹太人焦急地等待着，纽伦堡只公布了概要的法律究竟意味着什么。让他们尤其关切的是，明确的法律解释究竟会对犹太人的经济生活产生怎样的影响。

目前，德国国会通过的法律草案只限于纯粹的种族和政治领域，并未提及对犹太人的经济活动的限制。

激起了事态会温和化的希望

随后有官方人士出面警告了个别反犹的抵制行动，这在犹太人的圈子中激起了“适可而止”的希望，他们认为迄今为止一直被默许的经济迫害政策可能会有所节制；这些针对犹太人的几乎毫不留情的经济迫害燃遍了农村地区，但还未蔓延到大城市。

与此同时，全德国的犹太人正在经历一个必将使他们心中无比恐惧的过渡时期。他们将被迫推迟考虑所有针对新出现的紧急情况的安排，直到法律最终判定他们的经济命运。

内政部今天告知所有德国人，《帝国国旗法》在纽伦堡获得通过，“卐”字旗成为第三帝国唯一由官方批准的国旗。这面旗帜不仅将在官方旗杆上飘扬，而且德国公民们被告诫应抛弃原有的黑、白、红三色旗，以及各州、省现已废止使用的旧旗帜。

出于怀旧原因而坚持使用旧帝国旗帜的民族主义者不会被起诉，但内政部明确希望德国民众对于国旗能做出一致的选择。

对犹太人使用旗帜的警告

内政部提醒犹太人称，因新颁布的《帝国国旗法》禁止犹太人使用纳粹旗帜，他们在正式场合不得使用黑、白、红三色的图标来折中，而只能使用象征锡安主义的旗帜。

在德国《法学家公报》上谈到《纽伦堡法案》对德国的意义时，知名法学权威卡尔·施密特教授声称：几百年后的今天，这些法律再次构成了“德国的宪定自由”。

施密特教授说：“我们的宪法原则概念拥有了德国特性，今天，德国人民在宪法和成文法意义上再次成为一个日耳曼民族。”

“日耳曼人的血脉和光荣已经成为制定德国法律的基本原则，而德国已完全彰显出这种民族的力量和团结。”施密特教授补充说，“元首在纽伦堡宣布，如果现有的解决犹太人问题的方案未能达到预期目的，则需要重新研究形势，此后犹太人问题将由纳粹党酌情处理。这同时也是另一个重大的宪法决定。”他接着表示：“必须将这一声明作为严重警告予以接受，因为它让纳粹党成为庇护我国各民族的保证，成为我国《宪法》的捍卫者。”

1935年/10月13日

罗斯福坚持中立

特纳·卡特利奇

【华盛顿10月12日电】上周，在大洋的这一侧，意大利—埃塞俄比亚争端引发的事态，让华盛顿方面清楚地意识到，美国要实施由疲惫不堪的国会量身定做

1935 年，富兰克林·D. 罗斯福总统在他的椭圆形办公室中。

的中立政策，将会面临什么样的困难。在上次国会会议上讨论的中立决议案，在闭会前最后几小时才略作修改并最终敲定。

一周前的晚上，即 10 月 5 日晚，罗斯福总统根据国会的直接授权，发布了禁止美国向意大利和埃塞俄比亚出口军火的声明。此举正是在严格执行参议院联合决议案 173 号的第一节。同时，他在声明中通知美国商界，任何与交战国的贸易都将由贸易者自担风险。虽然这一做法超出了国会授权范围，但仍符合决议案制定者的明确意图。

次日，即 10 月 6 日，总统通过正在太平洋航行的“休斯敦”号巡洋舰发出无线电，警告所有美国公民不要搭乘意大利或埃塞俄比亚的船只出游，否则后果自负。这一警告是总统凭借上述决议案第六节的自由裁量权做出的。

商人的抗议

接下来的一天，即周一，是新确定的中立政策生效后的第一个工作日，纽约市的港口发展联合会便发起了抗议。该联合会旋即给在科科斯岛上的总统发了一封电报，文中称总统的行为是“不明智的”，是对纽约港商业的一次“沉重打击”。

周二，纽约出口经理俱乐部的成员们在宾夕法尼亚酒店举行的午宴上喝着咖啡，宣布他们准备不顾总统的声明，与交战中的意大利进行贸易，还可能与被围攻的埃塞俄比亚进行贸易。

第二天，素以乐于帮助工商业界与难以捉摸的美国政府打交道闻名的商务部长罗珀，试图向美国出口商们保证，政府并不真正反对他们与交战国进行贸易。

他向各出口商表示，实际上，总统在发布警告时，对于军火贸易以外的贸易和旅游，也在祈求能有好的结果。实际上，与意大利进行贸易并不存在实际风险，而且只有对意大利的贸易稍稍对国人有些吸引力。

赫尔的反驳

周四，国务卿赫尔抓住机会向美国商界再次强调了不要与意大利和埃塞俄比亚任何一方以任何形式进行交易的警告。他指出，政府的意图更为长远。

“我重申，我们的目的是使美国远离战争。”他说道。

他的声明和发表声明时的审慎程度被解读为从事实上对商务部长罗珀进行了驳斥，也是对美国人民再次声明，至少在当前阶段，美国政府将严格遵守中立决议案。

尽管这些新情况让人们看到，主管官员在避免让美国卷入国际争端的这个问题上，并不能达成一致，但就未来影响看，这些做法意味深长。

目前可以保险地预测，总统会不顾出口商和船运公司的利益，执行中立决议案明确规定或暗示的路线。

“目前”一词用得很巧妙。这种防止战争殃及美国的方法，要接受的考验还未到来。只要目前的冲突仅限于意大利和埃塞俄比亚两国，那这种考验就可能永远不会到来。

迄今为止，无论是罗斯福总统，还是其他人，都没有明确表示过中立决议案是普遍不受欢迎的。这说明了美国人民远离战争的真挚愿望，而决议案规定的方式，只要得到了人们的理解，也是受欢迎的。

可能的变化

但是，华盛顿的官员们也在疑惑，公众的想法是否可能会像在 1916 年至 1917 年那样，在压力之下发生变化？如果有其他更强大的国家介入，那么随后美国在公海的一些商业活动将停止，或许还会有美国公民被杀害，不知道那时将会发生什么？

这些官员已经自己回答了这些问题，他们坦率地表明，对于中立决议案，美国政府的政策也是走一步看一步，他们非常担忧这种做法经不起真正的考验。他们祈望，在考验到来之前，国会已经复会。有了更多进步人士的支持，国会或许有可能向白宫提交更好的避战手段。

以法律为后盾

只要总统坚定不移地贯彻现行政策，并完全依法办事，那么他就能理直气壮地反驳那些想把美国卷入国际争端的人。

各方面迫切请求美国协助制止现在失控的局势。本周，前国务卿史汀生也跟着随声附和。史汀生给《纽约时报》的编辑写了一封信，于周五刊发。在信中，史汀生先生指出，通过确认意大利和埃塞俄比亚之间发生了战争，总统明显是在提请人们注意这两个国家已经违反了《白里安—凯洛格公约》。

史汀生先生坚持认为，意大利和埃塞俄比亚签署这一条约，就是向美国和其他缔约国承诺不以武力解决国际争端。他说，国际联盟已经提出了批评，现在只等美国采取行动。

史汀生先生坚称："在这场危机中，总统已经掌握了所有道义上的优势。"然而总统或是受了参议院 173 号联合决议案的约束，或是为了自保而甘受其约束，迟迟没有动作。

1935 年／10 月 13 日

意称举国团结，全球谴责不足为虑

安妮·奥黑尔·麦考密克
通过无线电发回《纽约时报》的报道

【罗马 10 月 12 日电】作为冒天下之大不韪与埃塞俄比亚交战的国家的首都，罗马出奇地淡然。毕竟，贝尼托·墨索里尼总理的"新意大利"很老练，而且看起来比过去的危急时刻的表现更加老练。

法西斯面具的背后是一个更为古老的国家，一个饱经沧桑和战火洗礼且目光长远的国家。意大利人对时事政治有一种无动于衷的淡然。罗马人更是如此，面对变幻莫测的命运，他们的态度如同冷眼旁观者。要是在纽约，急切的人群可能会聚在时代广场上急切地等着前线传回的报道，但在罗马没有这样的场景。一位几天前到达罗马的英国人非常惊讶地发现，罗马的气氛还不及伦敦紧张。意大利如何能完全沉浸于自己的思想与历史中，外人无法想象。世界舆论经过了过滤和粉饰才传达给意大利人。见多识广的意大利人民感触最深的是：就像墨索里尼和年纪最大的出租车司机所认为的那样，责难意大利的阴云很快就会消逝。世界舆论对日本、德国和其他违法分子的态度不是也逐渐温和了吗？

外国的反应被歪曲

意大利人关心其他国家对他们的道德谴责和物资制裁吗？从外在表现看，他们并不太在意。但意大利人对局势又能有几分了解？他们只读意大利新闻界报道的新闻，对于外界普遍谴责意大利入侵埃塞俄比亚的声音几乎毫不知情。外界的反应在这里只被作为实行内部政策的工具而利用。因此，国外最强烈的反法西斯言论会根据调动民族情绪的需要，要么登上头条，要么被禁止。当然，那些支持意大利立场的声音，总是会被登载于醒目位置。过去几天内转载的外媒消息，包括伦敦《观察家报》J.L. 加文的文章、纽约《国家民族政坛》杂志弗兰克・西蒙茨的文章，以及对法、英、美、德等国新闻界刊发的社论和通讯所做的摘录，可以轻易让意大利读者相信外界舆论大多承认意大利入侵是正当的。

有文化的意大利人则知道世界怎么看待此事。他们几乎都在大量地阅读流传于意大利各个城市的法国和瑞士报纸。墨索里尼很清楚这一点。他手下的剪报服务机构的一名成员在提交给这位领袖的报告中强调：这些天来看到的全是对意大利不利的批评，英文报刊刊登的报道尤其如此。墨索里尼对外国舆论极其在意。墨索里尼的代表忍辱前往日内瓦参加会谈一事证明墨索里尼是多么想留在国际联盟之内，这不仅是为了兑现他一个月前向法国所做的保证，也是为了维持他在欧洲的影响力。意大利希望在非洲赢得一席之地而又不被孤立。

国联的表决令人沮丧

连出租车司机都料到了事态的结果。国际联盟表决的结果，尽管在意料之中，仍然令意大利感到沮丧。同样，罗斯福总统敦促日内瓦宣布战争状态并首次实施官方制裁行动，也让它感到心灰意冷。国联各成员齐心协力，不管实际行动起来多么不可靠，还是给亚平宁半岛上空投下一片浓厚的阴影。美国的举动被意大利官方淡化为一项保证中立的措施，但人们本能地从罗斯福总统快速而严肃的语气中辨认出了他对意大利的决定，以及支持英国人实施制裁的决心。

意大利人担心的不只是世界的义愤，他们更关心责难带来的后果，事实上，意大利是一个出奇敏感的民族。这次为打击意大利而进行的动员，不但没有分裂这个国家、没有推翻负有责任的意大利当局，反而促使法西斯党徒和非法西斯党人团结到了一起。意大利前总理、和平会议“四巨头”之一的维托里奥·奥兰多，与多名业已退休的意大利民主政治家一道，在意大利的危急时刻，声明愿意捐弃前嫌，帮助墨索里尼。

毫无负罪感

想要理解这一点，就必须记住，这些出声支持墨索里尼的人当中，几乎没有人对入侵埃塞俄比亚怀有负罪感。笔者在最近几周询问了数百人，结果只有三人表示遗憾，包括一名年轻知识分子、一名持自由派观点的老人和一位女艺术家，只有他们对意大利背信弃义发动战争在道义上感到歉疚。

很多人坦陈，自己同情那些受到轰炸和侵略的“可怜的埃塞俄比亚人”，但这仅仅是因为这些人在暴君的统治下长期承受疾病和饥饿的折磨!

意大利人对未来感到担忧、害怕和深深的绝望，但他们并没有良心不安。在他们看来，受到了不公正对待的是他们自己。他们大方地承认，自己是为了“重大的国家利益”而战，因为他们坚信战争是唯一的出路，他们坚信其他国家对意大利的制裁完全不是出于道义，而是因为利益冲突。在战争阴云笼罩的地中海，英国向来以战舰让意大利闻风丧胆，然而据称意大利的潜艇常神出鬼没，动辄浮出水面向英舰“示意”，使英国恼怒不堪。双方对彼此的意图不明就里。这种难以沟通的隔阂是因为意大利人对自己的看法和外界对其的看法，就如同透过玻璃窗和镜子里看到的景象一般截然不同。

无人为军队欢呼

银幕上放映阿杜瓦作战部队行军的新闻后，当晚的观众没有给予掌声或欢呼。在人们沉默地观看电影时，一名观众的思绪回到了一家柏林电影院。当时，德国在刚刚过去的3月，颁布了征兵令。德国观众们看到魏玛防卫军正步前进时，兴奋异常，几乎到了癫狂的地步。意大利人的情绪同德国人截然不同。除非在宣泄喜悦或愤怒的有组织的群众集会上，意大利人日常生活的调子是一种沉闷的顺从。这是一种新的调子，比老调子更为可怕。有太多的老兵认为尽管自己的国家输掉了上一次战争，这次一定要“善始善终”。还有太多的人是农民，托斯卡纳就有那么一位，把自己的两个儿子送上了前线。

“我想让另两个儿子也去，与其在家中无所事事还不如去前线参战。”他说道。

意大利不在意世界对其是否满意。如同所有反对现行秩序的叛乱者一样，它没有多少可以失去的，并且已经无所谓失去与否。制裁反而会更加危险，因为它不会扑灭被制裁者心中燃烧的愤恨。昨天阳光灿烂的意大利，今天已黯然失色。把这种爆发解释为单纯的法西斯行为或墨索里尼对极权的贪婪，是一种致命的错误。事实上，它是“世界革命”的最新阶段——一个贫穷的国家被组织起来挑逗一个富国。这个阶段可能会被打断，但不论法西斯领袖是否存在，它都将继续。

1936 年 / 7 月 15 日

英国将向全体国民发放防毒面具

已命令大量生产新型防毒面具以应对紧急情况

通过无线电发回《纽约时报》的报道

【伦敦 7 月 14 日电】今天，一种对所有男女老少都堪称完美的防毒面具已经接近完成。官方发布了一份公告通知公众，政府的科学家们经过长期的实验，已成功研制出一种全新的防毒面具，足以为所有人在受到毒气袭击时提供必要的保护。新型防毒面具将立即大批量生产，而这一切离那场“让战争永远结束的战争”还不到 20 年。

为免费提供数百万套防毒面具，英国内政部今天向下议院提交了一份 88.7 万

1936年，头戴防毒面具、身穿防护服的伦敦警察骑着自行车进行操练。

英镑的补充预算。陆、海、空三军之前的军费总预算已达到了惊人的1.88亿英镑，而英国的国防开支预计在本财年会高达2亿英镑。

今天，英国政府解释称，“除非确有必要”，英国政府无意向公众发放这种新面具，但英国政府将尽全力准备好所有面具以备不时之需。面具将被存放在全国各地的便利中心。政府将安排英国公民试用面具。今天，当局表示，希望公众“把握这次机会”。

在这笔防毒面具预估经费中，2.5万英镑将用于在曼彻斯特附近收购两家工厂并购买装备，7000英镑用于为内政部空袭预防局配备新增人员，5000英镑用于在格洛斯特郡法尔菲尔德开设一所民用防毒学校。

此外，政府还将请下议院另拨10万英镑用于秘密情报工作，这样本年度特工部门的经费总预算达到了35万英镑；而政府补充预算中最大的一项是额外追加293万英镑，对英国农民的养牛业进行补贴。

除了准备防毒面具，还有更多迹象表明，英国已正式开始重整军备。陆军大臣阿尔弗雷德·达芙·库珀告诉下议院，他已决定任命舰队总工程师、海军中将哈罗德·布朗爵士为军需生产局局长兼军事委员会委员。这位新任命的官员将直接由库珀先生领导，负责协调和加快生产军需品。

这项任命被视为推动军需部成立的进一步措施，同时也是温斯顿·丘吉尔和其他有战争经验的官员多年来的愿望。

1936 年
7 月 19 日

西班牙左翼内阁辞职，塞维利亚叛乱被镇压

但西占摩洛哥被两万名“革命军”控制

【美联社马德里 7 月 19 日电】受到来自西占摩洛哥和加那利群岛的军事叛乱以及西班牙国内暴乱的压力，总理圣地亚哥·卡萨洛斯·吉罗卡的左翼内阁已于今天辞职。这届内阁于 1935 年 5 月 13 日就职。

威廉·P. 卡尼
通过无线电发回《纽约时报》的报道

【马德里 7 月 18 日电（审查通过）】西班牙政府宣布，一场反对共和国的人阴谋已经爆发。据政府透露，现在叛军已攻占了西占摩洛哥休达市的广播站，并播报了一份据称是由塞维利亚广播站发布的公告，宣布马德里市内的所有政府大楼都已被攻占。

政府还宣布：此次西占摩洛哥的叛乱与西班牙国内一起类似的阴谋有关。

根据政府的说法，在迅速逮捕了包括巴雷拉将军在内的多名军官后，阴谋活动很快就被镇压。巴雷拉将军在今天上午已被送入瓜达拉哈拉军事监狱。

西占摩洛哥城镇遭轰炸

政府还宣布，军用航空仍忠于政府，从西班牙派出的轰炸机轰炸了休达和西占摩洛哥另一座城市梅利利亚。（美联社报道称，逃到丹吉尔的难民说有一支两万人的叛军部队于昨晚完全控制了西占摩洛哥。）

根据官方人士透露，古萨罗·莱诺将军已在塞维利亚非法宣布了戒严令，并试图发动一次叛乱，但这次叛乱很快就被忠于政府的当地部队所镇压。（据美联社报道，法国边境多个地方传来的报告称，包括加的斯、布尔戈斯和巴塞罗那在内的多个西班牙城市发生战斗。另外，在昂达伊有传言称，在安达卢西亚的全部驻军都已参加兵变。）

加那利群岛总督从拉斯帕尔马斯市发来的电报称，总督府已被包围，他和当地的人民警卫队指挥官均被困于府内。拉斯帕尔马斯的社会主义工会已宣布全面罢工，以示支持政府。

马德里局势正常

今天，马德里看上去一切完全正常。最终，官方否认了叛军计划围困并攻打首都的说法。今天，内政部在政府正式声明中反复强调："马德里和全国各处的公共秩序未受干扰。"

有谣言称从西占摩洛哥来的军队已经横渡海峡，并已在阿尔赫西拉斯市登陆。更甚者，称加那利群岛的军事总督弗朗西斯科·佛朗哥将军已经加入了叛军。这些谣言均遭政府断然否认。（北非发来报道称，佛朗哥将军正前往西占摩洛哥镇压叛乱。）

官方还驳斥了巴利阿里群岛发生军事暴动的谣言。

官方宣称，一架搭载叛军领袖的"外国飞机"意欲从西占摩洛哥飞往马德里，现已被截获。

今晚，马德里联盟电台通过广播发布了社会主义党和共产党劳工组织的联合声明，称如果军政长官未经政府授权擅自发布戒严令，马克思主义工会将宣布全面罢工。

昨晚，马德里的高级军官拜会了国防部长，保证向其效忠，并称随时准备为保卫共和国而战斗。

早间，政府广播了一份声明：

"国家的敌人依然在肆意散播虚假消息，但西班牙三军普遍表示忠于西班牙政府。但是在西占摩洛哥，仍有部分陆军力量对我国持敌对态度。

"休达广播电台正试图通过广播制造恐慌，声称叛军截获了几艘船只，正往半岛驶来。此消息纯属捏造。

“目前，我们的舰队正向西占摩洛哥港口进发，力图恢复秩序，并未遭遇任何抵抗。治安很快就能完全恢复。

“政府希望再次普告天下，任何宣布在西班牙实施戒严令的谣言都是毫无根据的。在西班牙，公民权是唯一的，西班牙所有机构都遵从于公民权这一处于支配地位的权利。”

今天，社会党人的官方报纸《社会主义者》用醒目的大标题敦促工人“在决定性时刻务必提高警惕”。

报纸补充说：“当局现在面临严峻的考验。一段时间以来，它一直受到威胁。”“但它是可靠的，而且有左翼政党和组织无条件提供的增援力量可资调遣。”

“工人们上岗执勤时，不会忘记他们在阿斯图里亚斯（1934 年叛乱的主现场）遭受的镇压。他们很清楚，如果当局的敌人获得胜利并且成功建立法西斯政权对自己意味着什么。”

1937 年 5 月 2 日

追求中立进入第二阶段

哈罗德·B. 辛顿

【华盛顿 5 月 1 日电】我国通过所谓的中立路线，即为寻求和平而采取的最新举措，完全是源自我国在世界战争中的经验。新的立法将隆重颁布，以替代今晚 12 点失效的旧法。该法意在避免我国在 1914 年到 1917 年间曾遭遇的困难。

中立运动始自威尔逊总统及其顾问的经历。要想了解它的全部发展过程，我们必须回忆一下美国在过去的岁月里所遭受的艰难困苦。

美国商船被英法战舰扣押，带往港口，搜查违禁品。根据新的《中立法》，美国政府需要保证任何美国船只都不会携带违禁品。

还有美国商船被德国潜艇击沉。按照德国人的说法，这些美国船只可能持有武器，而潜艇不能冒险浮上水面对其进行搜查。根据新的法律，美国商船将被禁止携带武器装备。

乘客受到影响

曾有美国公民在“卢西塔尼亚”号、“苏塞克斯”号等参战国的客船中丧生。如果战争再次发生，美国公民不得搭乘交战国的船只，否则将视为违反美国法律。

曾有开往交战国一方的美国货轮被另一方截获，美国商人认为这是非法扣押，要求美国政府对此提出抗议。根据新法律的“现购自运”条款，美国人对任何发往交战国的物资没有任何权利、任何所有权或任何利益。

在第一次世界大战中，交战各方，主要是盟国，从我国借贷大笔资金用于购买我国的弹药。在一些拥护中立的人看来，此举让一些军工企业和银行在与盟国的武器交易中成功地获得了既得利益。新法律禁止向交战双方的任何一方出口任何武器、弹药和战争工具，还禁止向它们发放贷款。

要理解约翰·巴塞特·摩尔、埃德温·M. 伯查德以及其他国际律师对整个方案提出的批评。我们必须认识到，根据国际法，就维持美国的中立而言这些步骤一个也不需要。它们的主要目的完全是为了避免美国在世界大战期间在某些事务上重蹈覆辙而被卷入纷争。

一个国家要想保持中立，其政府机构必须避免帮助冲突中的任何一方。不需要禁止其公民穿越封锁、从事违禁品交易或进行其他有违中立立场的活动等。显然，这些公民从事此类活动的风险由自己承担。

然而，美国已经超越了这一概念。迄今为止，国会总共通过的三个中立法案中，每个法案都是为了让美国在外国战争时期保持中立。

1938 年/3 月 12 日

奥地利局势生变

继柏林发出最后通牒之后，奥地利总理舒施尼格昨晚宣布退休。纳粹领袖阿图尔·赛斯–英夸特继任总理，旋即要求德国派遣部队帮助其维持秩序。德方大约 5 万人的装备精良的机械化部队开往边境。慕尼黑和维也纳都有报告说，有些部队越过边界进入了奥地利。柏林方面对此予以否认。纳粹暴徒占领了维也纳，袭击了犹太人聚住区。纳粹的“卐”字旗帜在公共建筑上方飘扬，祖国战线部队被解除武装。在其他城市也出现了类似的示威活动。

希特勒的异动让欧洲惊骇。他的举动在意大利投下了一枚重磅炸弹。在人们的印象中，意大利是不会以武力对抗的，但柏林—罗马轴心国已经动摇，希特勒对罗马的访问可能被取消。据称，德国的意图事先并没有知会墨索里尼。

英国对柏林表示强烈抗议，声称德国的行动势必会招致“最严重的反应，带来无法预知的后果”。在早些时候，英国还发出了其他警告，但德国外交部长里宾特洛甫反驳说，除非德国的目的得到满足，否则没有理由与英国进行协商。

巴黎方面认为，意大利曾获德国邀请共同以武力拯救奥地利，但意大利拒绝了这一邀请。于是，法国也采取同英国一样的行动，即对德国的行径表示抗议。各党派曾试图聚在一起组成一个新的内阁来应对这一形势，但由于分歧太深，尝试宣告失败。据称，法国总理利昂·布卢姆执政能力不足，无法获得足够的支持。

西班牙总理内格林宣布，意大利和德国曾向西班牙共和派人士提出达成一些协议的非正式建议，但后者决定拒绝进行谈判。

1938 年

9 月 26 日

希特勒的备忘录

美联社报道

【伦敦 9 月 25 日电】星期五，德国总理阿道夫·希特勒发给英国首相内维尔·张伯伦一份“最终”备忘录，托其转交给捷克斯洛伐克。据在伦敦的权威人士披露，其内容如下：

关于苏台德地区每时每刻越来越多的事件的报告说明，苏台德的形势已经让本地区的德国人越来越无法忍受，而且势必给欧洲和平带来危险。

因此，捷克斯洛伐克之前约定的对苏台德地区的分离势在必行，再不能继续拖延。

所附地图上，阴影较深的区域就是要割让给德国的苏台德地区。阴影较淡的区域是需要通过公民投票决定其去向的领土。

关于边境的最终划分一定要与有关方面的意愿一致。为了确定这些愿望，有必要为公民投票预留一段时间。在这段时间内，必须避免一切可能的干扰。

必须保证双方处于平等的位置。附图上划定的德国区域将由德国部队占领，不会考虑在进行全民投票的这些区域，捷克人是否占多数。

另一方面，捷克领土将由捷克军队占领，无须考虑该地区是否有大量德语人群，即使在全民投票中，毫无疑问后者中的大多数会表达其德意志民族的情感。

鉴于要在短时间内对苏台德地区的德国人问题定下最终的解决方案，德国政府现提交以下建议：

一、捷克应从附图中指定的区域撤出全部的武装军队、警察、宪兵、海关官员和边防部队，并于 10 月 1 日将该地区移交给德国。

二、所撤离的领土必须以现状移交（详情参见《附录》）。德国政府同意捷克政府和捷克军队委派全权代表与德国军方协商处理有关撤离方式（行之有效的方法）的细节问题。

捷克政府立即解散苏台德地区所有在捷克国家境内服役或担任警察的德国人，并允许他们返回家园。

捷克政府释放所有日耳曼族政治犯。

三、德国政府允许在那些区域举行一次公民投票——更准确地说——最迟在 11 月 25 日之前。

全民投票要在国际委员会的控制下进行。所有 1918 年 10 月 28 日在上述地区居住或在此之前出生于这些地区的人都将有资格参加投票。

在所有符合条件的男女投票者投票后，简单多数那一方的意愿将决定其全体归属德国还是捷克。

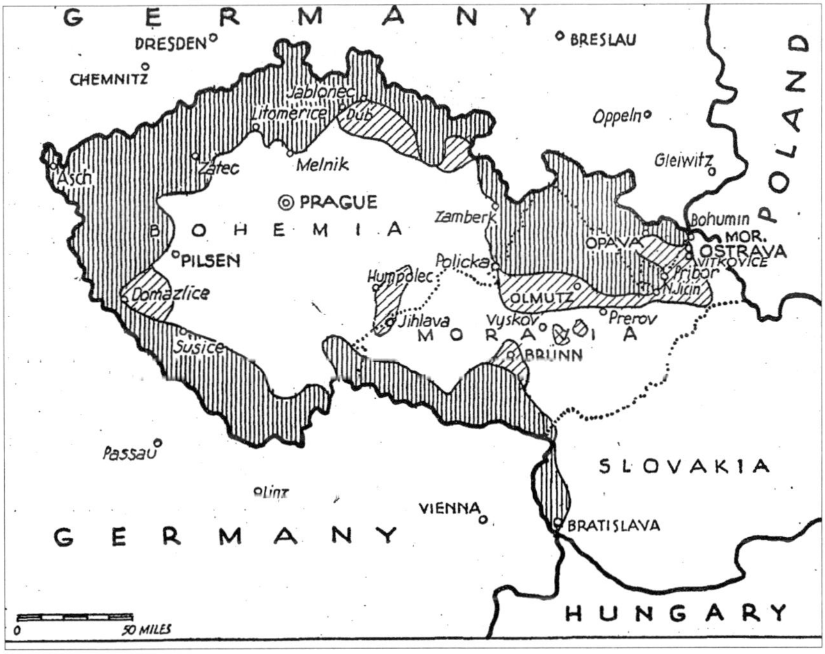

希特勒总理对捷克斯洛伐克提出要求。

这张地图于昨晚从伦敦以无线方式发来，是美联社从捷克消息人士手中得到的。据说它是希特勒先生给张伯伦首相陈述其最终要求所用的地图副本。图中阴影较深的区域为希特勒要求最晚于 10 月 1 日连同所有财产割让的领土，阴影较淡的区域为希特勒要求最晚于 11 月 25 日举行全民投票的领土。

更确切地说，在公民投票期间德国和捷克双方均须从该区域撤出各自的军队，日期和持续时间将由德国和捷克政府共同决定。

四、德国政府建议成立一个权威的德国—捷克委员会来处理下一步的所有细节问题。

附录：

苏台德地区移交时所有军事、经济和交通设施（工厂）方面均不得遭受任何破坏或处于不可使用状态。这些设施包括航空服务的地面组织和所有的无线电台。

指定地区的所有经济和交通物资，尤其是铁路系统的全部车辆必须完好无损地移交。该条款同样适用于所有公用服务事业（煤气厂、发电站等）设施。

最后，任何食品、物品、家畜、原材料等，均不得移动。

1938 年 / 9 月 26 日

对《非战公约》的引述
总统要求通过仲裁解决——备言战争恐怖
称没必要使用武力
他对统治者发出强烈呼吁，深信欧洲人民追求和平

本日早些时候，罗斯福总统向希特勒总理和贝奈斯总统发出个人呼吁，建议通过谈判解决德国和捷克之间的争端。为此，他提到了两国根据《非战公约》应承担的义务。

预计英法两国将于本日向希特勒先生发出一份联合声明，警告他再不放弃对布拉格方面的领土要求，又一场欧洲战争将一触即发。继昨晚会面之后，英法两国政府首脑将于今日上午再次会面。

德国对捷方提出的领土和财产主张原文已经公布。

法国内阁一致通过达拉第总理关于警告希特勒先生的提案。提案要求希特勒必须保证在割让苏台德区之后尊重捷克斯洛伐克，否则就有爆发战争的危险。

布拉格已经收到德方的要求，并表明没有任何政府能够接受这样的要求。来

自其他各国首都的报告纷纷表示，这些要求让人无法接受。捷克一家官方广播电台说，捷克的军队动员并非意在挑衅，动员令是在英法示意无法接受希特勒的条件后发布的。

希特勒对捷克的广播内容大为恼火，决定于今晚发表国民讲话，以作为对捷克斯洛伐克立场的“历史性展示”。人们预计，他对捷克斯洛伐克问题的立场不会有退让。

华沙收到的来自布拉格的报告称，如果德国吞并了苏台德区，则切欣地区应被并入波兰。日内瓦方面听闻，捷克斯洛伐克割让领土给匈牙利的计划也在酝酿中。

1938 年

9 月 27 日

伦敦方面的质疑

罗斯福的呼吁赢得赞誉，但没有燃起希望

通过电报发回《纽约时报》的特别报道

【伦敦 9 月 26 日星期一电】尽管人们在得知罗斯福总统的呼吁后，对其动机给予普遍赞赏，但今日上午，这些呼吁的实效性却在伦敦受到强烈质疑。

如果罗斯福总统的干预确实避免了人人皆惧怕的战争，那么英国政府和英国人民将会对他感激不尽。但在伦敦，几乎无人相信阿道夫·希特勒总理会对这位民主党总统的呼吁有多在意。此前，罗斯福总统经常谴责希特勒不择手段，但在现在这样的紧急时刻，却寄望于希特勒的理性。

此外，英国人认为，罗斯福总统给希特勒先生和爱德华·贝奈斯总统的请求，并没有多少逻辑可言，正如美国的《中立法》中对侵略者和受害者不做区分没有逻辑可言一样。

今日上午有人评价道，现在请贝奈斯总统来化解当前的战争危机，就如同当年请比利时国王阿尔贝一世化解第一次世界大战的危险一般“明智”。面对当前的危机，英国期望的当然是罗斯福总统能发表声明，并对英国、法国和捷克提供道义上的支持。

1938 年/9 月 27 日

罗斯福发出呼吁

路德·休斯顿
发回《纽约时报》的特别报道

【华盛顿 9 月 26 日电】今天，罗斯福总统向德国总理阿道夫·希特勒和捷克斯洛伐克总统爱德华·贝奈斯发去了一份个人呼吁，敦促两国通过谈判解决争端，保证世界和平。

在一封发给德国和捷克两国领导人并同时由国务卿科德尔·赫尔转交给法国总理和英国首相的信中，罗斯福总统转达了 1.3 亿美国人的期望——希望欧洲各国摈弃武力手段、以和平方式解决争议。他呼吁相关国家重视《白里安—凯洛格公约》和其他条约，承担相关义务，并提醒道，即使上述解决途径受阻，也还存在着其他仲裁方式。

动武不是办法

罗斯福总统称，只要争端的各相关方坚持谈判，就不存在无法妥协的分歧。但是，一旦“谈判中止，则理性就会被抛弃，而武力就会占上风”。“而武力不是人类未来福祉的解决方案。”

罗斯福总统称，他坚信欧洲各国面临的问题并没有棘手到无法理性解决而只能诉诸武力的程度。他还坚持认为，欧洲所有卷入战争的国家的人民，需要的是在战争发生前实现和平，而非在战后实现和平。

罗斯福总统认为，战争爆发的后果是“难以估量的”。战争将使各国人民陷入“难以言表的惨状”——一旦被拖入战争，各国的经济体系将会瓦解，而它们的社会结构也将“被完全破坏”。

他呼吁欧洲各国领导人注意这一事实：美国不像欧洲各国那样，没有那么多的派别斗争，也没有那么多的仇恨。美国的文明是建立在所有欧洲元素的基础之上的，美国也没有陷入任何政治纠葛。

罗斯福总统还称，美国人民唯一的愿望就是和平，但他们深知美国无法逃避某些战争的影响。罗斯福总统向各国领导人呼吁，他们手中掌握着决定战争还是和平的权力，为了全人类，要坚持和平谈判，只有这样，才能有望“和平、公正、建设性地解决争议事项”。

显然总统担心战争会最终波及美国，因而此番为避免战争，高调地做出努力。而此前没有迹象表明总统在计划此事。

1938 年／9 月 30 日

人群在酒店外久等，只为向张伯伦致意

美联社报道

【慕尼黑 9 月 29 日电】今天，为了见到一位 69 岁的老人，慕尼黑的男女老少兴奋地等候了数小时；这位老人访德的目的是参加一次开诚布公的和平谈判。

他就是英国首相内维尔·张伯伦。他身着黑衣，身处于爱国情绪高涨的纳粹主义摇篮之国，显得格格不入。

随时都有男子站起来，为他欢呼，而他们的上装翻领皆缀有“卐”字的领扣。随时都有大大方方的女性前来，身着慕尼黑引以为豪的华丽时装。

蕾佳娜皇宫酒店古色古香，前面的草坪上人山人海，这里是出席四国会议的英国代表团驻地。酒店大门外，身着褐衫的冲锋队员们围成一个方阵。围观的人群在方阵外边，形成了一个纵深 8—10 英尺的大方阵。

在酒店内，还有几十人在驻守，在酒店的双排楼梯上，在酒店小小的红、白、金色相辉映的大堂内所有想得到的位置上。

等候的时间长，看到的东西少

大部分时间什么也看不到。

每过半小时，就有两名头戴钢盔、身着黑制服、肩扛刺刀的仪仗兵在一个急促的信号之后快速行枪礼。酒店巴洛克风格的大理石柱前有士兵站岗，不时有身着黑衫的新卫兵脚步铿锵地来换岗，而先前站岗的卫兵则会正步离开。

间或有纳粹党徒穿着标志性的褐色衬衫列队出入，每到此刻，人们都会兴奋地屏住呼吸期待着。

当身形瘦削、穿着黑衣的张伯伦面带微笑缓步走出时，人群高声欢呼起来，就像美国人在橄榄球赛中的欢呼一样。确实有人在行纳粹礼，但很多人仍保持着双手垂放于身体两侧的姿态，同时现场充满了那种人们在喜庆场合通常听到的喧闹的声音。

在慕尼黑闷热的午后，张伯伦首相驱车前往元首大厦，参加领导人会议。这座大厦是希特勒为了纪念纳粹主义运动的诞生而下令修建的华美宫殿。然后，欢呼的人群来到这里，一边说笑一边等待，直至深夜。

当英国首相再次走下酒店楼梯赶赴与阿道夫·希特勒总理、意大利总理贝尼托·墨索里尼和法国总理爱德华·达拉第的第三次会谈时，仍在等候的人群发出一阵雷鸣般的欢呼声——“万岁”，声音沿着酒店所在的大街，穿过两侧的卫兵队列，直传到大街另一端的元首大厦。在酒店的楼下，一支伴舞乐队在演奏曾风靡一时的“兰贝斯走步舞”，巴伐利亚舞蹈演员们手牵着手用伦敦东区口音高喊着：“哦伊！”

人们向所有代表团欢呼致敬

每有与会代表车队驶过街道返回元首大厦，街边的人群就会爆发出欢呼声，但数张伯伦先生的车队经过时欢呼声最响亮。

1938年9月28日，前来与阿道夫·希特勒就其威胁入侵捷克斯洛伐克一事举行会谈的英国首相内维尔·张伯伦（前排右二），在抵达慕尼黑欧伯维森菲尔德机场后，走过迎接他的纳粹仪仗队。

当达拉第先生、张伯伦先生、希特勒先生和墨索里尼先生逐次在各自卫队的护卫下返回会场时，人们相继爆发了四次欢呼。

对张伯伦的欢呼声更是穿越了一个个街区。人们远远地就知道他即将到来，因为当张伯伦的汽车驶来时，他们能听到“张伯伦！张伯伦”的高喊声。

张伯伦首相向南德的人们挥动他的黑帽子作为还礼，人们看到他灿烂的笑容时，欢呼声更加响亮。

“事情一定会有转机的。”——这是最常听到的评论。

希特勒总理经过时，一副仍沉浸于思考中的模样，向他的人民致意时的微笑也显得心不在焉和僵硬。

1938 年/9 月 30 日

“四巨头”达成协议

弗雷德里克·T. 伯彻尔
通过无线电发回《纽约时报》的报道

【慕尼黑 9 月 30 日电】决定捷克斯洛伐克命运的四国会议在慕尼黑举行，并已达成协议，进入休会期。会议通过对捷克斯洛伐克施压，迫使其接受会议决定，从而避免欧洲全面陷入战事。

在将近 9 个小时的会谈后，会议就所有议题达成了令人满意的结果——确切地说，是令诸位与会者满意的结果。

可以说，会场上，与会代表悉数满足了德国的要求，除了没有彻底取消捷克斯洛伐克的独立主权地位，因为事实上德国只是有所暗示，并未正式提出过此要求。

而且，会议决定还指出，波兰和匈牙利也将从肢解捷克斯洛伐克中分一杯羹。

从阿道夫·希特勒总理的《戈德斯堡备忘录》中看得出的唯一变化是，给予捷克接受德国要求的时限有少许延长。从明天开始到 10 月 10 日，捷克必须逐渐撤离以德意志人为主要居民的领土，将其逐步移交给德国。

财产不得带走

英、法、德、意四国政府同意：捷克撤离上述领土时“不得毁坏任何现有设施”。这包括曾遭英国反对的要求：苏台德区的农民在撤离该地区时，必须保持其农场、家畜和农作物的完好无损，而且不得要求任何补偿。

撤离的领土将按会议协定所附地图指定分为四类。第一类将于10月1、2日移交给德国占领，第二类将于10月2、3日移交给德国占领，第三类将于10月3、4、5日移交给德国占领，第四类将于10月6、7日移交给德国占领，而余下部分将最迟在10月10日移交给德国占领。撤离适用条件由一个国际委员会制定。

这表明，在占领开始若干日后，德军才会抵达捷克边境防线。

捷克方面获得的保证

捷克如果遵照会议决定，满足德国的要求，所能得到的全部回报为：英法两国立即保证其剩余领土和边界的完整性。在波兰和匈牙利的要求也得到满足后，德意两国也将做出补充保证。如果德国的要求在3个月内未得到满足，四国将再次召开会议进行商谈。

国际委员会将决定是否有必要对某些难以确定的领土进行公民投票以决定其命运。如果要举行公民投票，将由国际委员会来负责公民投票事宜。同时，公民投票期间，国际“机构”将管理这些存在争议的领土。

关于边界的最终决定也由该国际委员会进行裁定，而当地居民有权选择是留下还是离开这些待转让领土。

在4周内，所有的苏台德区德意志族居民将被免除继续服兵役或从警的义务，捷克政府还应同意释放苏台德区的在押犯人。

“四巨头”亲切告别

今日凌晨1点（美国东部标准时间星期四下午7点）四国代表在元首大厦——希特勒总理在慕尼黑的个人总部的会议室内签署了上述协定。之后，四国首脑握手言欢，亲切告别。

希特勒先生“代表德国人民”，感谢英国首相内维尔·张伯伦和法国总理爱德华·达拉第为欧洲和平所做的努力。两人同样回致谢意，并将于今天晚些时候各自飞回本国；而意大利总理贝尼托·墨索里尼已经乘专列回国。

早间，张伯伦先生花了 1 个小时与从布拉格赶来的两位捷克代表讨论了协定，并建议捷方接受该协定。

讨论强调了会议决定的一致性，以及与会者间表现出的友好。

据称，希特勒在其主要领土诉求得到满足后，在一些难以确定的区域还在讨论时，曾对别人这样说："我不想因为一个村庄的问题而吵吵嚷嚷。"

会议为捷克准备了一份协议副本，由两位捷克代表今晨乘飞机带往布拉格。捷克政府无疑将接受协议。他们还能有别的选择吗?

1938 年／9 月 30 日

纳粹德国如愿以偿

由于慕尼黑与会者意见一致，希特勒几乎得到了他想要的一切

今天上午早些时候，英、法、德、意四国领导人在慕尼黑会议上达成协议，允许第三帝国军队从明日起 10 天内，逐步占领捷克斯洛伐克苏台德区内的主要德国人聚居地。一度一触即发的欧洲战争得以避免。希特勒总理的大部分要求得到了满足，张伯伦首相追求和平的努力最终获得了成功，他也得到了慕尼黑百姓最响亮的喝彩。

在会议开始前，捷克政府向英国当局发去了一份备忘录，告知了其对英法建议的立场。捷克认为，不管达成何种协议，捷克方面都将付出代价，因而公众舆论甚为沮丧。

在意大利首都罗马和其他地方，意大利人为《慕尼黑协定》的签署而欢呼雀跃。他们认为协定的签署是独裁政体对民主政体的一次胜利。巴黎因《慕尼黑协定》而感到宽慰，但仍在继续其战争准备。与之相似，在伦敦，尽管紧张气氛得到了缓解，但预防措施仍在实施。

教皇庇护十一世在通过世界电台祈祷和平时忍不住哽咽起来。同时，罗斯福总统也呼吁美国人民为和平祈福。

1938年/10月1日

巴黎各大报纸盛赞四国协定
《巴黎晚报》称："世界再次呼吸，我们仍能存活。"

通过无线电发回《纽约时报》的报道

【巴黎10月1日电】"和平"这个词足以概括法国新闻界对昨日事件的反应，大街小巷、各个营地、家家户户，随处可以听到人们说到这个词。

让·普罗沃斯特在《巴黎晚报》的头版社论中用了最为恰当的表达，在开篇句中写道："和平、和平、和平。"

昨天的头条还有：《新闻报》的"和平的伟大胜利"。

曾经坚定要求和平的《自由报》则称："我们所言正确，和平万岁！"《果敢报》的头条则为"团结产生奇迹"。

极左翼报刊《今日晚报》一直是法国仅有的主战报刊，它对四国协定和其经验教训的报道如下：

"和平得救了，但它是以战争威胁进行恐怖讹诈的成果。张伯伦也曾做过这样的评价：'希特勒已经急不可耐要铤而走险发动世界大战了。'"

《世界报》称，慕尼黑会议对欧洲的道义和政治形势产生了极大的影响。它继续写道："德国元首、意大利领袖、英国首相和法国总理坐在一起，经协商达成和平协定。这一协定将催生处理国际事务的新精神。可以肯定的是，法英步调一致在悲观的形势下发挥了作用。更紧密的欧洲合作，促成维护和平的目的。张伯伦、达拉第和博内积极努力，共同开创了新的调解精神，理应受到和平爱好者的感激。

"尽管面临诸多的困惑和妨碍，法国仍显得镇定而坚决。从统帅部到士兵，全体法国军队完全尽到了自己的责任。

"在未来的日子里，只要争端还未得到完全解决，我们就有必要遵守同样的纪律。争端虽未完全结束，但已经走上了正确轨道。改善可以积少成多。”

加卢斯在《果敢报》上写道：所有法国人感受到的快乐不仅仅来自宽慰，还包含了少许希望的因素。

1938 年

11 月 11 日

纳粹党徒打砸抢烧犹太商店和会堂，直到戈培尔叫停 团伙报复巴黎枪杀事件，数千犹太人因“保护”行为而被逮捕

奥托·D. 托里斯克斯

通过无线电发回《纽约时报》的报道

【柏林 11 月 10 日电】今天，德国爆发了一场自“三十年战争”以来规模最大的打砸抢烧事件，也是整个欧洲大陆自布尔什维克革命以来最大规模的打砸抢烧事件。成群结队的纳粹党人攻击了犹太人的商店、办公场所和会堂。这起事件是对一名年轻的波兰籍犹太人枪杀德国驻法国大使馆三等秘书恩斯特·冯·拉特的报复。

从上午早些时候开始，几乎每个德国市镇都爆发了有组织的打砸抢烧行为，暴行延续了一整天。大部分人只是袖手旁观，而警察只是在指挥交通，并逮捕了大批有“自保行为”的犹太人。

整整一天，柏林的主要商业区和巷道，以及其他许多地方，都回响着商店窗户破碎并掉落到人行道上的声音、家具设备被砸成碎片时的闷响，以及消防队冲向燃烧的犹太商店和会堂时的喧哗声。商店大火很快就被扑灭，但会堂的火却未被扑灭，消防队只是控制火势不让它蔓延到相邻建筑。

报道称有 2 人死亡

目前可以确认的是，暴力行为主要针对财产。尽管有个别犹太人遭到毒打，但截至目前，报道只提到有 2 人死亡，都是犹太人，一名来自波美拉尼亚地区的波尔钦，另一名是本茨多夫的犹太人。

这起暴行的范围、强度和总损害，都全面超过1918年的列宁革命。到了晚上，整个柏林几乎没有一家犹太商店、咖啡馆、办公室或会堂幸免，它们无一例外遭到严重焚烧或破坏。

随即，德国宣传部部长约瑟夫·戈培尔发表了如下声明：

"昨夜，对于那位懦弱的犹太人谋杀德国驻巴黎外交官的卑劣行为，德国人民群起表达他们的愤怒。这种愤怒是正义的，也是可以理解的。在德国的无数城镇中，都发生了针对犹太建筑和商铺的报复行为。

"现在，德国政府严正要求全体德国人民立即停止针对犹太人的任何进一步示威和报复行为。对于犹太凶手谋杀德国驻巴黎外交官的行为，政府将通过立法和法律手段对犹太人予以惩罚。"

法律手段的具体情况现在还不得而知。然而，人们知道德国内政部已经在制订大规模驱逐外国犹太人的措施，包括慕尼黑在内的一些城镇已经勒令所有犹太人在48小时内离开。所有犹太人的有组织的文化和出版活动均已被禁止。据猜测，失去了大部分财产和生计的犹太人将流浪街头，或进入贫民窟和集中营，或被强行投入劳改队为第三帝国工作，如同古代以色列的孩子被强令为法老劳动一般。

数千犹太人被逮捕

总之，在柏林乃至全国，在这一天有数千名犹太人被驱逐出他们的家园并遭到逮捕，其中大部分为男性，最引人关注的是一些知名犹太领袖也遭到逮捕。据了解，这些人被告知他们已被扣为人质，以此换取德意志以外的犹太人遵纪守法。

在布雷斯劳，可能躲藏犹太人的非犹太人家庭也遭搜查。

恐惧慌乱的犹太人，尤其是哭泣的妇女和孩子，要么向各国驻柏林的大使馆及全德境内各地的外国领事馆打去无数的电话，要么挤在使馆周围，央求着他们得不到的救助。当天，因为一座会堂遭焚烧产生了大量的烟雾，相距不远的布雷斯劳的美国领事馆不得不关闭了一段时间。

在以往历次小规模反犹太骚乱中沿用的全部借口——大意是当天的骚乱是一些不负责任的人所为，甚至是共产主义分子所为，这一次均不再使用；之前一直无视这些事情的德国新闻局，以及德国各家报纸，均如实报道了这些事情。新闻局明确指出：

“在许多地方持续发生反犹太人的示威活动。大部分城市的会堂被烧毁。消防队在很多情况下只能挽救邻近的建筑。此外，在很多城市中，犹太商店的窗户被砸碎。

“偶尔有火灾发生，由于人群的极度兴奋，商店中的部分货物被毁。而犹太店主们因实施自保行为被警察扣押。”

1939 年 / 3 月 27 日

德国对但泽的主张遭波兰断然拒绝

华沙方面礼貌但坚决地拒绝了柏林方面关于自由市归属问题的主张

【华沙 3 月 26 日电】今日有消息称，波兰政府礼貌但坚决地拒绝了德国关于但泽归属问题的谈判建议。德方的建议是由波兰驻德国大使约瑟夫·利普斯基转交波兰政府的；利普斯基大使周四与德国外长约阿希姆·冯·里宾特洛甫举行会谈后，已从柏林返回。

里宾特洛甫想知道波兰是否愿意就但泽问题的最终解决而与德国谈判。

之前德国也曾就但泽问题提出谈判建议，均遭波兰拒绝。但并未对波德关系产生多少影响。据了解，波兰总统伊格纳齐·莫希奇茨基和爱德华·雷兹－希米格维元帅及约瑟夫·贝克外长会谈后，决定再次拒绝德方的建议。

据称，管辖但泽问题的条约和公约有效捍卫了波兰的利益，但泽的形势是令人相当满意的。该市政权由国家社会主义工人党掌握，德国人享有完全的国民权利。

波兰政界相信波兰的答复虽然拒绝了对方，只会暂时结束双方关于但泽问题的意见交换。然而，在当前形势下，面对紧张的国际局势，波兰政府已采取了一定的军事预防措施。

寻求国际团结

【美联社华沙3月26日电】今天，在扩张的德国和苏联之间小心保持平衡的波兰，为了应对来自西侧的德国的潜在威胁，开始采取措施加强内部团结。

加强内部团结的努力以一份报告开始。报告称，曾担任总理的著名农民领导人文岑蒂·维托斯，和他的副手、前内政部长伏拉德尔斯拉斯·基尔尼克，都已得到波兰政府允许，结束他们在捷克斯洛伐克长达9年的流亡生涯，返回波兰。

据可靠消息报道，维托斯已进入波兰境内，他对波兰政府的归顺以及后者对他的赦免令将同时公布。

两位知名政治流亡者即将回国一事，在波兰被解读为波兰政府正在实施内部团结政策。

1939年/3月27日

考夫林谴责“战争贩子”

称美国的游行示威者是受了德国左翼敌人的欺骗

【底特律3月26日电】今天，查尔斯·E.考夫林神父表示，“在纽约和其他地方，数千不知情的人倾向于追随好战领导层”，美国人应为此感到忧虑，而不再为争取欧洲民主国家的利益而努力。

在每周的广播讲话中，考夫林神父说道，拯救民主的呼声“是那些想毁灭德国的人提出的，他们并不是想恢复捷克斯洛伐克”。

神父指出，昨天在纽约举行的抗议德国吞并捷克斯洛伐克的游行中，有很多无知的群众是因为“受了政治宣传和左翼领导层的欺骗”才参与其中的。

他还说道：“对这些人来说，捷克斯洛伐克的解体只是以自由和民主的名义推进暴政与侵略的一个有利时机，使心怀不轨者有望在无知的公民们心中煽起狂热邪恶的仇恨，敲响国际战争的鼓声。”

这位神父继续说道，捷克斯洛伐克共和国诞生于匹兹堡，而“它从一开始就注定是要被分解的，因为它是建立在一个错误的、国内种族冲突的原则上的”。

“如果美国人民感觉良心受到冒犯，是因为德国冲锋队的铁靴践踏了真正的民主、人民自决和地方自治的原则，那么就让我们的愤怒保持公正纯洁吧。”他继续说道。

“让我们为英、法、苏三国在捷克事件中受到波及的人们遭受的苦难哀悼。从 1757 年的普拉西战役到 1923 年的莫斯科屠杀事件，受害者们一直在向文明世界中那些装聋作哑的人呼吁自由、公正和同情。”

昨天，约有 500 人围在百老汇大街 1657 号 WMCA 广播站和西 49 大街 49 号 RCA 大厦的 WJZ 广播站前，抗议它们过去未能发布查尔斯 · E. 考夫林神父的对外广播。

1939 年 3 月 30 日

佛朗哥全面征服西班牙；最后十城屈服

通过无线电发回《纽约时报》的报道

【法国昂代伊（西班牙边境附近）3 月 29 日电】自昨晚起，事态迅猛发展，共和党抵抗军在西班牙全线崩溃。

巴伦西亚、阿尔梅里亚、穆尔西亚、雷阿尔、哈恩、昆卡、阿尔瓦塞特、瓜达拉哈拉和阿利坎特等城市昨晚还在共和党手中，今天已纷纷宣誓效忠民族主义者。在西班牙 52 个省级城市中，坚持到最后的 9 个，也已经被大元帅弗朗西斯科 · 佛朗哥的大军占领，或者被城内的支持者拿下。

通过收音机，布尔戈斯得知地中海沿岸和内陆的共和党城镇与村庄已经于当日纷纷投降。马略卡岛的帕尔马电台，在与穆尔西亚和其他共和党的据点通过短波交谈之后，向总部发去消息宣布投降。

1939年，西班牙内战期间，弗朗西斯科·佛朗哥及其参谋在地中海前线。

广泛的无线电联系

显而易见，民族主义者和共和党电台的广播员已经达成了某种协议，因为在一些仍为共和党掌控的地方，话务员已经与民族主义电台进行了亲切友好的谈话。

帕尔马和马拉加的电台是民族主义在地中海地区的主要高频广播电台。整整一天，它们都在教唆共和党在穆尔西亚、巴伦西亚及其他地点的广播站，试图煽动其为佛朗哥将军的总部收集并传递来自战场上的移动宣传站的消息。它们不厌其烦地劝诱共和党电台在传统的“西班牙加油”后面补上“佛朗哥万岁”。

昨晚，在战场上，古萨罗·莱诺将军率领的南方军队和萨利克特将军率领的中央军正在全力迅速推进，直逼最后一个海岸城市。

内政部长拉蒙·塞拉诺·苏涅尔，在布尔戈斯发表了他对民族主义者自周一以来的军事行动取得的成效的看法。昨天晚上他说：在西班牙中部，萨利克特将军协同另外25位将军指挥着30万大军。这支军队包括甘拔拉将军的意大利师团，即“利托里奥”“蓝箭”“黑箭”和“绿箭”，而且这些师团全都有机械化部队、坦克、大炮和飞机。

1939 年
3 月 30 日

失利的消息频频传到马德里

通过无线电发回《纽约时报》的报道

【马德里 3 月 29 日电】今天，马德里收到从四面八方发来的报告，称西班牙各地的共和党全部溃败。

来自巴伦西亚的游客描述说，整条道路被挤得水泄不通，成千上万名士兵抛下武器，疲惫不堪地走在返回自己村庄的路上。数百辆满载难民的卡车穿过街道，驶向巴伦西亚。这些难民原本希望从海上逃离，然而，港口却没有船。苦于无船可乘，大量难民滞留在港口，一时间港口人满为患。

昨日抵达巴伦西亚的国防委员会委员希格斯蒙多・卡萨多上校今天宣布，他打算留下来监督把城镇移交给民族主义军队这项任务。

他的宣布一经公布，大批人群聚集街头，手持民族主义的旗帜，高呼民族主义的口号。这情形和马德里一样，马德里的共和党政权被首都市民一举推翻。他们控制了城市以确保公共服务、法律和秩序的正常运行，直到民族主义军队的到来。

民族主义党的军事当局已各就各位并开始发挥作用。许多高官已经到达，包括埃米利奥・索夏佳将军、加西亚・巴利诺将军和最后到达的外籍军团创始人米兰・阿斯特赖将军。同天进驻的还有民兵防卫队和突击卫队。

1500 辆卡车满载食品涌进该市，当天就分配了 60 万份军粮。明天有望开始发放白面包和烟草。

由此可以看出，弗朗西斯科・佛朗哥大元帅的第五纵队在马德里的实力是多么强大。据估计，西班牙法西斯长枪党在首都有 4 万名成员。其领导人曼纽尔・瓦尔德斯博士是一名医生，他称是长枪党拿下了马德里。

他还说，长枪党成员两年来承受了很多不幸。昨天上午他们控制了首都，直到几小时后部队抵达。他解释道，他们接管了公共设施，并维持法律和秩序的运行。

华金·里奥斯·卡帕普将军之前在大学城区和首都以南的洛斯安赫莱斯山指挥作战，目前他已进入马德里，并与长枪党领袖取得了联系，而后者已经掌控了整个局势，并控制了所有政府部门。这一切显然经过精心部署。

目前，马德里长枪党正在被改造。军官都根据军事经验和军衔被安排了相应的职位，以塑造一个全新的民族主义政党。

1939 年 / 4 月 1 日

张伯伦的声明

美联社报道

【伦敦 3 月 31 日电】今日，内维尔·张伯伦首相在下议院就国际形势发表如下声明：

我很高兴能借此机会再次声明英王陛下政府的总体方针。英国联邦政府一直提倡，对于彼此间可能产生的任何分歧，相关方面应以自由谈判的方式进行调解。而且，他们认为这是合理正确的分歧处理方式。

在他们看来，没有什么问题是不能通过和平方式解决的，以武力或武力相威胁来代替谈判的方式是不正当的。

如下议院所知，英国政府正与外国政府进行磋商。同时，为了在磋商结束前清楚表明英王陛下政府的立场，我现在必须告知下议院，磋商期间，如有某种行为明显威胁到了波兰的独立，且波兰政府也认为必须动用其国防力量予以抵抗，则英王陛下的政府将立即承担起向波兰提供全部支援的义务。

他们已向波兰政府做出此种保证。

我还要声明，法国政府已授权我宣布，法国政府对此事的立场与英王陛下的政府相同。

今天上午，外交大臣会见了苏联大使，并就此事进行了全面商谈。我坚信我们的行动原则得到了苏联政府的完全理解和赞赏。

贝克上校（即波兰外长约瑟夫·贝克。——译者注）的来访是一个契机，我们可以借此讨论如果有人意图侵略波兰，可能通过哪些后续措施实现最大限度的强化合作，如何尽一切努力终止武力侵略，以及如何通过更理智、更有条理的谈判方法化解侵略危机。

会议的问题只是权宜之计。我们没有理论证据来证明会议是最佳途径。

如果存在其他更有效的方式能达到我们的目的，我们可能就不需要会议了。

全部详情已通报给英联邦各成员。

1939年/8月22日

波罗的海活动报告

【美联社柏林8月21日电】星期天在波罗的海附近度假的柏林市民今日提到，他们看到一列列火车载着士兵、大炮、防空装备和野战厨房从他们面前驶过，向东北方向驶去。

还有一些曾前往德绍市的人说无法接近德绍市，因为该市是容克飞机厂所在地，已被指定为军事管辖区域了。

他们还说很难买到汽油，一个又一个的加油站都空空如也。

今天，在柏林的德军作战部，载有高级军官的漂亮小轿车不停地来来往往。天空中，成群结队的军用飞机呼啸而过，数量绝非往日可比。

除此之外，在这座城市中看不出有任何军事活动的迹象。据推断，所有部队都在波兰边境线上严阵以待。

1939 年/8 月 22 日

德军通过维也纳

通过无线电发回《纽约时报》的报道

【维也纳 8 月 21 日电】从今晨开始，每隔一定的时间，就有大批的机动化部队驶离这座城市，经由多瑙河大桥赶往东北方向的德捷边境。

满载士兵和轻型火炮、野营装备的军用卡车，红十字会救护车和满载火药桶、油桶的货车一辆接一辆驶过这座城市。

同时，报纸报道《苏德贸易条约》成功终结的消息之后，大街上人们的喜悦之情溢于言表。

1939 年/8 月 22 日

德意志帝国部队塞满通往波兰的道路

边境城市格莱维茨炮、弹过境，救护车已整装待发

【美联社德国格莱维茨 8 月 22 日电】4 门著名的德国产机动化"超级大炮"和弹药装在一辆专用列车上，于清晨 2 点 50 分驶过格莱维茨。

长 16 英尺、口径为 10 英寸的炮管要用 3 厢货车运载，底座和发射装置装在前面的一辆 3 厢货车上。

长达半英里的纵队从火车站方向走来，在夜色中走向这座城市的守备部队驻地。驻地以外不到 2 英里就是波兰边境。

今天早晨穿过这座城市的是上周来这里的第二支炮兵分队。另一支是重型迫击炮分队，于昨天下午 3 点 45 分进驻，走的也是这条路。

紧随重武器通过之后的，是防空机关炮和头戴钢盔的士兵。

有 20 名乘员的履带式货车隆隆地驶过街道。其中一辆装满了缆索和 1 英寸粗的拖索。另一辆装载着为宽胎车辆铺路的长铁条。

很多卡车装载着用防潮纸覆盖的方盒子，还有一些是移动式野战厨房。今天下午，格莱维茨的街道还有不少救护车来来往往。

除了正规的军用救护车，人们还看到了民用医疗单位和红十字会的救护车。

1939 年/8 月 24 日

德苏签署 10 年互不侵犯协定

约定双方不得在战争行为中帮助对方的对手

【美联社莫斯科 8 月 24 日电】今天早些时候，德国和苏联签署了一份互不侵犯协定，根据该协定，在未来 10 年内，双方均不得“加入任何以直接或间接方式针对签署国的国家集团”。

根据该协定，两国还同意就双方共同利益“保持长期互相协商”，并通过仲裁方式解决分歧。

根据互不侵犯条款的约定，两国均不得采取任何针对对方的武力行为。此外，如果有任何一方成为“第三方势力的战争目标”，则另一方不得支持该第三方。

该协定未包括常见的免责条款，即缔约一方进攻第三国时，条约无效。莫斯科先前签署的互不侵犯协定大多含有这一条款。

德国代表团飞抵莫斯科

G.E.R. 戈迪

通过电报发回《纽约时报》的特别报道

【莫斯科 8 月 24 日电】这是一次极为准时并且筹划完美的访问。昨天下午 1 点整，两架巨大的福克—沃尔夫公司制造的“秃鹰”飞机载着德国外长约阿希姆·冯·里宾特洛甫和他的 32 名助手降落在莫斯科机场的跑道上。

机场部署了大量必要的警防，但不过分。苏联当局第一次升起了“卐”字旗。其中五面在机场大楼前方，但外人是无法看到的。

维亚切斯拉夫·M. 莫洛托夫未到场迎接里宾特洛甫先生。德国大使馆的众多成员几乎全部到场，由德国大使弗里德里希·维尔纳·冯·德·舒伦堡伯爵带队，他身后是海、陆、空三军的随员。到场的德国文官大多头戴大礼帽，身着长礼服。

代表团从机场驱车前往市区，在车队经过的街道，每隔十步就站着一名身穿夏季白色制服的警察。

代表团径直驱车前往他们下榻的前奥地利使馆。随后，冯·里宾特洛甫先生和代表团的领导们在使馆与舒伦堡伯爵共进午餐。

下午 3 点 30 分左右，冯·里宾特洛甫先生在舒伦堡伯爵和一名从柏林带来的翻译专家的陪同下，驱车直抵克里姆林宫。

里宾特洛甫此番身负外交使命，力阻苏联与西方民主国家缔结《三国互助条约》，因为这份合约足以彻底粉碎德国的欧洲霸权之梦。此举也被很多在莫斯科的外国人认为是德国孤注一掷式的最后一搏。因此尽管里宾特洛甫认为自己赢得了外交胜利，但是当这位“《反共产国际协定》之父”驱车驶过举世闻名的红场前往苏联共产党政府的大本营时，心中肯定会涌起一种异样的情绪。

1939 年
8 月 24 日

美国准备中立

发回《纽约时报》的特别报道

【华盛顿 8 月 23 日电】面对欧洲持续加剧的战争阴云，罗斯福总统匆忙赶回华盛顿，准备着手应对它给美国带来的问题。美国政府多名高官，包括度假回来的国务卿科德尔·赫尔，也于今天分别在国务院和财政部会面，以期制定应对计划和措施，交由总统批准。

在华盛顿，官员们感觉到冲突的危险时时刻刻在加剧，丝毫不会因为柏林和莫斯科方面宣布签署《苏德互不侵犯条约》而有所缓解。华盛顿方面对该条约不甚关心，它更看重的是英德两国政府今天的交流。

白宫中午宣布总统决定紧急返回首都之前，人们就已经非常兴奋。今晚，一切已准备就绪，只待总统采取任何他认为必要的措施，以应对危急的形势。

副国务卿森纳·威尔士宣布，按计划，总统将于明天下午 2 点抵达白宫，而政府 5 个部门的官员和海军、陆军的高官将于一小时后的 3 点举行会议。

上午的会议在财政部副部长约翰·W. 黑尼斯的办公室举行，下午的会议则在国务卿助理阿道夫·A. 伯利的办公室举行。会议商讨了一些技术性问题，诸如欧洲一旦发生战争，金融市场和出口市场将会产生的波动等，研究了与海军如何配合从欧洲撤离美国侨民。如有必要，海事委员会将提供船只。

中立声明材料已到位

此外，美国收集了中立声明所需的全套材料，包括美国作为中立国在各个方面所持的立场，美国船只和交战国船只的权利。美国在“一战”时发布的中立声明所用的全部材料也准备停当，以备总统需要时所用。

官员们自信地认为，由他们制定的供总统战时所用的各项措施，足以使美国应对突发的战争，免受无妄之灾。

1939年/8月24日

法国动员备战
尽管和平无望，法国人民仍自信能抵抗侵略者

P.J. 菲利普
通过无线电发回《纽约时报》的报道

【巴黎8月24日电】法国政府接到法国驻德大使罗贝尔·库隆德从柏林发来的报告后，结合阿道夫·希特勒总理昨天通过驻贝希特斯加登市的英国大使内维尔·韩德森爵士转交给内维尔·张伯伦首相的答复，确信德国政府计划在未来几天内将攻入波兰，因而于昨晚决定在今天再征召一批预备役军人。

该决定以达拉第总理办公室官方声明的形式见诸报端：

"鉴于当前国际形势，法国政府决定完成已采取的军事预防措施，再征召一批预备役军人。"

昨晚，全法国各个市政厅和公共建筑的墙上都张贴了编号为3或4的征召预备役军人入伍的通知。预计将有近60万不同年龄、接受过不同军事训练的预备役军人被征召。这些通知印在带有红、白、蓝三色边框的白色纸片上，上方是两面交叉的法国国旗。

当夜，由总理兼国防部长达拉第签字的通知也贴了出来。通知称，从当日起，汽车和其他军需物资将被征用。

巴黎基本上是一座空城，很多家庭还在外度假。征召预备役军人的第3、4号通知及后续的物资征用通知都没能吸引多少人的注意。一整夜大雨倾盆，人们都躲在家里，整座城市异乎寻常地安静。

预计后续的动员措施将推迟到今天的内阁会议之后。为了参加这次会议，阿尔贝·勒布伦总统昨晚已经提前结束度假返回巴黎。在柏林的英法两国大使发来的报告确认了应对事态的紧急性。

脆弱的和平希望

尽管事态相当严峻，但仍应指出，人们还没有完全放弃避免战争的希望。这种希望的基础可能很脆弱，但官方人士并不认为和平的希望完全是空中楼阁。

第一，德国政府、军队和人民肯定清楚，德国向波兰提出的吞并但泽和其他城市的要求只能通过战争来实现，这也是希特勒总理与德国人民的约定。波兰政府已再次向法国保证自己将坚定地抵抗侵略者，而英法两国政府也重申了自己对华沙方面的承诺，称如果波兰做出抵抗，则英法两国政府将兑现提供支援的承诺。

第二，有一个不确定因素——苏联的态度——可能有助于和平。在法国，很多人认为，苏联政府在继续与英法两国陆、海军代表团会谈的同时，邀请德国外长约阿希姆·冯·里宾特洛甫访问莫斯科，真实目的是策划一次“苏联式慕尼黑会议”，在世界上以一个和事佬的姿态赢得外交主导地位。

有人称，如果苏联当局的努力获得了成功，它将在国际上赢得广泛赞誉。如果苏方的努力失败了，它仍可以冷眼旁观“资本主义国家”间的战争，坐收渔翁之利。

昨天，法国大使安德烈·弗朗索瓦·蓬塞在罗马与意大利外长齐亚诺伯爵进行了长时间的会谈，只是现在还未收到蓬塞大使的报告。

一方面，这一外交活动带来的和平希望相当微弱，而另一方面已有多份报告确定德国军队正在波兰边境和其他地方不断集结，印证了德国报刊夸大其词地反复报道的边境“事件”。在法国，现在有越来越多的人认为战争是不可避免的。为了应对这场不可避免的战争，法国政府正在进行必要的行动。很明显，法国方面将毫不犹豫、决不示弱。

如果希特勒先生仍在期待再次实现不战而胜的征服，那他就错得离谱了。

根据甘末林将军的命令，最晚到本周六，两类被征召的预备役军人将赶赴前线，严阵以待。

此时的法国自信满满

特别值得一提的是，到目前为止，法国东部和北部没有发生像 1938 年 9 月一样的大量平民出逃事件。1938 年 9 月，公众认为法国没有准备好应对德国的攻击。这种认知并非空穴来风——法国空军的确无力应对德国空军的攻势。1939

年，人们对法国的军备充满信心，不但相信法国能经得起考验、赢得最终胜利，还相信法国有能力从一开始就击退侵略者。

1939 年/9 月 1 日

边境冲突加剧

通过无线电发回《纽约时报》的报道

【柏林 9 月 1 日电】据德国报刊和电台报道，德波边境正在发生越来越多的冲突事件，且双方互有伤亡。报道称，最严重的一起事件发生在第三帝国与波兰西南部交界处的格莱维茨市。

根据半官方新闻机构的报道，晚上 8 点，一群波兰起义军强行冲进了格莱维茨广播站，制服了守卫人，并大肆殴打、虐待服务人员。当时格莱维茨广播站正

1939年9月1日，德军进入波兰。

在转播布雷斯劳广播站的节目，由于波兰人的袭击而被迫中断。

这些人接着发布了一份事先拟定的声明，用波兰语和德语自称“您现在收听的是上西里西亚的波兰志愿军从格莱维茨市内的波兰广播站发表的讲话”。并宣称，格莱维茨市已落入波兰之手。

听到这则广播后，惊愕的格莱维茨听众报告了警察。警方中止了广播并与起义者们交火，打死一人，俘虏了其余全部人员。据说，警方发现这些袭击者得到了波兰正规军的支持。

在柏林，格莱维茨事件被称为“波兰义勇军全面进攻德国领土”的信号。

邻近克卢奇堡的贝奇纳和拉提伯东北方的霍克林顿与格莱维茨同属一区。据称这两个地方均发生了侵犯德国边境的事件，而且两地的战斗仍在继续。

据称袭击者全副武装，并得到波兰正规军的支持。

但后续报道称德国边防部队挫败了所有的进攻企图。

据称有波兰起义军和士兵突袭占领了霍克林顿海关，但是经过约一个半小时的战斗，海关被德军夺回。由于时值深夜，灯火不明，双方死伤人数还不确定，但有包括 6 名士兵在内的 14 名波兰人被俘虏。

报告称有不少伤亡

据称，在贝奇纳事件中，包括士兵在内的 100 名波兰人突袭进入德国边境 2 公里。德方指控说他们朝德军开火，但遭到反击，结果有 2 人死亡、15 人被俘；而德方有 1 人死亡，多人受伤。

另有报道称，自周六以来，靠近格莱维茨的纽博切斯科每天都会遭到来自波兰的步枪和手榴弹的攻击，财产和通信设备严重受损。

据称，波兰起义军在波兰士兵的支援下还袭击了东普鲁士罗森堡市阿尔特爱赫区内的火车站。报道称攻势被德军机枪手击退，波方伤亡人数不明，德方死伤各一人。

在卡托维兹，有一名波兰海关官员被指控强行将一名德国女子掳入波兰境内，而她的同伴则成功逃离。这名可能被绑架的女子至今下落不明。

波兰人还被指控试图越过边境，焚烧德国人的房屋。德国还报告了多起发生在波兰境内的针对德国人的袭击事件。

1939 年/9 月 1 日

希特勒做出承诺

在一份公告中，他指控华沙企图诉诸武力

奥托·D. 托里斯克斯
通过电报发回《纽约时报》的特别报道

【柏林 9 月 1 日电】今天早晨 5 点 11 分，声称德国遭到攻击的希特勒总理向德军发布了一份公告，宣称从现在起，要以牙还牙，并号召德国武装力量“忠于职守，战斗不息”。

公告全文如下：

国防军全体官兵们：波兰无视我为调整与邻国关系所做的努力，反而诉诸武力。

波兰境内的德意志人受到了血腥恐怖的迫害，被驱逐出自己的家园。一连串让一个大国无法容忍的边境侵犯事件，证明波兰人已无意尊重德国的底线。为了结束这种疯狂的行为，现在除了以牙还牙，我别无选择。

为荣誉而战

日耳曼民族已经重新觉醒，为了生存的荣誉，我们的国防军将义无反顾地投入战斗！我希望每一位德军士兵能继承德国军队的伟大传统，忠于职守，战斗不息。

在任何情况下，都要牢记你们代表着伟大的国家社会主义工人党，代表着德国！

愿我们的人民万岁！我们的帝国万岁！

阿道夫·希特勒

1939 年 9 月 1 日柏林

空军总司令发布了一份即刻生效的命令，禁止第三帝国空军飞机和政府飞机以外的任何飞机飞越德国上空。

今晨，德国海洋部门命令所有在波罗的海的德国商船不要驶向但泽港或波兰的其他港口。今天凌晨，德国全境的防空部队已动员完毕。

至早上 8 点（纽约时间凌晨 3 点），德国尚未正式向波兰宣战，两国是否已处于正式交战状态还没有明确答案。

德国今天将召开会议

早上 8 点 30 分（纽约时间凌晨 3 点 30 分），第三帝国新闻部召开了官方新闻发布会。会上，新闻部提出将为外国记者提供一切便利条件，以促进新闻的传播。无线电台已接到加速通信的指示，新闻部也正在为电话机补充电池。

德国国会将于上午 10 点（纽约时间早晨 5 点）召开会议，听取希特勒先生发布的更为正式的声明。

希特勒先生发布通告时，柏林街道和往常一样仍然人迹寥寥，只有少许早起上班的人。没有任何迹象表明德国知道自己已进入战争的第一阶段。

政府所在地空无一人，总理府前站岗的两名卫兵保持着惯常的沉默和威仪。直到写有给民众的命令的官方布告出现在布告牌上，早起的工人们才意识到局势已有变化。

第一章

1
chapter

美国能置身于战争之外吗

1939 年 9—10 月

1939年9月1日凌晨，德国军队开始实施蓄谋已久的入侵波兰的计划，通过一系列迅速而富于破坏性的军事行动击溃了波兰的武装部队。消息传来，人们并不感到意外，因为欧洲的危机在8月最后几天里已严重加剧。其时，纽约刚过午夜，收到消息的《纽约时报》急忙刊印了号外，头版头条为《德国军队袭击波兰》。报道的详情是由《纽约时报》驻德记者奥托·托里斯克斯（后来他被德国人驱逐）从柏林发来的，并得到了《纽约时报》驻波兰记者耶尔齐·扎皮罗的证实，因为后者亲历了华沙轰炸。德国在战场上节节胜利。伦敦和巴黎已经开始疏散人群，以防空袭，同时要求希特勒撤军，避免战事升级。希特勒拒绝撤军，英法两国分别于9月3日上午11点和同日下午5点向其发出最后通牒。英国首相内维尔·张伯伦郑重地发表电台演说，宣布英国参战。《纽约时报》头版全文转载了广播的内容。然而，英法两个强国都没有立即采取行动援助波兰。经过4个星期的激烈战斗，波兰已溃不成军。9月17日，苏联根据它与希特勒的协议，命令武装部队移师波兰东部；9月27日，波兰全面沦陷。

欧洲的危机也给美国带来了很多的危险。1937年，《中立法》已经生效，保证美国不会通过支持一方或供应武器而参与到战争中。1939年9月，富兰克林·D.罗斯福总统顶着巨大的压力正式宣布美国中立。尽管如此，他仍未放弃向民主国家销售战争物资的可能性。孤立主义倾向在美国非常盛行，《纽约时报》则持反对态度。9月3日，《纽约时报》问道："美国能置身于战争之外吗？"公众一边倒地答复说"能"。对美国人来说，他们所担心的不只是德国的野心，还有日本在亚洲的动作，以及斯大林决定与希特勒的命运拴在一起之后苏联意图的不确定性。在冲突开始后的几周内，从《纽约时报》的大量报道中可以看出，在美国，也有不少人对战争着迷。

历史学家阿兰·尼文斯曾问过人类文明是否能承受又一次世界性的战争而免遭没顶之灾，在 20 世纪 30 年代的欧洲引发了广泛的讨论。尼文斯的结论是，有可能，理由只有一个：古往今来，文明总是以某种方式得以存续。《纽约时报》发布了流亡在外的共产党员列夫·托洛茨基的主张，他说美国迟早得参战；当然，托洛茨基不太可能成为美国干涉主义者的盟友。然而，战争会突然爆发，它也可能突然结束。10 月，希特勒半遮半掩地对西方表示，既然波兰这份战利品已收入囊中，现在会放弃冲突。西班牙内战的胜利者弗朗西斯科·佛朗哥、罗马教皇、荷兰的威廉明娜女王，甚至莫斯科，纷纷表示西方各参战国应谋求和平。由于公众长期以来对其绥靖政策不满，1939 年 10 月，张伯伦强硬表示不再与希特勒进行任何谈判。10 月下旬，美国舆论认为美国完全可以避免卷入战争。盖洛普民意调查显示 54% 的美国人坚信美国能避开冲突。这还不是世界战争，如果英法两国与德国讲和，世界战争就不复存在。

1939 年 / 9 月 1 日

德军袭击波兰，战事正式揭幕
华沙方面称德军进攻目标有 3 个

【耶尔齐·扎皮罗《纽约时报》华沙 9 月 1 日电】 今天早晨 5 点，战争正式打响。德国飞机轰炸了格丁尼亚、克拉科夫和卡托维兹。

在格丁尼亚，3 枚炸弹掉进海里爆炸。

德国正规军开始进攻弗克拉河方向的上西里西亚和琴斯托霍瓦。德军的计划显然是要沿弗克拉河—罗兹—琴斯托霍瓦一线把波兰西部分割开来。

这波攻势正从东普鲁士逼近西里西亚，并从斯洛伐克北上。

上午 9 点，德军企图开始轰炸华沙，然而，德国战机连华沙郊区还没飞到，就被但泽区维斯特布拉德半岛的驻军击退了。

上午 8 点 45 分，波兰外交部发布公告，指出在但泽地区的维斯特布拉德半岛，以及格丁尼亚附近的布舒高地区、弗克拉河、霍伊尼采和洛瓦等地的战斗已经打响。

公报称，波兰遭到袭击，战争已经打响。

据称，上西里西亚有 3 座城市遭受轰炸，详情不明。

通过电话传递这则新闻的同时，空袭警报在华沙响起。

报道称但泽之战打响

【美联社华沙 9 月 1 日电】 有消息称，今天早晨德国飞机轰炸了特切夫和琴斯托霍瓦。

但此次轰炸尚无官方证实。

据报道，战斗在但泽打响。

官方报道称，德国军队袭击了与南部东普鲁士接壤的姆瓦瓦附近的波方阵地。关于轰炸所造成的破坏，目前尚无公告。

华沙上空硝烟弥漫。很显然，纷飞的细雨成了避免空袭的暂时保护。在华沙，人们像往常一样上班。

罗斯福警告海军

【美联社华盛顿 9 月 1 日电】罗斯福总统今天做出指示，必须通过无线电把德国和波兰之间发生战事的消息通报给所有的海军军舰和全体陆军指挥官。

白宫发表了一份声明，原文如下：

“东部时间凌晨 2 点 50 分，罗斯福总统接到美国驻法国大使布利特和驻波兰大使比德尔的电话称，德国已经入侵波兰，波兰有 4 座城市正遭受轰炸。

“总统指示，立刻通过无线电把消息通报给所有海军军舰和陆军指挥官。

“国务院可能会在几小时内公布后续消息。”

白宫代理新闻秘书威廉·哈西特在家中收到了总统来电，随后发布了该公告。

夜间，白宫办公室一片漆黑，但罗斯福先生仍时刻密切关注着欧洲局势的发展。总统官邸的街对面，国务院大楼影影绰绰地亮着几盏灯。

眼前，华盛顿方面亟须解决的问题是在大西洋彼岸，还有很多滞留欧洲的美国人买不到船票而无法登上客轮。

有人建议，可以向欧洲海域上的美国海军船只下令，命其护送商船前往那些地方运送美国人撤离。

准备工作也在紧张地进行，以便保证美国在欧洲全面战争打响后也能保持工业的稳定。

1939 年 / 9 月 1 日

全英大动员
海军全部就位，陆军和空军集结待命
议会开会

小费迪南德 · 库恩
通过电报发回《纽约时报》的特别报道

【伦敦 9 月 1 日电】今晚，所有敦促德国和波兰进行直接谈判的努力已然走到了尽头。英国已经动员其海军严阵以待，并开始全面备战，把 300 万学生和老弱病残从拥挤的城市转移到安全的农村地区。

在与欧洲大陆的通信被切断数小时之后，伦敦成立了电缆监察小组。

国家已经到了最危险的时刻，满天飞的各种传言丝毫没有扭转当前的局势，甚至连是和是战都没有明确的答复。

午夜时分，英国政府依然不敢相信德国真的打算进攻波兰，挑起一场世界大战。

希特勒的“十六条”要求被认为是障眼法

昨天发生的一切，包括希特勒总理突然广播的“十六条”要求，被解释为是一种障眼法，而不是炫耀武力。

在听到希特勒的“十六条”后，伦敦的官员今晚平静地开始了讨论。

“对‘十六条’最感兴趣的当然还是波兰政府。”

波兰政府还未来得及考虑这些条款，英国政府就称：“做出任何评论都是极不相宜的。”

完全可以肯定，波兰会于今天晚些时候拒绝这些条款。的确，今晚这里的波兰人纷纷指责这些条款根本无法接受，因为它们会瓜分波兰，并且让波兰无法捍卫自身的独立。无论如何，没有迹象表明，伦敦方面会向华沙施压使之接受这些条款。

今晚，对于德国的“建议”，人们议论最多的是政府是否会把第一个决定交

由华沙做出而不去催促它。很显然，英方认为这些条款非常有欺骗性，因为它们乍一看很合理，但是内容本身却无法说明其合理性。

今晚，直至德国通过广播宣布这“十六条”要求，英国政府一直没有接到任何正式通知。而在广播开始前几分钟，波兰驻德国大使约瑟夫·利普斯基拜访了德国外交部长约阿希姆·冯·里宾特洛甫，波兰政府才得悉此事。

昨晚午夜刚过，约阿希姆·冯·里宾特洛甫先生为英国驻德国大使内维尔·韩德森爵士口述了这“十六条”，但他读得很快，大使根本不可能记住任何细节。无论如何，他被告知，希特勒先生的“十六条”不会正式提交给他或英国政府，理由是已经太晚了。

时效已过

周二，希特勒先生曾要求波兰派一名谈判代表在24小时内到达柏林，然而时限已至，华沙并未派任何人前往，所以内维尔爵士被告知“十六条”不会正式知会伦敦。

德国给波兰政府的时间安排更是不寻常。昨日上午9时许，M. 利普斯基已要求与冯·里宾特洛甫先生见面。直到下午，大使才等到电话，问他是作为大使还是全权代表前来谈判。他说：“作为大使。”后来，直到晚上，他才得到召见，并被告知来得太晚，时效已过。

在唐宁街举行午夜会谈之后，今晚此间有人认为希特勒的“十六条”并未对英国的提议做出任何回应。在过去的几天里，大不列颠一直在不遗余力地想促成德国和波兰间的直接谈判。

在上个星期的所有外交交流中，英国一直坚持双方要在平等条件下进行讨论，还坚持解决方案应保证波兰的根本利益，并且执行应有的有效保障。

如果说昨天伦敦方面有任何乐观情绪的话——虽然在过去24小时里险象频现，人们仍可以感觉到这种情绪——这种感觉完全是因为大不列颠和法国自觉足够强大，可以面对任何考验。

唐宁街的立场从未如此“强硬”。人们都在说，绥靖主义已完全被摒弃，英法两国绝对不会允许德国蹂躏波兰，并且已经做好在开战当天就予以狠狠打击的准备。

大家都在讨论德国陆军装备和空军状态的种种不足之处。与政府关系密切的消息人士称，德国陆军和空军的战备情况与德国的宣传所呈现的大相径庭。

1939 年 / 9 月 1 日

英国儿童已经撤离城市
首批 300 万人从今日开始疏散

弗雷德里克・T. 伯彻尔
通过电报发回《纽约时报》的特别报道

1939 年 9 月 1 日，伦敦斯特普尼默特尔学校的学生们在护送下前往火车站准备疏散（这是第一所被疏散的学校）。

【伦敦 9 月 1 日电】英国正在进行有史以来短时间内最大规模的人口转移。根据政府命令，本次疏散的是人口密集地区的儿童、病弱者、妇女和老人。

就在该新闻发稿之时，伦敦、伯明翰、曼彻斯特、利物浦、爱丁堡、格拉斯哥和其他 23 个城市的人口正在大批地转移。人口数字大得惊人。300 多万无助的人们正在撤离，以应对德国的轰炸威胁。

这样的尝试亘古未有，到目前为止，一切顺利。事实上，确实没有出现严重的混乱情况。

无论是贵族居住的伦敦西区，还是无产阶级集中的东区，情景大同小异。然而，本报记者所目睹的撤离，无论从方法还是区域而言，都很典型。需疏散的白教堂区的默特尔街上的学校，涉及 180 名学生，年龄从 5 岁到 16 岁不等，很大一部分是犹太人。

今天早晨 5 点 30 分，太阳刚刚从东方的地平线上升起，绝大多数孩子就在母亲或姐姐的陪伴下来到了学校。老师们早已在学校外面等候。大门口有一位老师阻挡着亲属进入，只有学生可以通过。

很显然，这些都是贫困家庭的孩子，但在这样大规模的撤离中，他们被精心梳洗了一番，人人显得整洁干净。每名学生，无论男孩还是女孩，都背一个双肩包，包的质量不尽相同。有些是真皮的或油毡做的，有些却是用枕套做的。每个包里都装了一身换洗的衣服、盥洗用品和足够一天吃的食物。每个孩子都携带了一副防毒面具。

他们来到学校的操场里，老师将一个个结实的标签系在孩子的身上，上面写着孩子的姓名、学号和学校。准确无误地贴上标签后，孩子们编组来到了大礼堂。在那里，校长告诉他们说是要去度假，大家做个祷告，就可以开始快乐的旅程。孩子们用儿童特有的高音庄严地吟唱着祈祷文：

“愿上帝与我们同在，并带我们安全地回到妈妈身边。”

7 点，疏散令下达了，一名男向导负责照看这些孩子，将他们安全送到车站并登上火车。老师们带着孩子排好队，走出校门，队伍显得参差不齐。最小的孩子手牵着手，中间穿插着大一些的孩子。

学校离车站只有 4 个街区，但每个街区都挤满了焦虑的母亲。她们跟着队伍跑，反复叮嘱孩子。队列又再次被打乱了，所以走过一个街区后，校长命令暂停，严肃地要求妈妈们离开，孩子们开始情绪激动。有些妈妈听话走了，可是有些怎么也不肯走。

沿街的窗户都打开了，无数张面孔从中探出，女人在哭泣，男人在呼喊：“不要哭！抬起头，别踩水！”孩子们开始感到好笑，纷纷止住了哭。

尽管如此，大家还是花了 15 分钟穿过这 4 个街区赶到车站。在那儿，哭个不停的场面很快结束。孩子们在月台上排好队，不再流泪，因为哭哭啼啼的妈妈们被挡在了外面。

几分钟后，一辆点着灯的火车呼啸而来。孩子们被引导着登上火车，火车缓缓离去，继续去别的地方接人。火车离开时，孩子们开心地唱起了歌。这次短途旅行成了一个盛大的节日。

这次疏散没有慌乱、没有恐惧。政府从一开始就急切地让人们了解，疏散并不代表着一定会发生战争，这次疏散完全可以当作一次演习。

这次疏散就是本着这种精神进行的。英国普通百姓的坚强从未表现得如此淋漓尽致。英国人骨子里那种礼貌和善良，上层人士的慷慨和乐于助人，从未如此清晰地闪烁着光芒。正是基于这种精神以及对这片土地的虔诚，英国广播公司今晚在电台举行了一个短暂的宗教仪式，祈求上帝安慰那些与子女分离的父母，并祈求上帝赐给那些孩子和老弱病残以勇气，因为他们当中许多人都是第一次离开家门。

在各大学校、每家每户、大街小巷及各火车站，人们脸上流露出来的乐观与坚毅，足以让所有的美国人为之动容。这是一个坚韧和率真的民族，是一个在任何“神经战”中都不会动摇的民族。

1939 年/9 月 1 日

自由市被占领
福斯特今致电希特勒　但泽并入第三帝国

【《纽约时报》但泽 9 月 1 日电】今天早晨，但泽地方长官、纳粹头子艾贝特·福斯特发出政令，宣布德国政府合并但泽，一举结束了引发这场国际危机的争论焦点。

在一份电报中，福斯特先生向德国总理希特勒解释说，这是出于“我们人民和国家的迫切必要性”而采取的必要行动。福斯特先生同时也向但泽人发布公告，声称苦苦等待了 20 年的时刻终于降临了，因为“我们的元首阿道夫·希特勒让我们获得自由”。(今天早晨《纽约时报》从柏林发来的报道说，希特勒先生给福斯特打了电话，向他和所有但泽人表示感谢。报文如下："关于领土再次并入的法律立即生效。"此外，希特勒还表示，福斯特先生被任命为但泽地区行政公署总督。）

在一项有4条内容的法令中，福斯特先生宣布，但泽原宪法不再有效。他宣布自己是德意志帝国但泽地区的唯一行政长官。他还宣布，在根据希特勒先生的命令引入帝国法律制度之前，除宪法外的一切法律依然有效。然后，福斯特先生立即把这一举措电告希特勒先生，恳求总理批准，并通过德国法律完成对但泽的兼并。

福斯特先生说道，现在德国国旗在但泽各地飘扬，所有教堂都鸣钟以示庆祝。"我们感谢上帝，"他宣称，"他赋予了元首力量，让我们得以从罪恶的《凡尔赛和约》中解放出来。"

波兰共和国已至生死存亡之际

耶尔齐·扎皮罗
通过无线电发回《纽约时报》的报道

【华沙9月1日电】"共和国已至生死存亡之际！"昨天，华沙各大报纸头版铺天盖地全是对战争的呐喊，其中包括半官方报纸《波兰报》。波兰政府认为形势极其严峻。盖世太保（德国秘密警察）对但泽主要铁路车站及区内波兰国有铁路干线枢纽的占领，被视为赤裸裸的挑衅，让人忍无可忍。

铁路的控制权是波兰在但泽最重要的特权之一。现在由于货运列车被征用、交通被阻断，车站已落入德国人手里，这一特权不复存在。其他的特权，诸如海关管制及港口的自由使用，现在也只是一纸空文。纳粹企图将但泽纳入德国的目标已经实现，只差让军队实际驻扎在但泽的土地上。

波兰此时几乎已经到了忍耐的极限，无法再保持冷静。有迹象表明，焦虑的苗头已经在人群中出现。人们不解，德国人已经打来了，既然波兰也做好了准备，为什么还不开战？《波兰报》在对动员令的评论文章中第一次使用了"战争"一词。

德国政府要负责

社论说：“由于德国的要求和侵略行径，波兰的安全受到威胁。我们没有提出任何要求，无论是领土或是其他方面的。我们希望与所有邻邦和平相处，不愿兵戎相见，并希望不爆发战争。万一战争爆发，德国将要对人类历史上这一最严重的灾难负责。”

“我们怀着极大的耐心，”无党派人士维克扎尔说，“容忍了德国对但泽的各种侵略行径；希特勒的威胁、德国部队在边境线上的集结、对斯洛伐克的占领、在但泽对我们主权的侵犯、领土的索取、对德国境内波兰人的不人道待遇、在边境实施的恐怖主义——这一切该收场了。”

昨天是至关重要的一天。午夜，但泽车站被占领、纳粹党的“卐”字旗在但泽区升起的消息传达到华沙时，人们担心今天早晨会有一场巨变。波兰方面已经做好了一切反击的准备。

需要指出的是，形势是悲剧性的，而且蹊跷莫名。整个欧洲都在动员备战，但引起这场危机的人现在还不能决定要和平还是要战争。人们感觉，德国总理希特勒在战争中获胜，或在和谈中占得先机的可能性日趋降低，但他还在犹豫不决。

昨天，华沙方面加快了战备。铁路处于战备状态，交由军事当局控制。客运量大大降低。自即日起，私人出游需要持有特别通行证。各大报纸都在大肆报道，在宣布总动员之后，全国各地的民众热情高涨，简直前所未有。

成千上万的预备役人员昨天匆匆返回各自的部队。从表面上看，第一天的全面动员稍有不同，但也与其他危机时代的状况大同小异。通往华沙的电车和公共汽车的服务略有减少，但首都的街道仍然挤满了汽车和出租车。目前，尚未开始对汽油消耗实施限制。粮食情况也没有变化，也就是说，除了早晨由于郊区交通的干扰，导致牛奶短缺之外，局势还算令人满意。

所有火车站的衣帽间已经关闭，旅行箱和其他物品也被清除。这主要是因为华沙方面发觉一个德国的恐怖团伙预谋在战争爆发时炸毁几幢公共建筑。

1939 年/9 月 1 日

华盛顿认为这场危机很严重
一些官员认为，战事一触即发

哈罗德・B. 辛顿
发回《纽约时报》的特别报道

【华盛顿 8 月 31 日电】今天，华盛顿方面根据从欧洲发来的不完整和延迟的电讯，认为国外的形势十分严峻，一些官员担心战争一触即发。他们的观点都是私下表达的，较为机密，因为美国国务院和白宫方面仍在保持沉默。

罗斯福总统几乎一整天都在阅读转发给他的新闻公报、收听电台新闻广播节目。傍晚时分，他乘车来到离华盛顿只有几英里远的马里兰州卡德洛克，视察海军部在新型试验池内对大型船舶模型进行各种条件下的测试。返回途中，他稍微绕道，来到了位于马里兰州贝塞斯达区正在建设中的新海军医院。

柏林电台的广播中所概述的和平解决这场危机的条款丝毫没有让人觉得能消除冲突，因为波兰显然无法接受这些条款。

希特勒对波兰采取行动：但泽北部的格丁尼亚港口（地图顶端部分）今天早晨被封锁。波兰和德国发生小冲突之后，格莱维茨（地图中标有十字符号处）传来炮火声。东面的克拉科夫，据说是已被炸毁的波兰城市之一。

预计波兰要出击

白宫方面普遍认为，如果德国对但泽有任何举动，波兰将投入战斗，而英国和法国将马上作为交战国加入战争。尽管世界各地一再呼吁和声讨，德国在但泽问题上毫不妥协。一些官员在过去几天曾持乐观情绪，认为有避免战争的可能性，此时也打消了这个念头。

1939 年

9 月 2 日

罗斯福信誓旦旦

许诺将努力让美国置身于战争之外——并认为这是可以做到的

小费利克斯·贝莱尔
发回《纽约时报》的特别报道

【华盛顿 9 月 1 日电】今天，罗斯福总统向全国保证，要尽一切努力使美国置身于战争之外。他表示，自己希望并坚信可以做到这一点。

然后，他最后检查了一遍为保持美国中立而制定的方案。这些方案是为了让美国在面对突发情况时，可以让陆军和海军能迅速投入战斗，同时保持工业生产正常进行。

在周五上午的常规新闻发布会上，总统面色沉重地承诺要尽自己的一切力量来保证国家的和平。他说："在这历史性的关键时刻，为了国家，为了世界文明，在场的新闻人要通力合作，不遗余力报道事实。除此之外，我不再多说什么。"

在这方面，总统为国民树立了榜样。他称自己说的只是事实，对于欧洲当前局势的严重性，既没有掩饰，也没有夸大其词。由于事情的变化，总统昨晚只睡了很短的时间，所以他显得不那么精神，但也没有萎靡。偶尔，他也很幽默风趣，但在整个广播中，他脸色平静。

将“减轻焦虑”

当天晚些时候，总统发出通告称，他将于周日晚东部夏令时10点到10点15分之间，通过3家主流广播网发表全国讲话，努力“减轻焦虑、清除悬念”。今天，总统的秘书斯蒂芬·T.厄尔利结束了短暂的假期，匆匆赶回华盛顿。他说，罗斯福先生将就国际事务发表讲话，届时将“清楚地表明我们的立场”，并涉及国际关注的问题。

在令人难忘的新闻发布会上，总统开场解释说，面对那些预料到的问题，如同他召开国会特别会议并宣告中立一样，他所能说的微乎其微。他解释说，关于这些事情，在今天甚或是明天还要等待“那边”的事态发展，美国才好决定该采取什么行动。

但是，如果有人有任何问题，罗斯福先生说，只要他可以，都会很乐意回答。一名记者提出，刚才每个人脑海中最想问的问题都是：“我们能置身事外吗？”总统一边思考问题，一边眼睛向下边的人群瞟了一眼，然后回答说：

“不卷入战争，是我衷心希望的，也是我相信可以做到的，政府将做出一切努力达成此愿。”

当有人询问可否直接引用他声明中的话时，总统爽快地答应了。

1939年/9月2日

法国总动员；800万人待命

国家宣布戒严令——总统达拉第今日会见代表

P.J.菲利普

通过无线电发回《纽约时报》的报道

【巴黎9月2日电（审查通过）】今天上午，法国对德国入侵波兰一事做出回应，发布命令，进行总动员，在全国范围内实行戒严令，并将于今天下午3点召集议会开会，依法开展所需要做的一切。

昨天上午，内阁召开会议批准了动员令和戒严令，既没有秘密行事，也没有操之过急。

发出最后通牒

晚上，政府向驻德国大使罗贝尔·库隆德做出指示，要求其向德国外交部发出最后通牒。当天下午，英国首相张伯伦宣布向德国发出最后通牒，由英国大使递交给德国外交部。

此时此刻，只有对波兰停战，才有可能召开之前所建议的国际会议，然而和平会谈的希望非常渺茫。

今晚，对达拉第总理是否会改变或扩大其内阁，人们有很多猜测，但总理没有向任何人透露。此时无法预测是否能组成类似于1914年的“神圣联盟”内阁。

波兰人的依靠

通过波兰大使朱利叶斯·卢卡西维茨，外交部长乔治·博内正式获悉，昨天早晨5点45分许，波兰边境的德国军队正式开火，飞机已经袭击数个波兰关键城市。波兰深感其独立岌岌可危，寄希望于法国履行其施援承诺。

这则消息和请求证实了德国电台上午8点前到现在所宣布的消息，说在德国国会会议和希特勒总理发表演讲之后，但泽行政总督艾伯特·福斯特已将该市移交给德国。

按部就班

毫无疑问，法国的反击已经进行得相当早；但是法国作为一个民主国家，而非某个人领导的国家，各部门还是要按部就班地工作。所以，外交活动持续了一整天，在进行军事筹备的同时，议会也必须做出决断。

法国国防部队最高司令莫里斯·居斯塔夫·甘末林将军确实是昨天早上第一个开始工作的人。8点45分，他给达拉第总理打了电话。那只是当天诸多商谈中的一次。海军部部长塞萨尔·坎平基在海军部与海军司令、海军中将弗朗索瓦·达尔朗会谈。

今天，在厘清所有的外交形势并交由下议院批准之后，法国就会决定是否开战。

与此同时，由于希特勒在这场战争中表现得出尔反尔，也让一些人抱侥幸心理。有人认为，不论是在对内还是对外关系上，之前已有许多事情都表明，希特勒常歪曲事实，并无视那些与其计划不符的部分。

“十六条”从未交付

星期四，在广播中谈及“十六条”时，希特勒声称曾提议与波兰共商解决方案，但对方没有答复。广播说，外交部长约阿希姆·冯·里宾特洛甫已经向英国大使内维尔·韩德森爵士快速口述了一份文件——他并没有递交此文件的副本。除非“十六条”被包含在此文件内，否则德国从未向法国提交这些条款。

不过，周三晚上，法国驻波兰大使莱昂·诺埃尔曾在法国政府的要求下，问波兰外交部长约瑟夫·贝克，他是否愿意再次努力，寻求直接解决此问题的办法。贝克外长表示愿意，并下令驻德国大使约瑟夫·利普斯基前往拜会冯·里宾特洛甫先生。

利普斯基先生按照命令前往约见，对方问他是作为全权代表还是大使。星期四晚上 7 点，他受到了冯·里宾特洛甫先生的接见。仅在一个半小时以后，德国广播电台就宣布了德国的条款。广播说，条款未经讨论就被驳回，而且因涉及波兰走廊，所以内容比以前任何时候的提议都温和很多。

据说，希特勒虽未公开要求，但是他显然希望贝克先生毕恭毕敬地前来，要比当年的奥地利总理库尔特·舒施尼格和捷克斯洛伐克总理米兰·霍扎更加低声下气，并且应该受到更加漫不经心的对待。希特勒的想法落了空，于是打响了战争。

在过去的几天里，大使和部长们顶着越来越大的压力，多方开展外交活动，不断为政府寻求最新消息。美国大使威廉·C. 布利特算是当中最活跃的人之一。他几次访问了外交部。在 1 点的第二次拜访中，他传达了美国总统罗斯福措辞强烈的对德国和波兰的呼吁。

今天上议院和下议院将举行会议，“讨论与政府沟通的重要事项”。这是有史以来的第二次，由法国的民选代表决定是否对德宣战。

与 1914 年一样的联盟协会将于今日形成。所有政党的会议都表示赞同政府已采取的每一个步骤。

对和平的希望以及安排和谈的可能性在很多人心中已荡然无存。仍有一些人认为，在某种意义上，战争可以限于一条战线。每个人都确信，对付希特勒领导的德国，除了像波兰一样接受挑战外，法国目前别无选择。

1939年/9月2日

纳粹力图防止冲突蔓延到欧洲其他国家
预计希特勒将拒绝妥协
据称接受英法两国的最后通牒毫无可能
“局部战争”是纳粹的目标

通过无线电发回《纽约时报》的报道

【柏林9月2日星期六电】今天早上，人们认为希特勒总理不可能接受英法两国的最后通牒。

半官方人士普遍认为此举毫无可能，主要原因是：一、所有和平解决的努力都已经付之东流，甚至张伯伦首相为调解所做的努力也以失败而告终；二、对波兰境内日耳曼人的“恳求”置之不理不是希特勒的做事方式。

其结果就是，欧洲已经陷入了一场全新的不宣而战的战争。尽管目前还只停留在德国和波兰之间，但这已经让欧洲大陆瘫痪。现在已经有1000万人全副武装，而且战争正在迅速演变为卷土重来的德国与西方列强之间的武力较量。

目标锁定局部战争

因此，目前德国所有的外交努力都集中在将冲突局部化，将之缩小为局部战争，防止其演变成一场大战。德国外交界一直强调：为了在东边的波兰洗刷《凡尔赛和约》带来的耻辱，希特勒在国会演讲中表示出了“要么赢得胜利，要么战死疆场”的决心。而为了防止战事扩大，他们也一直重复强调德国对西边各国别无所求，更别说与它们开战了。基于这一原因，到目前为止，德国既没有宣布动员，也没有宣布开战，与伦敦的外交接触一整天从未间断。

由于波兰的断然拒绝和当前的军事形势，希特勒已于周四宣布“十六条”不再有效。但是“理论上”仍有可能进行进一步谈判，尤其是波兰大使约瑟夫·利普斯基还在柏林。

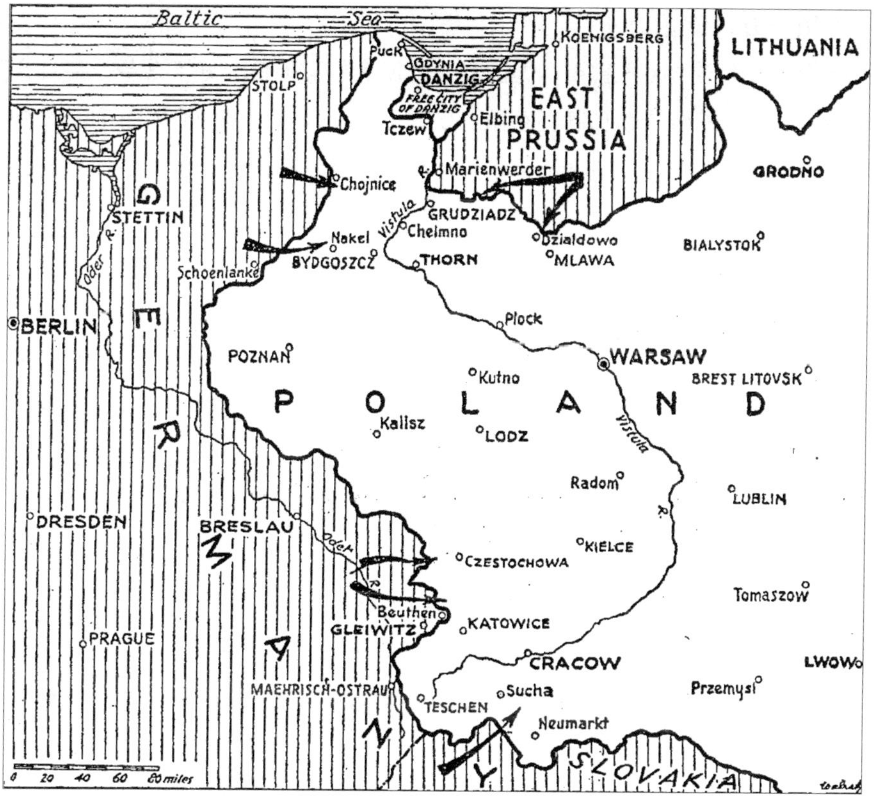

图中的箭头表示德国向波兰北部和南部进发的部队的路线。德国人希望在西方列强出手干扰之前粉碎波兰的抵抗。

种种迹象表明，德国方面普遍认为有可能只是局部冲突而不会使西方列强卷入。他们希望在西方列强武力干预之前，粉碎波兰的军事抵抗。在昨天发布的新闻中，许多人呼吁西方政治家理解这一历史性时刻的意义，并做出正确的决定，以便创造更美好和更公正和平的未来。

昨天下午，张伯伦先生在下议院的演讲被公布于众，于是原本就渺茫的和谈希望便彻底成空。演讲实质上是一份最后通牒，要求德国要么从波兰撤军，要么准备面对武力。这与希特勒昨天上午所宣布的命令中的决心一致。几乎就在张伯伦首相演讲的同时，英国大使内维尔·韩德森爵士和法国大使罗贝尔·库隆德分别拜访了德国外长约阿希姆·冯·里宾特洛甫，并交付了相似的照会，据信内容与张伯伦先生的讲话一样。

不怕一万，就怕万一

半官方人士与新闻界宣布，德国已经为所有的可能性做好了准备，并且含蓄地表明，人们信任希特勒和德国军队。不言而喻，西方列强的介入将彻底改变目前冲突的性质，给德国的军事和经济造成压力，但是德国是否能经得住考验还是未知数。

人们纷纷避难

昨晚还未到 7 点，德国人就不得不面临这场战争的残酷现实。随着尖锐的警报声，数千人开始急匆匆地到处躲避。几分钟后，街上已经空无一人。德国居民和其他任何人都无法确定这是一次预演还是一次攻击。本能的焦虑显而易见，但是人们还是严格遵守了各种条例。不到半小时，那冗长哀鸣的警报宣布危险已经过去。

官方命令，柏林和德国其他城市将不定期地实行灯火管制。居民们呼吁那些健忘的同胞，叫他们关好自己的窗户。一名彬彬有礼的德国人昨晚敲响了一座美国教堂的钟，告诉牧师教区长住宅内的光亮可以从外面看到，但他没有让牧师关上窗户或熄灯。

德国民间防空救助团被充分调动起来进行急救服务。高架列车把灯光调暗，人们几乎看不清同车旅客的相貌。路灯全部熄灭。此外，关键区域还安置了消防器材。

咖啡馆生意兴隆

昨天一整天，咖啡馆生意兴隆。人群非常安静。昨晚三三两两的人站在幽暗的街道上热切地窃窃私语。昨天是第一个“吃鱼日”，之后每周二和周五都被定为“吃鱼日”。即使在政府、政党和军队领导人频繁光顾的大酒店，菜品也开始减少，到处都在全力实施生活必需品配给制度。

那些幸运地收到了燃油的车主被告知，只有在生死攸关的情况下才可以使用车辆。禁止开车兜风。只有在其他交通工具无法使用时，才可搭乘出租车。

工作服被从限制清单中删除，现在不必用配给卡也可以购买工作服。

1939年/9月3日

都柏林下议院投票通过中立法案

德・瓦勒拉指出政府分裂是原因，但遭到会议的强烈反对

休・史密斯
通过电报发回《纽约时报》的特别报道

埃蒙・德・瓦勒拉

【都柏林9月2日电】今晚，爱尔兰下议院批准了首相埃蒙・德・瓦勒拉对欧洲战争的中立政策，并赋予政府所要求的战时的全部权力。

德・瓦勒拉先生在对下议院的演讲中暗示可能有必要改组内阁，并创建一个特别的部门来控制供应。此外，建立新闻审查制度所需准备工作今晚也在安排。保持中立，意味着在一定程度上取消常见的宪法权利，这一点跟实际参战国是等同的。

尽管爱尔兰离中欧很远，都柏林、科克和其他大型城市今晚都实行了灯火管制。与此同时，武装警察也被派往铁路和公共建筑站岗放哨。

即使面对这些官方的预防措施和对预备役人员的动员，爱尔兰人仍不相信国家有立即被纳入战争的危险。事实上，满载妇女和儿童的英格兰船只今天还来到这里寻求避难所。

食品供应问题

爱尔兰究竟可以多长时间保持中立，到底能给不列颠提供多久的食品供应，是萦绕在很多人头脑中的问题。如果英国与德国的冲突升级为大规模战争，那么爱尔兰的农产品出口到不列颠和爱尔兰从英国进口工业用品，可能只有在英国舰队的保护下才能进行。德·瓦勒拉先生在下议院承认，保持中立的同时又不能伤及与不列颠密切的贸易关系，也会面临重重的困难和微妙的难题。

反对中立的呼声

今晚，在上议院，德·瓦勒拉先生的中立政策遇到了反对的呼声。上议院议员、爱尔兰银行副行长约翰·基恩爵士公开宣布，保守党和有产阶级对中立政策表示强烈不满。他说，如果爱尔兰与其他英联邦成员国一样公开拥护民主国家，那么就可以通过行动紧密团结起来，破除分裂的障碍。

上议院议员弗兰克·麦克德莫特也反对中立。他说："无论是在精神利益还是物质利益上，世界上没有哪个国家像我们如此直接地遭受到战争的影响。如果英国、法国和波兰战败，那么爱尔兰民族的精神支柱将会坍塌，这个国家将沦为几个世纪以来闻所未闻的衣衫褴褛的乞丐。"

分裂是巨大障碍

在其演讲中，德·瓦勒拉先生强调，爱尔兰的分裂是任何全心全意地与不列颠合作的绊脚石。

"我知道，"他说，"我国人民对目前的问题表示强烈的同情。但是，我认为没有人会建议我国官方要采取非中立性政策。"

众多的美国公民滞留在此，等待返回美国的船只。留在科克的美国领事馆领事威廉·斯莫尔认为有必要向公众发出呼吁，请他们为美国人提供住所。这份声明表明，从欧洲回国的美国人可能会意识到，要跨越大西洋，在爱尔兰等候船只是个不错的选择。

1939年
9月3日

美国能置身于战争之外吗

哈罗德·B. 辛顿

【华盛顿9月2日电】昨天，在新闻发布会上，有人问罗斯福总统，美国是否能够置身于欧洲战争之外，其实是希望通过总统的答案来预测未来事态的趋势。总统的答复很晦涩——他也只能这么回答——他希望并相信美国能远离危险，而且他的政府将尽其所能地保持远离战火。

罗斯福总统、国务卿赫尔和整个美国政府到底支持战争的哪一方，在国会和美国绝大多数民众的心里几乎已经是公开的秘密了。在艰难的日子里，总统需要像伍德罗·威尔逊总统面临1914、1915和1916年那种局势一样，履行自己昨天做出的承诺，尽量控制公众舆论对事态的自然反应，以便能够遵循务实路线，实现以美国自身的利益为出发点的目标。

战争罪问题

截至撰写此文时，根据可判明的公众舆论，有种种迹象显示，美国人民不想参与欧洲的战争。

知情的专业人士相信，美国人民的这种心态会继续一段时间，也许是一年，也许不止一年。然后，民众厌恶情绪（专家认为，在战时，确定大众心理并不是特别重要）的累加将会把民族反应推到一个焦点。

战争罪的问题一直存在争议，并且在很长时间内，它会成为美国舆论自由论坛中争辩不休的话题。德国总理希特勒在答复罗斯福总统的和平呼吁时曾宣称，自己尝试过每一种可能的解决方式，包括英国政府的调解提议，以达成一个和平的解决方案，但波兰人执意要通过武力解决。

昨天，张伯伦首相在下议院的演讲中，坚称德国总理从未做过自己所提到的努力，并且要对这场可能吞噬欧洲的灾难负责。

希特勒成为千夫所指

即使是那些不同意罗斯福先生外交政策的人也得承认，罗斯福总统一直坚持认为希特勒总理是潜在的侵略者，可能会使整个世界陷入战争。在这方面，赫尔先生完全赞同总统的想法。这种想法曾不止一次地被表达出来，有时甚至很直白，没有拘泥于官方惯用的闪烁其词。

在与国会的斗争中，总统曾试图让立法者了解到将来可能会愈演愈烈的战事，以及战事将在军事、政治或经济上最终涉及美国的利益。换言之，他已经预见终有一日，也许是在很多年以后，美国将不得不做出决定，也许是独自判定，在一个武力决定一切的世界上，自己能否生存。

总统相信，如果这个问题直接提出，那么这个国家的答案将是否定的，所以他想要带领整个国家预防日渐恶化的局势。然而，总统的努力收效甚微。

无疑，美国政府已经采取了更多的预防措施，减少欧洲战争对美国国民生活的影响。这些是在 1914 年第一次世界大战时根本都没有想到的。到目前为止，提前制订的计划（很大程度上是由于 1938 年 9 月《慕尼黑协定》之前的战争阴云所致）已经有效地加速了美国公民从危险地带的疏散，保证了美国证券交易所等金融机构的正常运转，让它们的“业务和往常一样”。

疲惫不堪、彻夜不眠的官员们没有任何个人情绪。每个人似乎事先都知道自己应该做什么，而且都在全力以赴。无疑，对于欧洲出现的事态，美国的应对措施要比 25 年前好出很多。

然而，即使拥有这些有利的条件，在冲突实质上已经开始的头两天里，美国人还是感觉到日常生活受到干扰。股票和债券行情上下波动。在战争如此肆虐的世界里，投资者和投机者还在努力对这些证券将来的价值做出评估。

举国不安

欧洲大陆大部分私人用户的通信被切断，造成了令人不安的社会和经济影响。美国人非常担忧，因为他们无法与在欧洲旅行或居住的亲人交谈，而商人和银行家只有通过电话才能快速达成交易、赚取利润。

因此，如果国会立即召开会议，孤立主义者会陷入混乱的局面。他们不得不承认这场战争还是影响到了美国。另一方面，他们在本国将面临相当大的舆论压力，迫使他们不惜一切代价远离“那个烂摊子”——而早前他们认为什么也不做就是最好的作为。

美国政策的灵活性

在战争爆发的初始阶段，罗斯福总统一定考虑过这两种意见，并权衡过应该走哪一条路。在闪电般的事态发展中，他就已经意识到，并让他的助手们也看清，关键就在于要因时制宜，保证政策的灵活性。在这个动荡的阶段，华盛顿的每个部门都在连轴转地工作。

眼下，战争新闻自然而然比其他新闻更为重要。人们暂时忘记了 1940 年的总统大选，但这种情况不会持续很久。随着时间的推移，美国人民担心罗斯福会为了谋求其第三任期的候选资格，或为了延续民主党的执政而利用当前局势，故而不得不出面安抚人们的情绪。

就目前的情况来看，在总统宣布国家不参战之后，全民的焦虑至少产生了某种意义上的团结。这并不是说，实现这一目标的最佳方式，不会在稍后引发单调乏味、各执一端的争论。

1939 年 / 9 月 3 日

南美或因战事获益
希望出售过剩的农产品给交战国以带来繁荣

约翰·H. 怀特
通过电报发回《纽约时报》的特别报道

【布宜诺斯艾利斯 9 月 2 日电】南美国家对欧洲战事的反应几乎完全是商业性质的。对几乎所有南美国家来说，战争对它们的原材料产生了巨大的需求，即战争也可以让它们致富。

目前，在南美各个国家，有大量的原料库存待售。如此一来，欧洲战争为其现存的严重经济弊病提供了简单而又轻松的补救办法。

在这种情况下，受益的不仅仅是某一个国家动荡不安的政府，因为在南美洲，政治问题与经济困境息息相关。当时局和物价稳定时，几乎任何类型的政府都可以继续掌权。当价格下跌，银行开始终止票据支付和抵押贷款发放时，任何政府要想维持统治，只有使用武力。

商人期盼开战

毫不夸张地说，英国人、美国人和其他外国人，以及阿根廷人，都欢迎战争。他们甚至丝毫不想掩饰其急切盼望开战的心情。

毋庸讳言，政府部门的很多经济学家也把欧洲战争作为一个契机，以便把自己和政府从他们制造的一些金融等经济混乱中解脱出来，但他们不会像商人那样公开地表示自己的希望。

南美国家挽救经济的办法几乎无一例外地没有奏效，经济弊病加剧。大多数情形下，南美国家希冀直接引进美英等国家用以解决本国产业弊病的经济政策。殊不知这些政策对于几乎完全依赖农业和采矿业的非工业化新生国家根本行不通。

其实，说商人为结束这一困境而对战争拍手称快还是种委婉的说法。当然，前提是战争发生在欧洲。

除了玻利维亚和巴拉圭之间的查科战争和巴西的几场严重内战之外，在南美国家中，现在这一代人根本不知道战争意味着什么。即使是那些跟随美国走进第一次世界大战、支持协约国的国家，也没有真正体验到战争的苦楚和艰辛。它们对欧洲目前的冲突没有直接的政治兴趣，也从未考虑过保持漠然和有利可图的中立性会有什么麻烦，除非美国被拖下水。

如果美国被拖下水，南美几个共和国无疑会加入美国的阵营，不管它们情愿还是不情愿。

更喜欢意大利的法西斯主义

对于南美而言，意大利总理墨索里尼和西班牙的弗朗西斯科·佛朗哥大元帅的意识形态比希特勒总理的更有吸引力。除非意大利或西班牙严重地陷入战争，南美国家对于利害攸关的政治问题依然会停留在学术层面。

1939 年 / 9 月 3 日

伦敦杀死动物园里的毒蛇等以免空袭致其到处乱窜

通过无线电发回《纽约时报》的报道

【伦敦 9 月 2 日电】伦敦动物园里所有的毒蛇、有害昆虫和致命的黑寡妇蜘蛛都被杀死，以防它们在空袭中获得自由而到处乱窜。

动物园里所有的珍贵动物都被疏散到贝德福德郡的惠普斯奈德动物园。大象宝宝巴巴儿今天也被送到了那里。

2 只大熊猫，每天通过举行“茶话会”娱乐儿童的 8 只黑猩猩中的 4 只，稀有的斑马和红毛猩猩都已经平安抵达新家。

数以千计的伦敦人来到宠物诊所杀死自己的宠物，尤以狗为多，因为狗非常害怕枪炮声。

1939 年 / 9 月 4 日

张伯伦发表讲话，英国正式宣战

美联社报道

【伦敦 9 月 3 日电】下面是张伯伦首相今晨发表讲话的文本：

现在，我在唐宁街 10 号的内阁会议室向大家讲话。

今天早上，英国驻德国大使向德国政府递交了我方最后的照会，表明除非我们在11点之前听到它准备立即从波兰撤军的消息，否则英德两国之间将进入战争状态。

我不得不告诉大家，迄今并未收到德方关于此问题的任何承诺。因此，本国对德国宣战。

大家可以想象，我长期为争取和平而做的努力付之东流，对我是何等沉重的打击。

然而，我相信，为了进一步争取和平，我已经做了我应该做的和我所能做的一切。

直到最后一刻，德国仍很有可能与波兰达成和平而体面的解决方案，但希特勒总理没有这样做。

显然，无论发生什么，他都早已下定决心要攻打波兰。尽管他现在声称曾递交了合理的提议，却被波兰人拒绝了。这不是真话。

该提议既未出示给波兰也没有让我们过目，尽管周四晚上德国曾在广播中宣布，希特勒没有耐心倾听对该建议书的评论。次日早晨，希特勒便悍然命令他的军队穿越了波兰边境。

毋庸置疑，他用行为表明，期待他放弃使用武力来实现意图根本是痴心妄想。

只有武力才能阻止他。

今天，我们和法国，为履行我们的义务，将要援助波兰。而波兰人民正在勇敢地抵抗这一邪恶的、无端攻击他们的国家。

我们问心无愧。

我们已经做了任何一个国家为追求和平而所能做的一切。德国统治者的说辞不能令人相信，各个国家和民族都认为自身处于不安全之中，这种情况已经变得忍无可忍。

现在，我们决心结束这一情况。我知道，大家将会冷静而勇敢，并尽职尽责。在这样一个时刻，来自我们帝国的支持与保证是激励我们的源泉。

发言之后，我需要以政府的名义宣布一些注意事项。大家要密切关注这些细节。

我们可能很快就进入紧急战争状态，为了保证国家正常运转，政府已经定出相应的计划。

这些计划需要大家的协助。你们可能会参加战斗服务或作为志愿者在民防部门工作。如果是这样的话，就需要大家按照收到的指示报到应遣。

你们可能从事战争中必不可少的工作，诸如在工厂、交通和公共事业中工作，或供应其他生活必需品，来保障人民的生活。

如果是这样的话，你们一定要继续工作。这一点极其重要。

现在，愿上帝保佑大家，愿上帝捍卫正义。因为，我们将要打击的是邪恶的势力、野蛮、奸诈、不公正、压迫和迫害。与之对抗，我敢肯定正义将会获胜。

英国首相内维尔·张伯伦

1939 年
9 月 4 日

德国卷入战事，意大利冷眼旁观

除非受到攻击，罗马计划保持中立——法西斯举动依然是个秘密

赫伯特·L. 马修斯
通过电报发回《纽约时报》的特别报道

【罗马 9 月 4 日电】尽管英国和法国已经对德宣战，但是德国的轴心国伙伴意大利并未采取任何行动。意大利依然对德国友好，却保持中立，除非受到法国和英国攻击，否则不会采取行动。这一点，今晨在墨索里尼总理的报纸《意大利人民》上，表达得非常明确。报纸重申了周五部长会议公报中的中立声明。

到底意大利是否会对战争一方或另一方改变这种态度，还不得而知，因为意大利一直对此完全保密。既然历史总是不断重演，人们完全可以假设，如果没有其他援助的话，英法会尽一切努力来换取意大利的仁慈。对它们来说，无论是否有望取得成功，这么做都是天经地义的事情。毕竟，罗马、巴黎和伦敦之间的外交关系一直是建立在友好的基础之上的。法国大使安德烈·弗朗索瓦·蓬塞和英国大使佩尔西·洛兰爵士最近与意大利外交部长齐亚诺伯爵频繁会面。不难推断，两位大使应当是尽最大的努力在对德事务上争取意大利的支持。这是他们的义务。

意大利立场依旧

没有人知道他们是否会成功，或离成功还有多远。但就今天而言，《意大利人民》中的文章明确表示意大利并未因英法加入战争而改变态度。虽然该篇文章在英法两国采取行动之前就已经刊印发表，但是在撰写的过程中，毫无疑问，意大利很清楚接下来会发生什么。

这篇社论开篇说道：部长会议公报值得“反复阅读，仔细思考”。还说，其语言如同“石头雕刻而成”，意思是它们将长期不变。

从墨索里尼总理为“正义的和平”所做的努力，可以推断出两件事情。社论接着说：

第一，尽管某些外国的解读有些过于轻率或直白，但意德双方的友谊没有任何改变。

第二，墨索里尼先生不仅为德波问题的解决付出了努力，同时也为《凡尔赛和约》引起的所有其他问题在努力，包括眼下正在用武力来解决的这个问题。

约 1939 年，贝尼托·墨索里尼与阿道夫·希特勒。

“因此，很自然，”这篇文章接着写道，“无论发生什么，无论德波冲突是维持在局部化状态还是蔓延成一场旷日持久的战事，领袖都将一如既往地为意大利和欧洲人民的和平而奋斗。”

社论中有两点应引起重视。第一，坚持修改《凡尔赛和约》。该观点突然出现在 8 月 30 日《意大利人民》的另一篇社论中。这篇社论可能是墨索里尼先生本人的手笔。在部长会议的公报中，以及昨天所有的意大利评论中，这一点被反复提及。而且，这一点今天又被再次强调。因此，我们有理由相信，只有修改了《凡尔赛和约》（意大利人真正的意思是兑现《伦敦条约》对它的许诺），才算是满足了意大利人民对“正义的和平”的要求。如果意大利能够通过不打仗或明确支持某一方而获得“正义的和平”的话，可以想象，它就会采取相应的行动。

星期六，法国总理爱德华・达拉第在下议院的演讲中明确对意大利示好。在表达了对意大利政府对媾和所做的“高尚的努力”之后，他说“如果重新调解，我们随时准备作为盟友加入”。

意大利的索赔对象主要是法国。如果法国有意愿按照条款支付赔款，那么不出意外的话，最近几天，法国大使 M. 弗朗索瓦・蓬塞先生频繁与意大利外长齐亚诺伯爵接触，所谈论的应该就是此事。然而，法国大使馆和英国大使馆都否认今天与意大利外交部长有任何接触。

《意大利人民》社论中需要注意的第二点是：社论坚持墨索里尼先生仍在继续他的和平事业。星期六，英国外交大臣哈利法克斯子爵指出，墨索里尼先生第一次公开提到和平工作是在休战后和五国会议时期。但遗憾的是，这一提议遭到了拒绝。而且意大利所说的和平之举只出现在该国的新闻报道中，并没有付诸实际。

不过，必须注意到，这并非整个轴心国的举动，而是意大利一国的举动。意大利的不干预只是没有满足德国的要求；意大利的干预是为了和平。这样做的结果就是，意大利与德国的立场是不同的。

更有甚者，人们不应忽略的是，官方的态度是“意德友谊没有任何改变”。意大利新闻界大力支持德国，虽然在同一时间，他们也刊载了波兰官方公报的全文。波兰外交人员也顺便留在此处，很显然，是要继续与意大利外交部长保持友好关系。

今天在此处宣布的还有另一项战时措施——从今天起，歌舞厅全部停业。

1939 年
9 月 4 日

加拿大宣布自动参战

金总理在广播讲话中强调采取行动的必要——抓捕纳粹党的行动开始

约翰·麦克科马克
发回《纽约时报》的特别报道

【渥太华 9 月 3 日电】根据伟大的加拿大法裔前总理威尔弗里德·劳雷尔爵士率先制定的“英国开战则加拿大也开战”的原则，英国对柏林的最后通牒失效后，加拿大于今晨 6 点自动加入对希特勒主义的战争。

加拿大的参战是预料中的定局，因为现政府中加拿大法语区的首席代表、司法部长欧内斯特·拉普安特在刚过去的 3 月中已经告知议会：事实上，当祖国参战时，作为自治领的加拿大是不可能中立的。

周五，一切尘埃落定。

麦肯齐·金总理在发给内维尔·张伯伦首相的电报中说，加拿大政府将向自治领议会建议与英国开展有效的战时合作。

今天，一切事项都已尘埃落定，只是加拿大的参与程度有待明确。英国政府的事务及它的愿望对加拿大的参与度影响极大，以至于金总理在周四召集的会议上，向议会提出的建议很可能不包括立即派兵，哪怕是一支志愿远征军部队也不会派。

“我们的首要顾虑，”金总理在下午较晚时候的广播中说道，“是保卫加拿大。为了能帮助别人，我们必须把自己变得强大、安定和团结。我们的努力将是出于自愿的。”

供应组织加快备战

在保家卫国的同时，加拿大将招募新兵并对他们进行训练。之后，如果英国政府明确表示需要一支远征军，而加拿大本身不会处于较大攻击的威胁之下，那么加拿大无疑会派出这支军队。

同时，加拿大将做出安排，以便在战时提供食品和必需品。

上午 9 点，加拿大召开内阁会议，讨论 25 年来第二次将国家置于战争状态之下。会议开始时，除了政府与会人员，就只有一名 6 岁小女孩带着一只小斑点狗旁观。但几小时后，便挤满了摄影师和路过的人群。

陆军总参谋长参加内阁会议

人们看到总参谋长 T.V. 安德森少将。他身着便服，但那条空荡荡的袖子暴露了他的军人身份。他冲上一辆汽车，前往内阁参加秘密会议。

听完英王乔治六世对大英帝国臣民发表的讲话，金总理才现身。他在下午返回，通过广播发表讲话，呼吁加拿大人团结一致应对战争。

首都的街道已在回响着军号声，但这是一支当地民兵部队吹响的征募入伍的号角。来自加拿大全国各地的消息表明，征兵正在热火朝天地进行中。年轻人的参军热情，就和 1914 年时一样。

金总理对加拿大人民宣称，这场战争唯一的目的就是终结希特勒主义。

逮捕纳粹活跃分子

加拿大骑警在原来的基础上新增了 500 人。他们已经开始逮捕加拿大国内活跃的纳粹分子。如果被捕者人数众多，将被送往俘虏收容所羁押。

但是，加拿大政府重申，战争期间，不许对前往加拿大的美国公民区别对待，不论他们是为了出差还是旅游。论及“殖民航空公司要求飞往加拿大的纽约人带上护照”这一报道时，移民局局长 F.C. 布莱尔说，这种做法是完全没有必要的。

有一项任命得到了普遍的赞成，即由加拿大全国铁路公司的宣传主管沃尔特·汤普森出任新闻审查主任；在最近一次的英国皇室成员访问加拿大期间，汤普森也是皇家先导列车上的首席新闻官。

政府等待英国宣战期间被推迟实施的新闻审查制度将于明天生效，而对部分电台节目的审查将更严格、更普遍。

1939 年 / 9 月 4 日

澳大利亚宣战，决心赢得胜利

征兵令一下，即有多人志愿加入英联邦军

【《纽约时报》墨尔本 9 月 3 日电】澳大利亚总理罗伯特·G. 孟席斯已于今晚宣布，澳大利亚对德国进入战争状态。

总理在广播讲话中宣布，澳大利亚联邦将与英国一起向第三帝国发动战争，之后开始实质性行动。在今晚召开的一次紧急联邦行政会议上，总督高里勋爵签署了澳大利亚对德国宣战的声明。

国防部长杰弗里·A. 斯特里特准将宣布，澳大利亚海空两军已完成战争动员，并征召了若干支特殊岗位民兵部队，但不会立即招募新兵。

火速制订战争计划

在周三曾前往堪培拉参加一次议会会议的各部部长立即加入了制订澳大利亚联邦参战计划的最后阶段。

孟席斯先生于晚上 9 点 15 分通过 125 个国有和商业电台宣布：

"我怀着沉重的心情正式宣布：由于德国冥顽不灵，坚持对波兰进行侵略，英国已对德宣战，因此澳大利亚同样进入对德战争状态。

"英国、法国和其他英联邦成员国曾戮力合作以避免这场悲剧。它们一直耐心地敞开着谈判的大门，努力避免引起战争，但它们的努力失败了。因此，作为伟大的英联邦的成员，我们已经被卷入战争。我们必须不惜一切代价赢得胜利，我们发自内心相信，我们必将赢得胜利。"

孟席斯先生概述了近来欧洲一系列事件的来龙去脉，并称它们是全人类历史上最残暴无情的例子，即使是欧洲历史中最黑暗的那一段时间也难望其项背。现在的情况证明阿道夫·希特勒一直在执行一项精心策划的政策，以发动战争或以

战争为威胁，一个接一个地蚕食别国。

“尽管我们都对这种残暴的罪行深恶痛绝，”孟席斯先生在结语中说道，“但现在不是我们高谈阔论的时候，我们应安静地思考。人类冷静和坚毅的精神是上帝赐予的，永不磨灭。在这场战争中，真理与我们同在，而真理必将获胜。在未来的艰难年月中，我们需要比以往任何时候都镇定、坚决、自信和勤奋。”

“我们将全力以赴，保证生产，存续力量，使我们和我们的祖国拥有持久的忍耐力。澳大利亚准备战斗到底。愿仁慈的上帝早日将世界从这种苦难中拯救出来！”

人们源源不断地前往军事指挥部，表示愿意参军，但到现在为止，澳大利亚只召集了民兵部队、海岸警卫队、防空炮兵部队和守卫易受攻击地区所必需的其他部队。公民空军部队人员和澳大利亚皇家空军预备役的部分人员已被召集。

虽然德国公民可能被送入收容所，但很大一部分的难民会获得自由，但会被置于严格监控之下。

新西兰参战

通过无线电发回《纽约时报》的报道

【惠灵顿9月4日电】总督高尔威子爵于今天早晨宣布新西兰进入对德国的战争状态，并将充分考虑英国提出的全力支持共同事业的建议。

南非分为两派

通过电报发回《纽约时报》的特别报道

【开普敦9月4日电】南非联邦内阁计划于今日上午开会，据称其在支持英国对德战争的问题上产生分歧。

昨晚南非已开过一次冗长的内阁会议。现已知，主张支持英国的一派与主张中立的一派的人数比为7∶6，支持方胜出。

1939 年 9 月 4 日

社论：战争罪行

现已全部公布的英国和德国政府之间自 8 月 22 日迄今的通信往来，以及过去几天里发生的一系列可怕事件，都清楚无比地表明，当前的灾难只能归咎于一个人——阿道夫·希特勒。

如果通信内容是在德国发表的——尤其是德国很有可能只发布本国制作的新闻——那么毫无疑问，无数没有外部讯息源的德国人可能会继续认为希特勒所走的路线是正当的。除非德国人已经忘记过去几年中发生的事情，忘记希特勒在外交中背信弃义的种种表现，否则他们不会认为希特勒是正当的。

通过这些通信内容，可以看出张伯伦是如何的坚持不懈，不放弃和平调解的任何希望；而希特勒却使用更加厚颜无耻的谎言欺骗自己的人民，并最终将威胁变成战争。张伯伦和英国大使发出的讯息是如此理性和耐人寻味，以至于希特勒被迫假惺惺地表示，对德国至关重要的争议问题应在几小时内解决，而不是在几天或几周内解决。他无耻地虚构了（波兰境内的德意志人遭到）"惨绝人寰"的"杀戮"和"野蛮虐待行为"。然而这一借口是如此的荒谬。这与他一年前指控捷克迫害德意志人时所用的手段如出一辙。

德国政府发出的唯一一条理性的讯息，便是解决波兰问题的"十六条"建议。德国外长曾于 8 月 30 日午夜以极快的语速向英国大使口述过此建议。当然，在此"十六条"建议里，德国仍要求归还但泽，以及穿过但泽附近地区的波兰走廊。现在已非常清楚，德国从未真正想把这一"提议"用于双边谈判，而只是作为宣传文件，服务于已经投入战争的德意志民族的"利益"。英国大使在刚听完"十六条"后即索要文本，却被告知已经太晚了，理由是波兰的特命全权代表没有按德国政府的要求在午夜前到达柏林。

这一要求在前一天晚上曾被转达给英国大使。英国人在两天前（8月28日）的照会中已通知德国政府，表示英方已“收到波兰政府明确无误的保证，表示已准备参加谈判”。德国政府收到照会后就可以去请波兰大使，但它却要求在自己回复英国发来的照会（未提及后来宣布的“十六条”）后24小时内，波兰应派出一名“不仅有权商讨，也有权主持和完成谈判”的特使。毫无疑问，如果当时波兰真有遵守这一要求的意愿或能力，那么这位特使的命运将和当年的奥地利总理舒施尼格及其之前的其他人一样。这种手段是不能用在区区一位大使身上的，而不管情况如何，希特勒几乎能断定，这位大使是没法达到他的要求的。

有一条内部证据足以证明德国所言谈判的欺诈性质。在“十六条”中，希特勒和冯·里宾特洛甫宣称他们愿意为决定波兰走廊命运的公民投票提供——事实上是至少坚持——12个月的期限。但在给英国人的讯息中，他们宣称，即便是为了等他们要求的波兰谈判代表到来，也不可能等两天以上！

即使在希特勒开始进攻波兰、炮击不设防城镇之后，英法两国还是未在两天内宣战，并提出，如果德国政府同意撤军，英国“愿意把情况看成和德军越过德波边界前一样”，并随时愿意就德波两国政府之间的问题和德国商谈。

这一次，事实清楚得不能再清楚了。

1939年/9月5日

赫尔发布命令　美国坚持中立

今日将发布关于我国立场的声明及武器禁运令

发回《纽约时报》的特别报道

【华盛顿9月4日电】昨天英国邮船“雅典娜”号被击沉，美国国务卿赫尔旋即于今晚发布命令，严禁美国人前往欧洲或从欧洲返回。这标志着美国实施了它的第一个全面性步骤，以确保其面对欧洲战争的中立。

今晚，这一出人意料的命令要求，任何前往欧洲的美国人须证明“确有需要”才能获得通行证。在回国后，通行证将上交国务院并做封存处理。在任何

1939年，国务卿科德尔·赫尔签署《中立宣言》。

情况下均不得颁发时长超过6个月的通行证。

申请人必须提供前往欧洲旅行的详情以及身份证明。此外，还需附上关于欧洲之行必要性的文档证据。提供虚假或误导性声明的人将处2000美元以下罚款、5年监禁，或并处。

美国决定发表中立声明

同时，罗斯福总统和其内阁已决定美国政府将于明天发布两份声明，宣布美国在战争中的中立立场，一份说明美国根据国际法保持中立国立场，另一份则是根据美国《中立法》的要求对现有交战国实施武器禁运。

上述决定是在今天下午特别召集的内阁会议上做出的。在会上还讨论了护送美国国民安全回国的方法，以及预防国内有人通过战争获利的措施。

赫尔国务卿在与罗斯福总统商谈后发布了限制美国人往返欧洲的命令。在美国国内，限制美国人前往欧洲被视为一项影响深远的措施。它防止了因交战国攻击美国公民乘坐的外国船只而使美国卷入冲突。

国务院发布的命令要求将从欧洲返回的美国人把通行证交回国务院，据称此举意在防止这些有价值的身份证明文件流入外国间谍手中。

1939 年/9 月 7 日

“有报告称”希特勒精神失常

H.C. 施泰因梅茨教授称，该声明出自“某一流医生”

美联社报道

【加利福尼亚州帕洛阿尔托 9 月 6 日电】今天，圣迭戈州立学院的哈里·C. 施泰因梅茨教授当着一群社会心理学家的面，重申了他提出的“一份报告，或者说是诽谤”，称希特勒正受到严重的精神紊乱的折磨，几乎时时刻刻离不开医生的护理。

施泰因梅茨教授称，这份声明是“近日从德国返回的一位顶级美国研究型医生”提供的。他没有给出这位医生的名字。

这份报告“或者说是诽谤”称希特勒得的是偏执性躁郁症。这是一种几乎不可治愈的精神疾病，会使患者产生交替性突发抑郁或者喜悦，并伴有受迫害的妄想。

施泰因梅茨教授是在一场针对某病症的讨论中对美国心理学协会的一个分支部门发表讲话时提及此事的。这种病症随后被施泰因梅茨教授称为渐进性偏执狂。

他声称，所有民族或人群都会感染“民族偏执狂”，这种病存在于他们的集体思考和行动中，长期处于非比寻常的压力下时，尤其容易罹患。

“错误的信仰，”他说道，“是偏执狂蔓延的重要因素，尤其是出现社会动荡或局势紧张时。”他补充道，这种压力可能会导致人们通过妄想、“合理化”或制造借口或启动“心理防御机制”来寻求庇护。“心理防御机制”即一种用于抵抗预想麻烦的精神倾向。

“这种感染因素，”他继续补充说，“会导致偏执狂在人群中大肆蔓延，使整个社会日益依赖于个别该症患者。”

施泰因梅茨教授称，偏执狂的特征包括宏伟的遐想、疯狂的被害妄想和“怀旧型假想”。“怀旧型假想”是一种慢性的病理过程，患者好猜疑、爱幻想且防范心很强。

近来讨论是否修改偏执狂的定义时，施泰因梅茨教授提到了牛津学派和“资产阶级道德重建热”，称它们属于“对欣快偏执这个类别”。

1939 年/9 月 7 日

德国工业进入战时模式
每天都在发布一长串的管制清单

通过无线电发回《纽约时报》的报道

【柏林 9 月 6 日电】德国工业组织正在以最高速度进行动员，每天都在发布针对不同产业的一长串特别管制清单。这些清单旨在将德国商业活动转入一种统一的机制中，以便在战时保持高效率运转。

工人们将被迫调换工作，离开非必要的行业以加强必要行业的劳动力；他们将不再获得和过去工作相同的报酬，必须接受自己所进入的新行业的工资水平；对于因新工作要求而必须离家而居的工人，帝国劳工组织将每周发放最高 19 马克的津贴。

有些人身负特殊义务，但新工作的工资过低，不足以履行这些义务。对此，政府将提供财务支援以帮助其履行这些义务。

根据周一发布的对原有“战时经济”法令的解释，对个人收入征收 50% 税款的新办法适用于所有收入，无论是工资，还是其他收入。这就意味着，工人不仅工资要降低，还需要缴纳更多的收入税。

今天颁布的新“德国义务服务法”要求所有制造企业按政府指令经营，以服务于政府机构，满足国家利益最大化的要求。

柏林人已被剥夺了哪怕是一丁点的奢侈品，剥夺程度之重，在以往的纳粹时期也未出现过。消费者发现，所有烟草商都“歇业盘点”，雪茄等烟草变得更为昂贵而且无货可买。

酒精度本来就很低的柏林啤酒也被稀释了 20%。

1939 年／9 月 10 日

伦敦誓言决战到底

英政府宣布战争方案，表示将战斗到底

弗雷德里克·T. 伯彻尔
通过电报发回《纽约时报》的特别报道

【伦敦 9 月 9 日电】今晚发布的这份意义重大的官方政策公告是大英帝国自首相内维尔·张伯伦宣布英国进入战争状态以来最为重要的一份。

在今天上午举行的会议上，战时内阁决定按照战争将持续 3 年或更久的假设，制定政策。

目前内阁正向政府各部门发出指示，以确保应对未来的计划将立即根据上述假设制定完成。

同时，所有已经准备停当的措施将完全进入实施状态。

为进一步深化已实施的扩大防御计划，军需大臣将立即采取必要措施，确保各类弹药的生产力提高到可以应对所有冲突的水平。

海军部和空军部也正在做出相应的安排。

但是，在为伟大的国家利益服务时，国家内需也会得到重视，出口贸易的顺利进行也会得到保证。

战时内阁自信地认为，这一意义重大的决定将得到英国人民的全力支持，并受到盟国等友好国家的赞赏。

一箭双雕的答复

对于今天德国空军元帅赫尔曼·戈林在讲话中抛出的建议，英国政府已做出有力而明确的答复，公布如下：鉴于德军迄今为止取得的多次胜利，大不列颠帝国可能会准备重新考虑自己是选择和平还是战争的立场。

这也是对英国某些一厢情愿的人的回答。这些人一直盲目地相信德国蓄谋散

布的谣言，比如德军前线士兵心生不满，德国城市中的妇女因食品短缺发生暴动和罢工等。伦敦方面的官员认为这些传言毫无意义。

事实上，这一答复再次让上了年纪的人回想起 1914 年的情形，二者何其类似。当时一厢情愿的人盲目自信，坚持认为战争会在 6 个月内结束；直到基奇纳伯爵在上议院中起立，严肃地宣布战争不但不会在短时间内结束，反而会旷日持久，"如果我们没有做到的话，会有人接替我们来结束这场战争"。基奇纳伯爵的话让全国人民为之一震。

官方人士当前关心的焦点，并不是内阁声明中战争将持续 3 年或更久的预想，而是大不列颠帝国誓将战争进行到底的决心。在这一点上，人们丝毫不怀疑政府表达了整个国家的坚定信念。

对空军元帅戈林的答复完全是次要的。他的讲话，除了呼吁英国重新考虑自己的立场外，在英国人看来，显得冷静又狂妄自大。此时此刻，英国所需要的就是毫不含糊地表明自己的立场。戈林的演讲让其更有理由表明立场。

在英国看来，显而易见，戈林元帅是用不太高明的手段企图再次离间英国和法国；而在德国最近的宣传中，这种伎俩频繁出现。

戈林元帅在讲话中夸耀了武装到牙齿的德军在进攻波兰时获得的毋庸置疑的胜利，并有意极力贬低仍未被彻底击败的波兰军队的抵抗。这些言语被英国看成此人和纳粹党的一贯做派，不值得驳斥。人们认为，戈林讲话的真正用意在于向张伯伦首相喊话。

德国的愿望必将落空

很明显，德国领导人仍然对法英两国动摇殊死抗击纳粹的决心抱有幻想。他们很快就会明白这种想法是多么愚蠢。

就目前的战争形势而言，还很难对西线（英法战线）的战事做出准确的分析，因为关于此战线上的后续行动几乎没有权威的讯息披露。

目前而言，真正的交战区域仍是波兰，波兰方面的形势还没有绝望到如德国官员们宣称的那样；德国人昨天无视华沙仍在抵抗，宣称华沙已经陷落。

迄今为止，事实看起来是这样的：德国人动用了 56 个师入侵波兰。在这支庞大的武装力量中，约有 10 个师是完全机械化的部队，拥有很强的机动能力。在英国，人们认为这是德国人能取胜的主要原因。

另一个对德军极为有利的因素是其压倒性的空中优势。德军飞机在波兰军队还未来得及组织反攻时就先发制人，同时打垮了波兰后方的援助力量。

战争一开始，德军就发动上述部队中的 30 个师，攻占了大西里西亚地区，而这是波兰原材料资源最为丰富的地区。

与此同时，德军机械化师从波美拉尼亚穿过波兰走廊一路东进；在东普鲁士，则有 10 个师向西南推进。巨大的钳形攻势的目标是攻下华沙以西的重要制造业地区。

但战事并未结束。华沙一直在坚持。波兰有可能让德军再忙乱一阵子，而法国则会死死保持住其在西线获得的优势。

另一方面，德国领导人——还有德国公众，假如他们获准了解真相——需要对英国刚刚坚定表达的坚强决心做一番思考。

1939 年 / 9 月 10 日

英国人的生活因战争改变

伦敦宛若“重生”，影剧院关门，夜晚一片漆黑，难民无处不在

詹姆斯·B. 赖斯顿

通过无线电发回《纽约时报》的报道

【伦敦 9 月 9 日电】这座世界上最大的城市每晚都关门歇业，与俄亥俄州非常类似。战争爆发一周后，市内再没有上演过一部戏剧或放过一场电影，皮卡迪利广场也没有透出一丝光线，各大餐馆内不见人影。今天，伦敦的孩子们甚至都没有踢足球。

政府决定关闭影剧院并停止体育活动，理由是人群聚在一起，即使一颗炸弹也可能让数百人丧命。但唯一从该决定中获利的场所是酒馆。酒水生意一派兴隆，有些人已对此表示担忧。

“过度饮酒可能会让我们不战而败，”《旗帜晚报》阴沉地警告，并补充道，“酒馆顾客盈门的部分原因是影剧院的关门，以及切尔西和海布里球场的关闭。

华沙和巴黎两地的电影院仍照常营业。马德里人在佛朗哥兵临城下时还在观看查理・卓别林的电影……我们不想在欧洲战火纷飞时还歌舞升平，但我们不会因为偶尔看一下金格尔・罗杰斯的舞蹈表演就斗志消泯。”

乔治・伯纳德也一直在嬉笑怒骂地抨击政府关闭影剧院的决定。他不仅要求开放影剧院，还要求建设更多的影剧院并免除全部演员的兵役。他将政府的决定称为“缺乏想象力、愚蠢透顶的举动”。迫于压力，政府在昨天对政策做了稍许修改，从现在起，舞蹈演员金格尔・罗杰斯将和盟国并肩战斗，至少在伦敦一些安全的郊区是这样的。

想象纽约

要理解在这个星期中伦敦发生了什么，最好的办法是想象纽约在类似情况下会是什么样子。

如果你能想象一下纽约东区、地狱厨房、布鲁克林和布朗克斯的所有年轻人突然被扔进了韦斯切斯特、上纽约州和新泽西州每座安全大厦的各个角落，你就会对疏散的景象有个模糊的印象了……

如果你能想象纽约那些白色的救护车开到东七十六号大街的哥谭医院、广场路上的布朗克斯妇产医院，以及市内的任何其他医院，把所有可以运走的病人全部运走，那么你就会对平民出逃的惨状有所了解……

如果你能看到沿河街道上无电梯的楼房内，人们将挖来的泥沙装进麻袋，再把它们堆在破窗前……看到木匠钉死城市中每条街道上所有店铺的窗户，那么你就会知道整个星期中，伦敦各家各户的门前发生了什么……

如果你能看到曼哈顿区突然出现数以千计、身着制服的年轻人，这些二十上下的小伙子在大中央车站赶火车、进入防空火炮战位、在中央公园里挖壕沟，那么你就会理解伦敦在干什么了……

要是你看到，银色的防空气球日日夜夜飘向摩天大楼的上空，如同某科普杂志不可思议的封面图描绘的一般……

如果你在 9 点 30 分看到曼哈顿变得前所未有的漆黑，不夜街上所有的路灯全部熄灭，所有的电影院和表演场所全部关门，所有汽车沿着漆黑的大街挂着二挡借着地面上昏暗的蓝灯向前爬行，你就会对伦敦灯火管制的景象有些模糊的了解了……

人们都绷紧了弦

今晚，在伦敦所有上述的事情都正在发生，市内的人们感到阴郁而紧张。

在战争开始后的第一周内，买卖、生死，以及抚育孩子这些事情彻彻底底都发生了变化。对普通市民来说，原本按部就班的生活加上了形形色色的新规则和新义务。

他们晚上不能让窗户透出一丝光线，否则就将受到高额罚款。他们不能按喇叭、按铃或吹哨子，不能在某些区域养鸽子或拍照，不能持有某些外国货币。

即使是古老的就寝传统也发生了变化。普通人不仅上床更早，而且在上床前还有几件重要的事得完成：首先，必须关掉煤气总管的开关（一枚炸弹可以使煤气管道碎裂，使煤气外逸）。其次，必须向浴缸中放满水，以防备燃烧弹的攻击。最后，必须在房子周围放上几桶水，把自己的防毒面具放在最安全的房间，放在晚间遇袭时能顺手拿到的地方。

除了这些，他通常还得准备一床温暖的毯子，并准确记住自己的鞋子和裤子放在哪里，因为他半夜三更或许得爬起来躲进院子尽头的避弹所。

没有仇恨的战争

然而，尽管战争带来如此多的不方便，尽管有家人分离，尽管汽油开始定量供应（小汽车每月 10 加仑，32 美分 1 加仑），尽管生活时刻面临危险，每一个英国老百姓在面对这场战争时，都丝毫不带仇恨。他们对这场战争并不具有老一辈人的那种精神。当张伯伦首相宣布与德国进入战争状态时，人们没有冲到首相官邸外欢呼，人们也很少听到反对德国的言辞，政府通过其控制的电台广播对这种公正的精神给予了鼓励。

本周，下议院的一位政府发言人在被问到德国人是否在轰炸波兰平民时，他坦诚地回答，证据表明德国人的攻击对象只限于军事目标。国会无党派议员哈罗德·尼柯尔森，同时也是英国最受欢迎的电台主持之一，不久前的一个夜晚在 BBC 发表讲话时说道：“让我们试着理解德国人的观点……我们不要自以为公正善良。”与此相似，阿尔弗雷德·达芙·库珀在本周撰文，恳求人们善待在英国的德国犹太难民。“据称，”他写道，“他们不全是真正的难民，有些是被派来当特工的……希望大家不要轻信这种传言。”

已有的并且是盛极一时的仇恨，是对希特勒、冯·里宾特洛甫和戈培尔的个人仇恨。素以绅士而闻名的英国人用尽各种污言秽语痛骂希特勒，漫画家们把希特勒画成蛇、龙等各种丑陋的形象。

战事被视为“希特勒的战争”

昨天，伦敦《泰晤士报》刊登的文章很好地表达了公众的看法。文章表示，每个人都认为应把这场战争称为“希特勒的战争”。近来，有如此多的人在讨论并谴责德国元首，以至于佛里特街附近的一家餐馆被迫贴出一份告示：“不要在用餐时提到希特勒，对消化不好。”

过去的几天里，事态的发展已经证实了政府的担忧：和 1914 年一样，1939 年到处是谣言散布者。官员们和各种报纸用尽所有机会讥讽他们，让他们闭嘴。关于战时该如何言行的头两条戒律是：第一，不要看谁都觉得是间谍；第二，不要相信或传播谣言。在英国海岸附近首次有德国轰炸机飞过后，有流言快速传播，称轰炸机已深入内地，张伯伦不得不在下议院发布声明对此予以否认。

乡村生活

乡村生活发生了难以置信的变化。事实上，这是自工业革命以来，英国社会活动的中心首次回到小城镇和乡村。乡村旅馆看上去似乎吸引了很多从城市逃离的成年人。乡村是仅有的能看到各种戏剧表演的地方。几年前，英格兰成立了一个组织，方便人们在全国的酒馆中阅读诗歌和进行简单的戏剧表演。这样的场面现在并不罕见：在一个乡村酒馆中，一位年轻人站在一个箱子上，向观众们吟诵莎士比亚的十四行诗。

对于被疏散到乡下的孩子而言，战争到目前为止是一种意外的收获：他们不用上课了，还享受了一周格外美好的天气。这些从伦敦东区来的聪明的孩子认为乡村风景如画，是“鲜花盛开的荒野”，老师也报告说他们之中大部分人已开始安定下来。教育部希望有些地方能在下周复课，但是要找齐全部课程所用的房子需要数月的时间。而且，即便找齐了教室，教师们也计划教学实行两班制运转。

一般情况下，一种新的生活规律往往会催生一些巧妙的小发明，例如，男装理事会就制作了一种用于在灯火管制期间穿着的特殊的白夹克，有一家制造商推出一种能钩挂在衣服上的小红灯。工作时间也有变化。为适应人们早睡早起的新习惯，有些商店在上午 7 点 30 分就早早开门。所有的商店很早就打烊了，好让人们在灯火管制前赶回家。

换言之，尽管炸弹还没开始落在英国的土地上，英国就开始履行职责，用极大的耐心完成英国的新任务。查令十字街有一家四周被路障包围的商店，店主贴出告示称："变化时期照常营业。"人们的心态看起来就和他一样。

1939年，伦敦摄政街皮卡迪利广场夜景。

1939 年/9 月 10 日

人类文明经得起一场世界大战吗

阿兰·尼文斯
哥伦比亚大学历史系教授

在一篇写于第一次世界大战甫起之时的雄文中，罗曼·罗兰将这场战争称为："一次疯狂的欧洲大战，一场亵渎神灵的冲突，像赫拉克勒斯一般，人类要亲手毁灭自己，将自己送上火葬堆！"随着一场新冲突的开始，我们想起了这个人。每个国家都在高声辩解说是为了自卫，但对于整个欧洲大陆而言，这场斗争看起来却是自我毁灭。即使是远在大洋彼岸的中立国也不能幸免。爱德华·格雷爵士在 1914 年 8 月 3 日说道："如果参战，我们会受苦。但如果旁观，也好不到哪儿去。"这句话是有些言过其实，但又有哪个国家逃过了第一次世界大战带来的毁灭性影响和冲击呢？

如果这第二次大决战持续下去并蔓延开来，那么它带来的破坏可能会同样巨大。全世界仿佛布满了炸药，大家都在关注是否会产生一次大爆炸。它足以毁灭人类最宝贵的财富，不论是物质、知识，还是精神财富。对于这个星球上的每一个人，以及尚未出生的几代人都是不可估量的损害。

在近几年中，面对发生这场大灾难的可能性，人们经常说，一场新的世界大战将会是"文明的终结"。人们宣称，新的世界大战将"毁灭人类的文化"，原因之一就是它会引发一系列的危机。最近，这种观点遭到捷克斯洛伐克前总统爱德华·贝奈斯博士的强烈反对。贝奈斯博士比大部分人能更清楚地认识到"毁灭"这个词的含义。这个词被如此频繁地提起，而且带着如此强烈的悲观主义色彩，所以值得我们对它稍作思量。试想一下，4 年战争若再次发生，而且蔓延至全世界，并在旧废墟上制造新的毁灭，给已经坟墓满地的欧洲再添新的坟场，文明，或者文明的一大部分，是否将被毁灭？

我们可以毫不迟疑地说，由伟大的艺术纪念碑和建筑代表的那部分文明可能也太容易被摧毁。欧洲到处是这类纪念碑，同时也到处是轰炸机群。仅仅一次空袭就可能让整个牛津大学烟消云散，连带抹去美丽、雅范和灵感的源泉，而这一切是牛津大学用了整整 7 个世纪才建立起来的。一枚准确命中的炮弹就足以让巴黎圣礼拜堂只存在于记忆中，足以让千年后的艺术家们遗憾不已。意大利是人类文明的宝藏之一。然而，只要短短几周的飞机编队轰炸就可以让佛罗伦萨沦为瓦砾，把罗马变成方圆几平方英里的灰烬堆，把威尼斯变成亚得里亚海中的又一堆废墟；它们的塔楼、教堂、宫殿和博物馆将永远地消失。我们可以建造新的大楼，可以在艺术馆放满新的艺术作品，但人类将永远因为失去的一切而变得更为贫乏，生活将更加单调暗淡，而文明的重要组成部分将被不可挽回地削弱了。

可以说：如果“文明的毁灭”这一说法意味着文明的一个阶段或周期可能终结，那这样的事情可能真的会发生。不仅如此，现在我们可以说它是不可避免的。我们无疑在面对人类文明的一个新纪元。第一次世界大战结束了自拿破仑战争后一个世纪的相对和平、一个世纪的物质和科学的快速发展，以及一个世纪的虽然步履蹒跚却看似不可抗拒的世界性的民主自治的潮流。“一战”开始后，道德沉沦、政治混乱、经济动荡、宗教和种族迫害难以置信地发生在 20 世纪西半球人们的身上。法国大革命之后，是理性时代；世界大战后，是非理性时代，而新的冲突只可能给“困惑殿堂”增添新的、更黑暗的迷阵。

这两场可怕的斗争，可能会被未来的史学家称为 30 年战争的开始和终结，因为自 1914 年以来战斗从未真正停止过，它们无疑正在迫使人类翻开新篇章，而不是新的一页。它们意味着一个文明的结束和另一个文明的开始，只是后者更卑鄙、更艰难和更黑暗，至少在开始阶段是这样。

但幸运的是，我们不需要从字面上理解“文明的毁灭”，也不必完全相信它。现在的文明根源多样、枝繁叶茂，除了全球性的大灾难，没有谁能摧毁它。既然在雅典陷落、罗马的野蛮征服、所谓的黑暗时代、无尽的宗教和王朝冲突后，文明仍然幸存，那么它也能在两场世界大战中屹立不倒。

真正的危险不在于文明将被毁灭，而在于几代人或几个世纪的人们将面对文明的残缺。如果这场新的战事旷日持久，那么当它结束时我们就会进入铁器时代。

欧洲作为一个大陆或许不能像原来那样可以轻易维持它原有的至高地位。新大陆也可能不是唯一得势的地方。会存在这样的危险：欧洲壮年期的耗竭如果进一步加剧，那么白种人在与黑人和黄种人的竞争中，地位就将被永久地削弱；由于现在（欧洲的）领袖们忙于战争，无暇东顾，亚洲和非洲将会在世界事务中占据新的席位。欧洲的力量不可能连续承受几个时代杀戮的消耗而不感到精疲力竭，而由此产生的一部分后果可能会超出欧洲民族所能想象的程度。

下面的伟大文明历史篇章将要用血来书写。当战斗已经打响、胜利毫无疑问时，我们就该思考一种新的世界秩序，以之来强化和捍卫文明；我们希望在这种新秩序中，美国将扮演比它在 1914 年至 1918 年的战争中更为无畏的角色，一个与其力量、文化和对人类命运的关注相称的角色。

1939 年/9 月 10 日

地图销量飙升

兰德·麦克纳利出版社昨天宣布，在欧洲战争打响后 24 小时内，其在西十五大街 7 号的书店售出的地图比 1918 年以来售出的地图总数还要多。它还称正在用飞机将新地图昼夜不停地从连续运转的印刷厂加紧空运过来。

1939 年/9 月 12 日

德军攻势太强，波兰措手不及

奥托·D. 托里斯克斯
通过无线电发回《纽约时报》的报道

《纽约时报》驻柏林记者获准采访进驻波兰的德军后发来的综述。

【波兰境内的德军军营 9 月 11 日电】强大的德国战争机器越过德波边界后，波兰如今变得同半熟的鸡蛋一般在德军的碾压下不堪一击。

在突破波兰边防军的抵抗后，德军发现，和自己的兵力相比，在防线内的波军力量简直就是一块蛋黄。德军已从多个方向攻入波兰境内，而没有遇上波兰军队真正坚决的抵抗。

本报记者在德军进驻波兰后马上进行了战地采访，并在本文中对集结赶往战场的波兰军队为何在如此短的时间内全面崩溃做出了解释。采访通常是在一天战斗结束或进入尾声时进行的，四散的波兰士兵和狙击手仍在向机动车辆放冷枪，因为他们认为这些车辆肯定都是德军的。然而，德国人坚信，只要在德军驾驶员的前方放一支上好膛的手枪就足以保护外国通讯记者的安全了。

边界上一决雌雄

即使只是在战场上随意一瞥，无处不在的壕沟、带刺铁丝网、弹坑、被炸毁的道路桥梁、满目疮痍的城市，就能看出波兰人在边界上做了坚决的抵抗。即使是这样，防线也显得不堪一击，而在防线之后则一无所有。

随同德国人与记者一起来到波兰的还有中立国的军事专家。让所有人都感到不可思议的是，波兰人没有准备好第二或第三道防线所需的物资；撤退时，他们并没有想过要抢修工事或挖掘壕沟，而这些方法在 1914 年曾经帮助德军在马恩河撤退中拖延了协约国军的追击。

事实上，看起来波兰人在撤退中采用的唯一战术就是退到城镇再说，结果他们被德军轻松地用炮火赶了出来，或被德军同样轻松地包抄。从他们在撤退路上所丢弃的装备看，无论是兵力上还是装备上，波兰都无法与德国相抗衡。这一切都使他们在长长的防守线上无计可施。

连上帝都在帮助强大的一方。在这种美丽干燥的天气中，机动车辆卷起令人窒息的尘土驶过波兰的道路。上帝没有像往常一样在这个时节把道路化为一片泥泞，这让德军的摩托化步兵师得以充分发挥自己的速度优势。

但德军不仅仅是凭力量和速度取得突破的，它是靠战术制胜。有史以来第一次，战争胜负不是由被称为“武力之尊”的传统步兵来决定，而是由快速的摩托化步兵师，更是由空军来决定的。

德军的第一步攻势集中于击败波兰的空军，但不是通过空战，而是通过不停轰炸波兰的机场、摧毁波兰军队的地面组织来实现的。在这一步实现后，德军获得了制空权，得以将大批部队在没有空中威胁的情况下运往前方，还可以通过轰炸摧毁波兰军队的交通，从而最大限度地削弱波兰的机动能力。

已攻克地区不实行灯火管制

今天，德国已完全获得了制空权。尽管可能会看到个别波兰飞机在高空飞过，但波兰境内的德军事实上已经不再实行灯火管制。从德国夜间阴森森的灯火管制地区来到像罗兹这样没有灯火管制的战地城镇，会让人有一种奇怪的感觉。德军宣布占领罗兹的当晚，通讯员就有这种感觉，虽然波兰军队就在距城市几英里的地方，但城市仍然灯火通明。

在控制了天空后，德军出动的不是步兵，而是坦克、装甲车和机动化火炮，从波兰军队的背后粉碎了其所有的抵抗。看到波兰军队在野战时使用的是几近业余的方法挖掘机枪掩体，就很容易理解这些了。

在德国人和中立国军事专家们的眼中，波军看起来仍在沿用 18 世纪的战法。这种战法在强大的现代火力面前显得古怪而又徒劳，但这并不意味着波兰没有进行英勇的战斗。它顽强拼搏了，而且德国人对此也直认不讳。

从纯军事角度来说，德军的效率无可匹敌。它的进攻就像钟表一般，不慌不忙，而且很明显，几乎可以说是闲庭信步，但具有难以撼动的精密度。进入波兰的道路虽然满是载有食品、弹药的重型货车和载重卡车，但并没有因此堵塞。而波兰人只能依赖于已被捣毁的铁路或者是马车。炸毁的桥梁很快就可以通车了，德军畅通无阻，而德军的通信线路几乎是自动跟进。

波兰未必已经沦陷，波兰军队或许也还有能力撤到东部沼泽地区继续抵抗。

1939年9月，波兰战俘。

但是，只要波兰军事资源短缺的现状得不到改善，波兰的抵抗意志再强，也会毫无胜算。

1939 年 / 9 月 13 日

华盛顿与杰弗逊学院开设“第二次世界大战”课程

美联社报道

【宾夕法尼亚州华盛顿镇 9 月 12 日电】华盛顿与杰弗逊学院院长拉尔夫·C. 哈奇森今天宣布，学院已开设“第二次世界大战”课程，目的是防止“集体性歇斯底里”。据哈奇森说，“集体性歇斯底里”是1914年至1918年的战争中随处可见的。

哈奇森博士表示，他相信招生量约为 500 名学生的华盛顿与杰弗逊学院是第一个提供这种课程的学校，课程的目的在于“帮助这代人比他们的父辈参加第一次世界大战时更好地了解世界战争”。

3 位教员将教授 4 门战争课程。课程设置学分，内容涵盖了敌对行动的起因及相应宣传方面的内容。

1939 年 / 9 月 16 日

林德伯格呼吁避免战争

他对全国呼吁时称，如果我们在国外为民主而战，可能失去国内民主

弗兰克·L. 克拉克洪
发回《纽约时报》的特别报道

【华盛顿 9 月 15 日电】今晚，查尔斯·奥古斯都·林德伯格上校在电台讲话中呼吁美国人民继续远离这场欧洲战争，以及欧洲的纷争。“如果我们为了外国的民主而参加战争，那结果可能是我们在国内失去民主。”他如是说。

这是身为飞行员的林德伯格上校自 1931 年 8 月 28 日在东京向日本高层发表讲话以来的第一次正式讲话。全国广播公司、哥伦比亚广播公司和相互广播公司都播放了他的讲话。

林德伯格上校追随的是他已故的父亲，老查尔斯·奥古斯都·林德伯格的脚步。老林德伯格曾任明尼苏达州众议员，是 1917 年时少数几位投票反对美国参加“一战”的议员之一，其时他说：“今晚，我的讲话针对的是那些不主张美国卷入欧洲战争的人。”

林德伯格称大洋保护了美国

林德伯格上校称，即使是面对现代飞机，大西洋和太平洋仍是美国的屏障，并补充道：“我们必须团结一致，防止更多的美国人因为欧洲内部的斗争而失去生命。”

“如果我们最终参战，”他在谈及欧洲战争时强调说，“我们就必须将整个国家的资源投入这场冲突中，而不仅仅是武器弹药。我们不能指望仅仅向国外运送几千架飞机、几千门大炮就可以赢得战争。”

“我们可能会失去一百万，也可能是几百万美国最优秀的青年。在我们的余生中，我们会因为战后恢复的负担而步履蹒跚。如果上天眷顾，我们的后辈在有生之年能完成复苏，否则，我们留给他们的，连一条波兰走廊都没有。”

这位飞行员坚持认为，如果战争使欧洲进入一个更加黑暗的时代，美国能向人类提供的最好服务是成为欧洲已有文明的堡垒。他还认为，美国自身远离战争的做法甚至能使欧洲更快地走向和平。

派兵援助为“愚蠢行为”

林德伯格上校宣称，我们的安全依靠的不是参与欧洲战争，而是美国人民和美国制度的内部力量。据此，他强调称：“只要保证我们的海、陆、空三军拥有名副其实的力量，只要美国内部不腐化，我们就不用害怕有谁会侵略美国。”

林德伯格称，这个国家不存在半途而废的政策。他还坚持认为，即便美国在欧洲战争期间遇到了纷争，也必须继续在其中保持和平；他说，如果我们放弃和平路线，同欧洲国家一样走上“贪婪、恐怖和阴谋”的道路，“像上一次战争一样让美国士兵去送命”，那是一种愚蠢的行为。

他宣称，这个国家是由一批男男女女拓荒者建立起来的，相比欧洲问题，他们对这片荒野和这里的印第安人更感兴趣。他补充道：“这个国家的开拓精神始于欧洲的纷争，我们的自由精神也源自于摆脱欧洲的战争。”

“乔治·华盛顿清楚地看到了未来的危险，并警告美国人民不要与欧洲国家结盟。”上校说道，并指出这一政策已经延续了100多年。然而在1917年，我们加入了一场“欧洲人的战争”。

他说道：“我们还未来得及把全部兵力投放到战场上，这场‘浩大的战争’已经结束了。我们的死亡数以千计，而欧洲的死亡更是数以百万计。距1918年的停战条约已经过去了一代人的时间，但实际上在美国国内，我们仍在为这场胜利付出代价，而下一代还将继续付出代价。”

林德伯格上校提请人们警惕那些“来自国内外”或“赤裸裸”或“拐弯抹角”的谣言，并指出如果任由这种谣言满天飞，国家将会被摧毁。

上校坚称，我们的新闻有很大一部分是经过了粉饰的，并表示美国人应该调查的不仅仅是每个记者和讲话人的人格、利益点和国籍，还应问问报纸、新闻图片和广播台是谁拥有的、受谁影响的。

他没有提及《中立法》中的武器禁运政策。

1939年9月，查尔斯·林德伯格主张美国置身事外。

林德伯格上校是在一家饭店的房间内通过麦克风发表讲话的。

1939 年
9 月 16 日

外交官逃离波兰
公使们称难民情况令人绝望，饥荒危险可能发生

【美联社罗马尼亚切尔诺夫策 9 月 15 日电】今晚，各国外交官们逃离了被战争蹂躏的波兰而到达罗马尼亚切尔诺夫策，称德军发起了新一轮的强大攻势，一路穿过波兰东南部，企图将波兰与罗马尼亚隔断。

据报，德军在南方的攻势正在加强，大批预备部队从德国涌来，空袭也正在加强。

有报告称，在波兰东南部最大的城市利沃夫正发生激战。这座城市在波罗边界的东北方，与两国边界相距仅 100 英里。

越过波兰边界到达这座城市的大队外交官里，有美国驻波兰大使安东尼・J. D. 比德尔及其夫人，他们的女儿佩吉・汤普森・舒尔茨，以及比德尔夫人的秘书玛丽・麦肯齐。自从离开被炮火轰炸的华沙后，这是他们的第四次转移。

车队共 60 人，在下午 6 点到达。其中还包括波兰外长的夫人贝克太太和他们的 3 个孩子，以及巴西、西班牙、意大利、比利时、瑞典、日本、荷兰、瑞士的外交代表。

已经人满为患的切尔诺夫策提供不了多少住宿场所，大部分的别国难民很快就设法离开，前往布加勒斯特。贝克太太已经前往巴黎。

外交官们说，因为受到德国飞机空袭的威胁，他们逃离了波兰政府的紧急总部扎列希基。他们说昨天有飞机从扎列希基上空飞过，顿时空袭警报大作，但没有炸弹落下。

扎列希基是波罗边界上的一个村庄，外交官们称扎列希基周边难民的情况变得令人绝望，并有迹象表明这些逃离纳粹战争的人可能会面临饥荒。

有外交官称，很明显，德国人现在决心不惜一切代价加快攻势，切断波兰与罗马尼亚的边界。雨季的苗头已经出现，促使德国人发动新攻势，以便在泥泞的

道路使军事行动陷入困境之前实现这一目的。

【罗马尼亚切尔诺夫策9月15日电】 这座城市成了逃亡外交官、新闻人员和波兰人的总部。经历了一整天惊心动魄的逃亡，各国外交官乘坐汽车一辆接一辆穿过波兰边界。

所有的汽车都做了伪装，并插有各自的国旗。车内装满了从枕头到电台的各种物品。当美国大使安东尼·J.D. 比德尔的汽车插着美国国旗到达时，数百名好奇的人们围住了这辆车。一支警察分队被派来维持秩序。

所有的旅馆都已客满。在边界上，罗马尼亚官员采取了严格的措施，彻底禁止无签证的难民通过。

今晚，有数千名逃避德军战火的波兰难民申请进入罗马尼亚，大部分遭到拒绝。罗马尼亚一份官方公报宣布，禁止来自波兰的，尤其是来自犹太人比例较高的加里西亚“所有普通人”进入罗马尼亚。

约一万名犹太难民徘徊在边界试图入境，这份公告彻底粉碎了他们当中大部分人的希望。

1939年9月，德军逼近，波兰难民逃离。

1939 年/9 月 17 日

英国建立商船护航队

美联社报道

【伦敦 9 月 16 日电】英国海军部今晚开始为商船紧急调动护航船只，原因是可靠消息透露，德国军舰在战争头两周击沉了 21 艘英国船只，总吨位达 12.2843 万吨。

在“一战”中，直到 1917 年英国才制定了使用护航队的措施。

细长的巡洋舰和迅捷的驱逐舰在航道上游弋。与此同时，皇家空军的飞机在全英国的天空中加大了巡逻力度，以防止军舰受到德国潜艇或水雷的攻击。

尽管有伤亡，但海军对海上形势表示乐观。

轻描淡写的报告

巡逻活动的增加，以及海军部谨慎地宣布“击沉了若干艘潜艇”的公告，被海军当局夸大成更为巨大的成功。

昨晚，8000 吨的比利时柴油机船“艾利克斯·范·奥普斯托”号在距韦茅斯不远处的英吉利海峡中被击沉。英国将此事归咎于德国，坚称是德国违反国际法，用水雷或鱼雷将船击沉的。

一份英国公报称：英国人没有在周边水域布设水雷，是德国未经通告便擅自在那片海域布设了水雷，并在未经警告的情况下袭击了商船，违反了德国自己签署的潜艇协定。（“艾利克斯·范·奥普斯托”号于 9 月 6 日离开纽约前往安特卫普，船上载有 8 名乘客和 3400 吨粮食。）

8 名乘客和 49 名船员从被击沉的“艾利克斯·范·奥普斯托”号逃生。据船长说，这艘船在其二号舱口附近发生了剧烈爆炸，然后折为两截。

成功逃生的人员搭乘英国油轮“印维尔利菲”号于今天抵达英格兰，他们讲述了潜艇艇长是如何在船爆炸起火时将他们送到安全水域的。三副阿尔伯特·兰称，在爆炸后，救生艇内的人们被商船燃起的熊熊火焰困住。

1939 年/9 月 17 日

甘地敦促英国“解放”印度

称一个自由的国家能与英国和其他盟国更好地共同捍卫民主

通过无线电发回《纽约时报》的报道

【印度沃尔塔 9 月 16 日电】莫罕达斯·卡拉姆昌德·甘地今晚对英国表示，如果英国让印度成为一个“自由独立的国家”，那么它就能得到一个全心全意的战争盟友。

他说道：“承认印度是一个自由独立的国家，在我看来是英国自称民主的必然结果。”

甘地先生要求，英国就民主政治与帝国主义提供一份关于战争目的的说明，又敦促国大党工委会无条件地向英国提供任何应给予的支持。

他要求英国“用诚实的行动履行其在战争前夕发表的自称信仰民主的声明”。

他说道：“问题是，大不列颠帝国是强行将一个不情愿的印度拖入战争，还是把它当作盟友、通力合作，共同捍卫真正的民主事业？”

1939 年/9 月 17 日

苏联军队于晚 11 时进入波兰；纳粹要求华沙投降，否则将对其进行炮击

西线战况一塌糊涂

合众社报道

【柏林 9 月 17 日电】德国宣传部的一位发言人称：苏联军队已于莫斯科时间今

日清晨 4 点（纽约时间星期六晚 11 点）开进波兰。

他声称，德国政府对苏军进入波兰完全知情，并且表示允许。

在这位发言人发表以上声明之前，德国的官方新闻机构德国新闻局已从莫斯科发来报道，称苏联政府已于周六晚照会波兰大使瓦克劳·格日鲍夫斯基博士，称苏军将越过苏波边界。

该机构称，苏联在发给波兰大使的照会中告知：北起波洛茨克，南至卡缅涅茨 – 波多利斯基，苏军将全线越过边界，目的是“保护我们自己的利益，并保护少数民族白俄罗斯人和乌克兰人”。

该机构还称，苏联政府告知波兰，军事行动不会改变苏联的中立态度，但又称苏联与波兰间的条约已被视为无效，因为现在无法认为波兰这个国家仍然存在。

苏军占领两个地区

【莫斯科 9 月 17 日电】苏联已经决定派遣苏军于今天穿过苏波边界，占领波属乌克兰和波属白俄罗斯地区。

非官方消息透露，苏联政府已于昨晚在莫斯科照会波兰大使，称苏联红军将在今天沿“波洛茨克至卡缅涅茨 – 波多利斯基”一线进入波属乌克兰和波属白俄罗斯地区。

据称，该照会的副本也已同时转交给各国驻莫斯科的外交代表，称实施这一军事行动的原因是波兰已不再存在。据说照会还称因波兰政府去向不明，所以波兰已不复存在。

据称，该照会已宣布“苏联将保持中立，但认为有必要保护波兰境内的少数民族白俄罗斯人及乌克兰人，并将采取一切措施维持和平和秩序”。（波兰不仅与苏联签订有互不侵略协定，还与英法两国签订有互助条约。英法两国据此承诺协助波兰抵抗任何侵略，以捍卫其独立主权。波兰人对该条约的援引迫使大不列颠帝国和法国于 9 月 3 日，即德军侵入波兰两天后，对德国宣战。）

苏军行动覆盖苏波边境全线

苏联人将沿整个苏波边境进入波兰。

该行动将大大扩展苏联与罗马尼亚的边界线。罗马尼亚控制着比萨拉比亚。这块土地是它在“一战”后从苏联手中夺来的，而苏联政府从未放弃过对这块土地的主张。

在与日本签署“和平协议”之后，苏联在半动员状态下派遣大批军队前往西部边界。随后便做出了开进波兰的决定。

据信，波兰驻莫斯科大使将会离开。英国大使可能也将离开，因为英国是波兰的盟国。

势不可当的人员优势

如有必要，苏联可以将近 200 万训练有素的士兵投入对波兰的战争。

苏共官方报纸《真理报》在 1939 年春季估算说，苏联和平时期的军队人数为 180 万。这一数字未包括数百万接受过部分训练、可征召入伍的预备役部队。

除了人员优势，该报纸还称，苏联拥有 9000 架飞机、3 万挺轻机枪、2.3 万挺重机枪、1600 门重炮和 6000 至 1 万辆坦克。

上周，苏联在一次动员行动中征召了部分预备役军人，外国观察家们称这些人大部分被派往西线，即波兰的方向。

1939 年 9 月 18 日

行动中的苏联强调“中立”

G.E.R. 戈迪
通过无线电发回《纽约时报》的报道

【莫斯科 9 月 17 日电】今天上午 11 点，苏联人通过大街上的扩音器得知苏联政府已于夜间开始了对邻国领土的入侵，颇感意外。在其他国家，战争行动之前会有议会辩论和长时间的报纸造势，即使在德国，也会先在国会开一次特别会议，而在苏联，战争是在开始数小时后才向毫无思想准备的人们宣布的。

莫斯科的人们今天回忆起以约瑟夫·斯大林为首的苏联领导人曾反复重申不

会要别人一寸土地，现在人们不禁会问："怎么回事？""我们国家要打仗了吗？对手是谁？为什么？"

"我们去波兰干什么？""我们不是签署了中立协定吗？协定已经表明我们要远离战争了，这到底是怎么回事？"

今天，苏联广播称，苏联各地召开了特别宣传会议，表明了各地对"政府的崇高行为"表示全面支持。然而，本报记者经过与外国观察家交谈发现，观察家们对此感到非常不解。

苏联承诺保持中立

当苏军进入波兰时，英法两国的代表，以及包括美国这样远离欧洲争端的其他国家的代表，都收到了苏联的照会，称苏联向他们保证将遵守对他们国家的"中立"政策。

英法两国大使正在等待各自政府对下一步行动的指示。在英国，人们普遍认为，除非波兰呼吁英国履行英波协定向波兰伸出援手，否则，眼下合适的做法就是撤回英国驻苏大使以表明对苏方的反对。

波兰军队正在抵抗苏军进攻的新闻在今晚引发了更为深刻的热议。外交人士认为英法两国可能会与苏联断交，甚至对它宣战。

但是，人们并不相信英法会采取任何突然行动。或许英法两国会先要求苏联对其行动做出解释，并确保其无意吞并波兰土地。各中立国的外交官很疑惑在这个关头，西方民主国家对苏联宣战有什么好处；尽管很明显它们总有一天将无法避免地要求苏联归还盟国波兰的领土。

同时，人们认为西方国家更有可能将精力集中在西线。在这场战争中，现有的禁运规定足以保证作为中立国的苏联不会做出任何倾向于德国的表态。

1939 年/9 月 18 日

日本加强对华攻势

关东军正被调往南方——不排除与蒋签订和平协定的可能性

【合众社东京 9 月 18 日电】今天，接近日本陆军省的消息人士称“可以很自然地认为”大批的日军正从“满洲国”与苏联边界处调往中国。

据称，苏联与日本已签署协定，停止“满”苏边界的战事。同时，日本首相阿部信行宣布，决定早日结束与中国漫长而未经宣战的战争。可以预见，日本在中国的军事活动马上会加强。

到目前为止，日本在与中国的战争中动用的大部分是二线预备役部队，其中很多人是已婚男子。但现在，据说日军精锐关东军主力部队将被投入与中国的战争，力图诱使中国国民党的蒋介石委员长投降。

据称蒋不必下野

据称，日本将愿意与蒋委员长实现和平，如果其愿意早日达成“合理”协定，将允许其继续掌权。

日本政府仍愿意以首相近卫文麿公爵于 1938 年 12 月发表的声明为基础与中国实现和平。据查，近卫声明未将蒋介石下野作为和平的先决条件。

日军在上周晚些时候开始向南昌以南的粤汉铁路地区运动。据悉，日军新攻势的第一阶段将是完全占领这条铁路，并突破蒋委员长在衡阳构筑的三角形防御阵地。

然后，日军将攻入云南，并切断滇缅公路，从而动摇中国的整个西南防御体系。

据查，蒋委员长在大约一年前放弃汉口时，设定了两个“最终”防区——一个在西南，可以得到经由滇缅公路及通向法属印度支那境内的公路和铁路运来的物资；另一个位于西北，以甘肃兰州为核心，可以得到经由陕西西安、兰州、苏联一线的货运公路运来的军需品。

消息人士相信，蒋委员长“现在认识到”这两个防区都是没有希望的，因为来自国外的军需品供应正在被日本切断。

蒋称战斗在继续

【重庆9月17日电】今晚，蒋介石委员长参加在重庆召开的国民参政会，在会上发表了自欧洲战争爆发以来他关于外国事务的首次公开讲话。他宣称，尽管欧洲爆发了战争，但中国必须坚持执行武装抵抗日本侵略的既定政策。

“欧洲的战争将使我们以更强大的力量和日本进行战斗，”他说道，“因为我们自信能赢得最终的胜利，我们相信中国在重塑国际新秩序中具有不可或缺的

1939年，抗日战争期间，中国河北省北部的日本部队。

地位。”

蒋委员长称日本对欧洲战争的不干预政策表明，日本不希望欧洲或美国干预中日冲突，因为日本的目的是建立它所谓的“东亚新秩序”，将其自身置于亚洲的主导地位，且一家独大。

对于中日战争的局势，蒋委员长宣称：

“我现在可以表示，与战争爆发之时相比，我们现在的军事力量已经增长一倍以上。……日本已经人力枯竭，已被击败。”

1939 年 9 月 18 日

社论：苏联背信弃义

在波兰几近彻底溃败走投无路之时，苏联对波兰的入侵足以充分或至少在一定程度上揭示，《苏德互不侵犯条约》背后的某种默契。毫无疑问，这是希特勒和斯大林一手安排的交易。斯大林表面上一直在与法国和英国磋商建立反纳粹联盟的事宜，但为了这一交易，他准备背信弃义。德国杀死了猎物，苏联要抓住德国丢弃的那部分尸体。它将充当德国雄狮的鬣狗这一不光彩的角色。

多年以来，苏联这种公然背叛盟友的惯用伎俩为世界人民所熟知、所深恶痛绝。因为波兰“几近名存实亡”，苏联“有权”践踏与波兰的任何条约。

苏联政府认为“伸出援助之手”是对其亲爱的兄弟乌克兰和白俄罗斯履行“神圣职责”。不管怎么说，波兰政府已经被谴责为“腐朽不堪”而且一直在“迫害”其国内少数群体，仿佛苏联对待少数民族的观点会是多么亲切友善。这种伎俩就是，先谴责邻居是个无赖，再掠夺他的财产，并杀死他的妻儿老小。

在这个不祥的互不侵犯条约背后，到底还会有什么样的进一步的协定和进展？比如，在重新瓜分波兰之后，是重新划分罗马尼亚还是直接驱兵巴尔干地区的国家？是将其吞并还是收为其附庸国？无疑，不消多时，答案就能揭晓。很可能，如果能选择的话，苏联并不打算参加到战争中去，而是稳稳守住其重新获取的领土或新的财产。但无论怎样，波兰的前景已经无可挽救，而英国和法国的前景也是一片暗淡。英法两国面临的更大威胁来自亚洲的日本。而德国处于很明显的优势，能够得到珍贵的补给，尤其是其机动化作战所迫切需要的石油。

不过，德苏两国作为实质上的伙伴，至少不会就短期目标携手反对西方民主国家。随着两国之间的距离的进一步压缩，随着缓冲国的日渐缩小或消失，德国和苏联两国政府间的不信任肯定会增加。希特勒曾在《我的奋斗》一书中表示“苏联当局根本不想进入联盟或保持联盟”，显然，希特勒现在仍持这样的观点。他必然相信苏联领导人是“一种恐怖的混合体，具有非凡的撒谎天赋和兽性”，苏联领导人无疑也是这么看待希特勒的。在这种条件下，真正的或长久的联盟不可能存在。两国政府只有在分割“两国之间”无助的国家时才能步调一致，但是“分割所致的分歧也在所难免”。

这一结盟带来的最直接影响必然是道德和“意识形态”的彻底改变。现在局势变得明朗了。大家心中关于德苏关系的疑惑终于得到彻底解答。因为，至少在过去的 15 年中，共产主义和法西斯主义是相互依赖着生存的。二者都声称自己是对方真正的对手以及唯一不可战胜的敌人。有相当一部分德国人之所以忍受希特勒，是因为他们认为他是唯一的希望，可以像他一再夸口的那样，把他们从共产主义中拯救出来。他构想了《反共产国际协定》，并向世人摆出一副共产主义首要劲敌的姿态。尽管斯大林一贯蔑视西方的民主，但是他多年来一直虚与委蛇地与西方民主国家联手对抗法西斯主义；他通过培植卫星国、培养党羽和扶植傀儡形成“人民阵线”与国家间的联盟，以“反对战争，对抗法西斯主义联盟”。

如今，所有这些幌子和谎言一起坍塌了。现在，这些最蠢蠢欲动的辩护者所谓的诚意除了白痴之外没有任何人信服。真相终于大白于天下。希特勒是褐色的共产主义，斯大林主义是红色的法西斯主义。世界终将明白“意识形态”的真正问题是一手叫嚣民主、自由与和平，一手玩弄专制主义、恐怖和战争。

1939 年 / 9 月 22 日

白宫加强戒备　保护罗斯福安全
费城妇女和平团体试图闯进众议院翼楼

小费利克斯·贝莱尔
发回《纽约时报》的特别报道

【华盛顿 9 月 21 日电】今天，罗斯福总统前往国会参加参议院和众议院联席会议，就美国中立问题发表讲话时，美国动用了自第一次世界大战以来最为煞费苦心的防范措施以保障总统的人身安全。

甚至在罗斯福先生离开白宫之前，他要经过的街道都已经加强了巡逻，国会大厦及庭院也是戒备森严。总统将在众议院翼楼发表讲话，走廊的关键位置都设置了路障，房间的每个入口处都有一名特勤局特工把守。

身穿制服的警卫，国会大厦的守卫和都市警察，联邦特工和华盛顿的侦探，组成了可谓有史以来绝无仅有的阵容。以保护总统人身安全为首要任务的人忧心忡忡，从其他城市调动了大批私人侦探来到华盛顿，以应对突发危机状况。

1939年，罗斯福总统在白宫。

所有窗户都受到严密监视

罗马尼亚首相卡利内斯库遇刺的消息，让便衣特工和城市侦探数量骤增。他们在通往众议院会议厅的走廊和门口晃来晃去。财政部所有没有派出去的特工都被调来执行保卫工作。

总统从国会大厦西翼出去的时候，他的专车早已在等候。安保人员严阵以待，监视着附近大楼的每个窗口。在国会大厦与周围草坪的空地上，特勤局特工沿着栏杆来回踱步。每个角落和出入口都处在严密的监视之下。

当总统前往国会大厦时，他总是由警方的护卫车队护送。今天，护卫车的数量比往常更多。在总统专车的后方，每侧各有一辆特勤局汽车保驾。

有史以来第一次，特勤局接管了众议院门卫的职责。会议厅需要凭门卡出入。训练有素的特工仔细地审查为数不多的持卡入场者，试图从他们的表情和服装上找出任何可疑的迹象。

一旦总统进入会议厅，任何人都不得出入。所有入口处的大门一般情况下只有在众议院夏季休会时才关闭。而现在，所有的大门都紧紧关闭，罗斯福开始了演讲。

记者席的预防措施

在总统莅临的筹备工作中，记者席也未被忽略。二楼的记者席安置了特勤局特工以防未经授权者的进入，记者撰写新闻稿件时也有特工在隔壁房间走来走去。

早晨，一来到白宫行政办公室，记者们就发觉之前所进行的准备工作之周密。所有的大门都半敞着，这样白宫的守卫就可以很轻易地进行监视。那些一时间认不出来的人被要求出示证件。前来观光的人群和其他行人都被挡在了白宫庭院之外。

实际上，从总统离开白宫到返回，特勤局的特工始终簇拥在他左右。他出现在寓所南面的草坪上、准备前往国会大厦时，他们就在他的汽车周围。他进入众议院会议厅之后，特工人员也待在附近保持戒备。

气氛一直处于非常紧张的状态。直到罗斯福先生的车队从国会大厦驶出，到达出发地白宫南面的草坪之后，随着大铁门的关闭，气氛才稍有缓和。

由于几百名费城人的出现，维持国会大厦内部治安的任务并不轻松。这些人声称代表宪法权利保护委员会，在全体参议员从参议院翼楼前往众议院会议厅的途中，他们对部分参议员提出抗议。

有一组人企图冲击众议院翼楼的入口，国会大厦的警察挡住了他们的去路。对此，有几名妇女表现得非常愤怒。

其中一个说道："我还手持国旗呢！"

另一个大喊道："我们是母亲。""我们不希望自己的孩子去打仗。我有 6 个孩子，她有 7 个。"

最终，众议员路德·A. 帕特里克赶到了现场。

他问道："国会做了什么事让你们感到如此委屈？"

一个女人喊道："我们就是不想让它做出任何事情使我们感到委屈。""你是共产党员吗？"

"不是。"他肯定地对她说。

"真的？"她说，"但是你看上去很像。"

1939 年 9 月 26 日

《纽约时报》读者来信

《纽约时报》大多数来信主张废除军火禁运

《纽约时报》编辑敬启：

在我看来，贵报的《读者来信》专栏以及其他地方关于废除禁运令问题的讨论，忽视了我们政策的一个基础性事实——支援盟友，压倒性的民意支持。

盖洛普民意调查和《财富》调查显示，我们支持不参与欧洲战争的观点有一个前提，即盟军能够在没有支援的条件下取得胜利。这两项调查都揭示了颇为广泛的群众意见，那就是，万一盟军开始抵挡不住的时候，就赞成我国参战。我想，言下之意就是说，制定一个可以帮助盟国赢得战争的中立政策，才是使我们远离战争的上上策。因为，一旦我们参与进去，盟国在战场上会减少很多压力，甚至可能所向披靡。

德国的如意算盘就是让我国远离战争。有一些概念论者认为，在战争背景下，废除武器禁运是对德国的不友善行为，很可能将我们卷入战争。对此，我不能苟同。只有在某次战争成为历史后，“战争行为”一词才具有具体性。与取消禁运相比，过去很多更小的事件都被称为“战争行为”，而且很多严重得多的事件往往被忽略不计。

如果德国作为主权国家想借口废除武器禁运是对它的战争行为，对我国宣战，那么，废除禁运就会被当作战争行为。反之，如果德国什么也不做，那么废除就是废除，它既不是一种战争行为，也不是让我们卷入欧洲战场的不友善行为。

尤金·V. 罗斯托

1939 年 9 月 23 日康涅狄格州，纽黑文

赞成按国际法实施中立

《纽约时报》编辑敬启：

大多数美国人民都希望和平。他们站在罗斯福总统一边，支持他在国会演讲中所发表的意见。

但是，有一点需要注意，支持总统的虽占大多数，但都是一些没有被组织起来的群众。而那些反对总统，或者说反对总统观点的人虽只占少数，却是被极为有序地组织起来的。

在这种情况下，如果总统的建议被这些有组织的反对派施压击败的话，那将是多么的不幸和遗憾。因此，那些支持他的人应立即采取有效措施，以牵制或克服这股反对的势力。

我和任何美国人一样渴望和平，但没人比我们的总统更渴望和平；我们都想避免卷入战争。我们可以通过废除禁运并依据国际法实施中立以最好地保护自己，而且就应该如此。与此同时，通过废除禁运，我们可以与英法两国重新建立

良好关系。它们与我国有共同的切身利益，还有战胜德国的优势，而德国的政策几乎遭到所有人的反对。

朱尔斯・施拉佩尔
1939 年 9 月 23 日布鲁克林

1939 年 9 月 29 日

社论：战时新闻

在报道战争进程时，必须秉承去伪存真、小心谨慎的精神。在分析和平进展时，这种精神同样重要。最近几天，英国断然否认了德国官方所谓的纳粹空军在北海上空袭击了英国舰队的言论。无独有偶，罗马称教皇正在通过与中立国的外交活动，促使英国和法国就以波兰作为缓冲国一事举行和谈，但该报道也被否认。我们的记者说，这个未经证实的故事在罗马广为流传，一名驻柏林的意大利记者也曾多次谈起。后来，梵蒂冈声明罗马教廷没有进行这方面的尝试，还说该报道起源于德国。

这些与事实完全相悖的言论因眼前这场战争而起，且日渐甚嚣尘上。比起真刀真枪的战争，这种借助“外交轰炸”与虚假宣传的斗争更为激烈。这些言论不同于眼下正在进行的莫斯科和谈引起的相互矛盾的解读。这些完全是故弄玄虚。在克里姆林宫的秘密对话结束之后，斯大林与希特勒的分歧也只限于在西线和东线该采取何种后续行动。

然而，美国公众越来越不受这种矛盾报道和诡计的蒙蔽。政府声明大多充满欺骗与谎言，公众在筛选证据和评估可信度方面越来越老练，堪称专家。在历史上，美国很少像现在这样面对危机表现得如此警醒、如此审时度势、如此自觉负责，而这种清醒和警觉的主要原因就是我们能获得种种讯息，尽管它们经常自相矛盾，但比其他国家能获得的讯息更加完整、更加可靠。我们的位置独特，可以听到各种相互矛盾的声音，因而可以从现有的证据得出结论。美国能接收到各种各样的呼吁和宣传绝非偶然。这是对我国报道自由、言论开放的一种认可，同时也是一种致敬。

1939 年／9 月 29 日

塔林方面屈服

苏联军机飞越塔林上空　敦促爱沙尼亚投降

G.E.R. 戈迪

通过电报发回《纽约时报》的特别报道

【莫斯科 9 月 29 日电】今日凌晨时分，版图几经变化的欧洲地图虽未进行任何直接变更，爱沙尼亚共和国实质上已经不复存在了。

仅凭签署的两项标榜为“相互援助”和“贸易协定”的条约，这个波罗的海沿岸的小小共和国就全面臣服于苏联，不仅将海军基地和机场双手奉上，还放弃在境内保留军事力量的权利。

苏联曾称已在爱沙尼亚的海域发现不明潜艇出没，爱沙尼亚完全听出了苏联话语里的弦外之音，将其自身的安全和民族存亡的钥匙拱手交给莫斯科，虽然从俄国沙皇统治倒台、苏联成立之时起，后者就已经是这把钥匙的主人。

6 天后，“互相援助”协定将在爱沙尼亚首都塔林经双方互换批准书后正式生效。协定有效期为 10 年，期满后　年内除非任何一方声明无效，否则将自动延期 5 年。

协定是由苏联人民委员会主席兼外交人民委员维亚切斯拉夫·M. 莫洛托夫和爱沙尼亚外交部长卡尔·赛尔特共同签署的。

协定中的条款

苏联—爱沙尼亚协定的条款为：

第一条。如果任何欧洲列强直接入侵两国在波罗的海的海域或领土，抑或是跨过拉脱维亚共和国入侵，或攻打协议第三条中所提及的苏联设在爱沙尼亚的基地，缔约双方将要给予对方一切的援助，包括军事援助。

第二条。苏维埃社会主义共和国联盟将以优惠的价格为爱沙尼亚提供武器和其他军事装备。

第三条。爱沙尼亚共和国保证苏维埃社会主义共和国联盟根据约定以合理的价格租赁位于爱沙尼亚法奥那、希乌马、塔列茨卡和伯莱什蒂等 4 个岛屿上的海军基地和机场。基地的确切地点及其边界由双方协商决定。

为保护基地和机场，苏联可在爱沙尼亚保持数量有严格限制的陆军和海上部队并自行承担其费用。苏联驻军的人数限制应通过专门协议另行决定。

第四条。双方同意不参加任何直接针对另一方的联盟。

第五条。该协定不影响缔约双方的主权权利、经济权利或国家组织权利。

1939 年 / 10 月 1 日

希特勒称占领波兰，现在愿意停止战争

将对英法两国提议“讲和”，并暗示如果遭拒，苏联会出手相助

埃德温·L. 詹姆斯

波兰已被击垮，并被德国和苏联两国瓜分殆尽，希特勒认为英国和法国应该停止对德国的战争。希特勒的论点是，如果伦敦和巴黎因践行其保护波兰的承诺而向柏林宣战，那么从现在起，为波兰而战已毫无意义，因为波兰已经不复存在。据悉，意大利可能会建议和谈，希特勒已经召集德国国会于下周开会。

看起来，希特勒预料到英国和法国会对他的建议充耳不闻。他正准备告诉德国人民，民主阵营实际上是在摧毁德国，他将要领导的战争是为了拯救第三帝国免遭灭亡。

当然，正如德国人所声称的那样，希特勒的话是有一定逻辑的。然而，还有

无法预计的因素影响着这种逻辑。当英法两国在向波兰做出保证时，心中所想的绝不仅仅是保护波兰独立那样简单。波兰在某种程度上已经成为一种象征。换句话说，伦敦和巴黎是在寻求结束希特勒侵略的方法，因为其侵略似乎毫无节制，更确切地说，超出了希特勒设定的限制。从这个角度来看，波兰的灭亡非但没有结束战争，反而构成了继续战争的理由。

和谈会带来什么

自然，这是希特勒打算引起张伯伦和达拉第注意的重要措施。在西线，战争从未打响，因此，德国提出，既然战火没有烧到那里，那些有关各方应该忘记此事，解散自己的军队，返回老家。英国和法国领导人不得不要考虑的是："这对我们意味着什么？"

德国开始的计划是，将更多的德国人纳入第三帝国，并一再强调——只要德国人。在很多地方，不乏有人对此计划深以为然。但是，当希特勒来到布拉格把数百万捷克人纳入第三帝国的时候，他的计划已经变质了。世界各地的人们据此认为，该计划只不过是帝国主义野心的一件外衣。

现在，在波兰境内重新划定的版图使得无数波兰人被划入德国，而这些波兰

1939 年，德国总理阿道夫・希特勒在纳粹集会上。

人与德国根本毫无关系。这更加背离了希特勒所吹嘘的计划。

德苏勾结，沆瀣一气

多年来，希特勒为自己树立了一个捍卫世界、反对共产主义的伟大骑士的形象。现在却在对波兰的侵略中与斯大林结为同伙。希特勒想把世界上所有的德国人会聚在一个幸福的大家庭里。现在，他离这个计划更远了。《反共产国际协定》多年来一直是他外交政策的中心，但现在看上去像是在迷雾中丢失的希望一样。没有人知道迷雾散去时，会发生什么。

此外，柏林方面现在威胁称，如果英国和法国坚持战争的话，苏联将积极为德国提供军事帮助。希特勒已信心满满地宣布了所做的安排，称苏联将成为德国的供应基地。无论人们相不相信德国会让苏军越过其领土奔赴西线作战，但毫无疑问，希特勒是在威胁要调动苏联的军事力量协助自己，至于威胁是否会成为事实则另当别论。

在这种前景下，如果英国和法国现在同意停止对德国的战争会怎样？它们会面对什么样的未来呢？如果它们允许希特勒享受其战利品波兰而不受惩罚，那么欧洲大陆又会怎样呢？另一方面，有一点还不明朗，它们应该问这样一个问题：如果它们跟德国作战失败，又会怎样呢？

英国和法国现在停止这场战争意味着德国可以放手与苏联进行经济合作，并且在未来的两三年内变得更强大。这也就意味着希特勒和斯大林几乎可以肯定会继续在中欧和波罗的海地区进行扩张。换句话说，这意味着英国和法国在不远的将来，将面对一个更严重的危险，除非希特勒改变自己的企图——这是英法两国并不相信的。

墨索里尼的立场

墨索里尼现在如坐针毡。当他建议和谈的时候——如果确有此事，那么驱动他的绝对不只是利他主义。人们不禁要问，在一场持久的战事中，亚平宁能够保持中立吗？要知道，它可是德国的盟友和粮食供应商。现在看来，亚平宁半岛即将面对这个难题并做出明确决定。如果某一天，伦敦方面和巴黎方面要罗马方面采取一个更加坚定的立场，那么墨索里尼将会骑虎难下。他现在不得不考虑的是，今天的意大利是否会像上次一样有6个月的时间来决定到底走哪条路。

这可能会妨碍墨索里尼，而且他还将收到伦敦方面和巴黎方面的答复。

如果没有猜错的话，似乎从现在算起，一周内战争还会继续。事实上，这种猜测十拿九稳。

1939 年
10 月 4 日

佛朗哥愿助力恢复和平

称“这场战争太荒唐了”，不存在迅速决定胜负的可能

通过无线电发回《纽约时报》的报道

【马德里 10 月 3 日电】弗朗西斯科·佛朗哥大元帅宣称“这场战争太荒唐了”，并且“不存在迅速决定胜负的可能”。他今天呼吁交战各方和好，以德国为堡垒对抗苏联的意识形态。

这是佛朗哥将军在其命令西班牙“严守中立”之后，首次发表声明。其时，他正在接受马德里新闻协会会长曼纽尔·阿斯纳尔的采访。

佛朗哥将军说：“西班牙将尽一切努力来调解目前的交战各方。我们希望借此全力履行我们国家的使命，捍卫对西班牙来说神圣的西方文明。”

说到苏联——西班牙在最近的内战中的敌人——与德国的意外结盟时，佛朗哥将军宣称道：

“苏联人对欧洲的入侵是极其严重的罪行，没有人可以隐瞒这一事实。

“鉴于目前已经发生的一切，有必要迅速达成一些措施，以避免更大的损害。必须把邪恶力量降到最低，避免在欧洲东部出现一些新的更强大的力量威胁我们的欧洲精神。

“没有西欧的和平，这一点将很难实现。德国会成为一个足够强大和坚实的堡垒，阻止苏联这个扩张中的大国在欧洲实现其政治和社会目的。”

1939 年 10 月 4 日

托洛茨基称美国将参战
断言只有华盛顿能使苏联转变，放弃支持德国

列夫·托洛茨基
北美报业联盟

【墨西哥城 10 月 3 日电】即使对那些一直密切关注局势的观察家来说，苏联的政策仍是太变幻莫测了。克里姆林宫传统的国际关系政策与时俱变，但是政策制定思路不外乎以下内容：

自从很久以前起，英法两国经济发展规模就跟不上其殖民扩张的进程了。必须有新的战争出现来推翻那些帝国。克里姆林宫说，聪明的机会主义者莫罕达斯·卡拉姆昌德·甘地已经提出了印度独立的需求，这绝非偶然。

而这仅仅是个开始。如果没有美国作为英法两国的后盾，那么其他国家把自己的命运与它们绑在一起，就意味着提前自取灭亡。

开战后第一个月内，在西线的“行动”只能加强莫斯科现有的地位。法国和英国决定尊重比利时、瑞士的中立立场，也没有向德国的齐格菲线发起猛攻。但是，一旦真正的战争爆发，必将动摇这两个国家的中立。很显然，英法根本不想真正发动战争，而且它们还未得到美方许诺“一旦失败，美国不会无动于衷”。

莫斯科认为，英法两国态度上的模糊和举棋不定，实际上是一场“针对美国”的军事罢工，而不是对德国的一场战争。

在这些条件下，约瑟夫·斯大林与阿道夫·希特勒不可避免地在 8 月协定的基础上补充了一份 9 月协定。这种代数公式型的协定作为一种外交文书，其真正意义还得取决于接下来一周中战争的进程。

斯大林谋求避免战争

要想让莫斯科不干预希特勒方面的反殖民帝国事务几乎不太可能。斯大林先生之所以加入极不受欢迎的希特勒集团，只是为了让克里姆林宫免遭战争的侵犯

和干扰。但这之后，因为希特勒集团，苏联还是卷入了一场小规模的战争。在这场大型战争的间隙，莫斯科抓住机会，在波罗的海和巴尔干半岛地区进行新的征服行动。

然而，有必要从世界战争的角度审视这些区域性的征服。斯大林先生想要保留这些新占领的区域，他或早或晚将必须巩固现有的权力。他所有的政策依赖于这一时刻的推迟。

但是，即便莫斯科与柏林不太可能在西线进行直接军事合作，苏联对德军的经济援助也不能低估，否则这就是不折不扣的轻率之举。且德军还对苏联提供技术支持，尤其是在交通运输方面。当然，虽然英法极具重要性的封锁不会被彻底击溃，但肯定会大大削弱。

在这些条件下，德苏条约会产生两个后果：第一，这场战争的时间将大大延长；第二，美国的干预将迫在眉睫。撇开一切不说，这种干预是绝对不可避免的。

因为这是一个争夺世界版图的问题，美国不可能等闲视之。

美国的干预不仅有能力改变莫斯科方面的立场，而且也能改变罗马方面的选择。但是，说到底，这一切还没有发生。克里姆林宫的经验主义者对于目前的状况是脚踏两只船。他们不相信英国和法国会胜利，因此他们紧跟德国。

要想让克里姆林宫改变政策，切实可行的办法就是，有必要给希特勒先生一个重重的打击，这样斯大林先生就不会再怕他。从这个意义上讲，目前克里姆林宫的政策的关键在华盛顿。

1939 年 / 10 月 7 日

达拉第拒绝希特勒的建议

声明法国将会争取建立“真正公正和持久的和平制度”

P.J. 菲利普

通过无线电发回《纽约时报》的报道

【巴黎 10 月 6 日电】就希特勒总理在德国国会发表的演讲，法国总理爱德华·达拉第今天下午做出答复：“我们必须坚持这一强加给我们的战争，直到赢得胜利。唯有如此，才能在欧洲建立一种真正公正和持久的和平制度。”

达拉第总理是在参议院外事委员会会议上发表这一讲话的。会上，他被要求全面阐述法国的外交立场。所有委员都出席了会议，在会议结束前，很多人都对总理的这一讲话提出了质疑。达拉第的论点和几天前在下议院外事委员会所表达的没有变化，他依然认为法国和英国参战是在结束侵略统治、结束每6个月一次的动员。

他说·“英法两国想要持久的和平，而和平依赖于践守诺言、履行承诺，并将保证法国和其他一切国家的安全。”他强调，这样一种和平将排除欧洲的所有专制主宰，但只能建立在人民自由主宰自己生活的权利上。

在这种和平得到有效落实之前，他宣称，无论法国还是英国都不会放下武器。

法国总理爱德华·达拉第

不确定性依然存在

但是，在整个欧洲，数百万人拿起武器挺身而出。他们是否会参加战斗、在什么地方参加战斗，这些问题现在尚未明确。罗马—柏林轴心国、《反共产国际协定》及第三国际如何才能达成一致，在哪里达成一致，也是未知数。

这种困惑并不局限于法国。每个国家都正在经受着同样的困惑。虽然处在困惑中，法国依旧坚持着一个坚定的信念，认为法国人民和法国的马其诺防线足以抵抗任何袭击，无论是持久战还是闪电战。

法国人知道，无论是他们自己，还是任何其他国家的人民，都不想欧洲成为希特勒模式的欧洲。无论是必须静观其变、等待胜利，还是为胜利而战，他们都已做好了准备。他们也相信，无论希特勒如何时而以自己的条件承诺和平，时而威胁进一步扩大战争，英国政府、人民和军队都会镇定自若、坚持自己的立场。

1939 年/10 月 7 日

丘吉尔唤醒国人

在所有领导人中，他最能激发人民的自信和拼搏精神

詹姆斯·B. 赖斯顿

通过无线电发回《纽约时报》的报道

【伦敦 10 月 7 日电】大不列颠的温斯顿·丘吉尔很赞同诗人弥尔顿所写的“宁在地狱称王，也不到天堂为仆”。他在战争开始后的 5 个星期内一举成为大不列颠最鼓舞人心的人物，并最终取替了 70 岁的首相内维尔·张伯伦的影响力。

丘吉尔先生骨子里就有战争因子。他就像一位快乐的老拖船船长，头顶一顶破旧不堪的水手帽，嘴叼一支熄灭了的雪茄。不管是外形上，还是讲话的声音上，他都堪称真正的领袖。在英国，他比任何人都更能给人以信心。

在报纸上，更重要的是，在酒吧里，人们开始谈论他，并带着欣赏的微笑，赞同他那种愤愤不平的态度。作为一个内阁成员，他给人的印象就是对反阿道夫·希特勒的斗争乐此不疲。他在讲话中抛开了反对党含糊其词的外交辞令，转而使用直率易懂的语言。

完美的男人

1900 年，丘吉尔先生去美国讲学，当时由马克·吐温为嘉宾做介绍。“女士们，先生们，”这位美国幽默家说，“今晚的主讲人是温斯顿·丘吉尔先生。从他父亲那边来看，他是一个英国人；而从他母亲方面来看，他又是一个美国人。瞧瞧，这简直是一位完美的男人！”

丘吉尔的美国血统很重要。他从母亲那里继承了美国人的坦率，但也正是这种坦率曾让他树敌颇多、让他迟迟进不了唐宁街10号。然而今天，坦率对他是百利而无一害的。

人们曾经谴责他害怕苏联和日耳曼人，是一个不负责任的天才。但是现在，即使是老挑他刺的评论家们似乎也同意，丘吉尔会成为一名伟大的战时领袖。在德国人对他的恶意中伤里，英国人得到一个信号，德国是因为害怕他、敬佩他才诽谤他的。人们开始相信，只有他才具备足够的感召力和智慧带领大英帝国度过其历史上最严重的危机。

1939年4月，温斯顿·丘吉尔在伦敦市长官邸发表地方白卫队征兵演说。

1939年
10月13日

张伯伦称阻挡和平的是德国当局

雷蒙德·丹尼尔
通过无线电发回《纽约时报》的报道

【伦敦10月12日电】今天，内维尔·张伯伦首相代表大不列颠在国会下议院，对阿道夫·希特勒总理提议的“白色”和平做出答复。张伯伦首相以慷慨激昂的语气坚定地说“不”，得到了所有党派发言人的呼应。

在一片欢呼声中，张伯伦先生声明，如果希特勒希望同盟国相信他想要和平，那么请付诸行动，而不是停留在口头上。这样，这名出身于商人的英国领导人，终于向昔日奥地利油漆工、如今的德国元首希特勒摊牌了：要战争，还是和平，现在已经是决定性的时刻。

张伯伦先生指出，希特勒先生从没有明确表示也没有暗示有任何意向或愿望来改正他在波兰和捷克斯洛伐克所犯下的错误。即使有，鉴于他以往动辄背信弃义，他的任何许诺都需要有实实在在的保障。

张伯伦首相表示，各国人民是如此热切地向往和平，横亘在全世界与和平之间的唯一屏障就是德国当局。

张伯伦先生的演说表明，由于寻求和平的希望频遭毁灭，他已从和平的信徒转变为实干家和斗士。有些人认为，张伯伦断然拒绝了希特勒的和平条款，将成为纳粹全面发动战争的导火线。但是，德国人的炸弹没有在英国的港湾落下，他们在西线也没有立即发动任何攻势。

张伯伦先生开始讲话时，下议院旁听席上坐着尊贵的奥古斯特·扎勒斯基。他是在纳粹德国占领波兰后，在法国领土上成立的新波兰政府的外交部长。在今天下午的会议之前，他受到了英王乔治六世的接见，并且阅读了首相讲话中关于同盟国对待波兰复国一事态度的段落。

在旁听席上的阿根廷、比利时、巴西、中国、埃及、法国、苏联、西班牙和波兰的大使也专心地聆听了讲话。在他们旁边就座的是挪威、瑞典、瑞士、保加利亚、伊朗、南斯拉夫、拉脱维亚、荷兰、罗马尼亚、利比里亚、丹麦、尼泊尔、芬兰等国的部长或大臣，以及南非、澳大利亚、加拿大和爱尔兰等国的高级专员。

从一开始，下议院就已经知晓张伯伦先生答复的内容，因为在会议之前该答复已经以书面形式告知法国和英联邦其他成员国了。首相讲话时意志坚定且胸有成竹，颇具领导风范。他面色冷峻，声音异常洪亮，与此前对独裁者持绥靖外交政策的形象判若两人。区别于以往一贯的姿势，他今天没把一只胳膊肘压在财政部的桌子上，而是僵硬地挺直身子，远离放着自己手稿的讲台。

英拒“白色”和平，迎来一致欢呼

会议伊始，所有与会者像诉讼当事人一样全神贯注，聆听法官的意见并试图弄清楚究竟法官是支持还是反对自己。声明很快就提到，不列颠的立场是：应通过协商而不是武力解决国际争端。英国不能接受希特勒的条款，但同时也不想丧失荣誉或放弃立场。

当声明中提到，英国愿意为了理想而战，且坚决反对不战而屈时，听众席上响起一片欢呼声。随着首相的言辞越来越明确，下议院的热情开始增长，到最后，他每说一句话就会迎来一阵欢呼。反对派的领导人也都争先恐后地赞同应该拒绝希特勒的和平条款，同时，他们对英国没有详细阐述战争目标表示失望。

1939年／10月15日

潜艇击沉英国战舰；"皇家橡树"号1222名乘员仅396人获救；近期将签订《苏芬协议》

雷蒙德·丹尼尔
通过电报发回《纽约时报》的特别报道

【伦敦10月14日电】德国潜艇发射的一枚鱼雷将"皇家橡树"号战列舰击沉，致使800多个英国家庭悲痛不已。

船上人约有1200名官兵，只有378名已确认获救。今晚，海军部表示，其他人员或已悉数失踪。（在午夜前几分钟，海军部发布了另外18位获救者名单，生还人数增至396人。然而，仍有804人下落不明。合众社报道。）

自9月3日战争爆发以来，这已是庞大的大英帝国第二次在海上遭德国攻击。战争爆发两周后，"勇敢"号航空母舰被一艘潜艇击沉，造成518人丧生。

尽管英国的海上力量要明显强于德国，些许损失无伤大雅，但是在政府层，人们哀悼的是那些已经失去的活生生的生命，而不是钢铁铸就的船只。

担心船只遇袭会迅速下沉

这场灾难带走了太多人的生命。海军部在调查伤亡巨大的原因后，得出的意见是，这艘船在被击中之后，肯定是迅速下沉。虽然，英国海军的船舶为每位乘员都配备了救生衣，而且另有30%的紧急备用救生圈，但是据说这些救生衣常

英国海军“皇家橡树”号战列舰。1939 年 10 月 11 日，在苏格兰东北部英国海军基地所在的斯卡帕湾，该舰被德国潜艇发射的鱼雷击沉。

存放在下层夹板中，可能只有少数船员来得及去取。据说，大多数得救的人都是靠卡利救生筏和木筏逃生的。

人们还说，即使身穿救生衣，也只有最强壮的游泳者才能在北海那冰冷的海水里撑下去。

猛烈的东北风给救援工作带来了很大阻碍。目前，尚不知晓是否还有别的原因导致乘员伤亡。但据参与“勇敢”号救援工作的人称，“勇敢”号遇袭后，燃油泄漏，海面覆着几英寸厚的油，航母下沉后，很多人因此溺亡。

海军部发布的第一批幸存者名单中只有寥寥几个名字。晚些时候，海军部宣布有 378 人获救，包括舰长 W.G. 本、副舰长 R.F. 尼科尔斯，两人分别是第一和第二指挥官。

1939 年／10 月 16 日

陆海军加拨数十亿美元军费实施扩军计划
将建造巨大吨位的新军舰

汉森·W. 鲍德温
发回《纽约时报》的特别报道

【华盛顿 10月15日电】陆军和海军预计将在未来几个月进行大规模扩军计划，计划已准备提交总统和国会批准。

这些计划中，大部分预计需要大笔额外支出，可能需要在下一财年的国防预算基础上增加近 20 亿美元。这些计划已经准备就绪，在关于《中立法》的讨论完毕后，将提交给本届国会特别会议审批。

然而，人们普遍认为，国防立法要等到 1940 年 1 月国会的常规会议上决定。

进一步加强海军的计划严格保密，具体细节有待总统或国会宣布。人们议论纷纷，有部分公众已表示赞成《两洋海军法案》，以建造一支在实力上足以媲美太平洋舰队的大西洋舰队。该项目最终将耗费数十亿美元。

《两洋海军法案》遭质疑

尽管美国海军部官方发言人曾指出，提出的所有方案都是出于总统和国会的意愿。据信，海军不会建议任何大型的扩军，不会像《两洋海军法案》这一说法所隐含的那样。

无疑，这一方案不仅会进一步加强我海军在大西洋的实力，同时还可以补救我们的主力在太平洋中的某些明显不足。

海军现有 15 艘现役战列舰，其中 12 艘属主战部队，其余的在大西洋，还有 8 艘正在建造中。下届会议上可能要提出另外建造两艘 4.5 万吨的战舰，这样建造中的船只将达到 10 艘。现在，我们已有 5 艘航母，2 艘航母正在建造中，可能会要求建造更多的航母。此外，还将提出建造潜艇和驱逐舰，当然，还有巡洋舰。

如果舰队或我们当前的建设项目需要追加任何物料，海军将需要额外的人力物力，欧洲战争爆发后总统已经授权的不包括在内。

人员可能增加

目前批准成立的军事编队，是由总统最近启动“有限紧急”权力时制定的。海军希望在下一个财年开始之前，可以拥有 14.5 万名士兵和 2.5 万名海军陆战队人员。由于需要调试 40 艘旧驱逐舰执行中立巡逻任务，海军目前已经面临士官严重短缺的情况。如果有进一步的扩军计划，所需人员总数可能还会增加。

昨天公布的陆军扩军计划打算按照《国防法》的授权招募 28 万正规军。按照《国防法》的规定，国民警卫队也将扩编至规定的数额，预计兵力大约为 42 万。这样，现在被称为“初始防护力”的力量就会增至大约 70.5 万人，外加三四万名军官。

正规部队的现役士兵，包括菲律宾童子军在内约为 21 万人。根据总统在欧洲战争开始后不久发出的行政命令，目前正在扩军，目标是 22.7 万人。

如此，进一步的扩军计划将意味着正规军再增加 5.3 万名士兵，与此同时国民警卫队的力量会翻番。国民警卫队尚有近 20 万的短缺，但是根据总统最近的决定，目前已增至 23.5 万人。

1939 年/10 月 18 日

英国准备应对闪电战
记者团目睹后方机动部队的实战演习

哈罗德·丹尼
通过无线电发回《纽约时报》的报道

【随在法国的英国部队 10 月 16 日电（延时报道）】看起来，战争现在似乎已经离得很远，只是它很有可能在我们周围的田野和乡村随时爆发。英国陆军各作战单位上上下下每天都在加快步伐赶赴阵地，处于高度戒备状态，仿佛希特勒总理的军团已经兵临城下一般。

在前线，步兵们全副武装，加强了工事，日夜防范。其他作战单位每天都在做军事演习，以适应山涧沟壑条件下的作战。

最关键的是现代战争技术催生的机械化装甲部队。作为记者，今天能够参与该部队的野外演习也可算是三生有幸。演习如同实战一样让人惊心动魄，不同的是，不用担心会受伤。

我今天参观的分队是这种新式的没有马匹的骑兵中队。该中队配备有装甲厚、火力猛的轻型坦克。如果不是要警惕希特勒的闪电战及装甲车的话，它肯定不会前进得那么快。

全副武装的运兵车

这种运兵车是武器齐备的战斗用车，配有机关枪和步枪，可以向步兵、坦克和飞机等目标开火。这种运兵车一旦真正行动起来速度非常惊人。

我们看到一个中队快速穿过旷野，途中突然停了下来，所有的人员都持枪跳出车外，然后架上机枪准备防空工作，只留一人在车内。同行的另一辆车用机枪为他们做掩护。士兵下车架设机枪的同时，那些运兵车争先恐后找遮蔽，短短几秒内就隐蔽完毕。尽管我们知道它们的方位，但是就算用望远镜都找不到它们。

然后，军事演习开始了。记者们也参与其中，不过只是坐在车上旁观。

这种机动化“骑兵”的功能与早期的骑兵没有什么区别——作为其他武器的屏障、试探敌军的实力、与敌军初步接火，并在需要的时候占领并坚守阵地，等候步兵跟上并移交阵地。该分队的官兵们深知这是战争中最危险的兵种之一，但是与英国前线其他所有士兵一样，今天看到的士兵也表现得从容又自信。

记者乘坦克采访

在对抗演习中，坦克抢先占领了阵地，需要朝着模拟敌军的方向进发，记者们笨手笨脚地爬进这些奇怪的车辆。此时，他们才看到，坦克内部狭小的空间里居然配置了如此多的设备，真是不可思议。记者还幸运地坐在了坦克指挥官的位子上。他的眼前就是回转炮塔，上面有观察孔。他不用转身，只需转动炮塔，就能轻易看到前方、两侧甚至背后的一切。

这个小转台就像潜艇里的驾驶指挥塔一样，可以随手操纵坦克的一切活动。我的正前方就是与驾驶员联络的通话管。驾驶员正襟危坐，前方是一个复杂的仪表盘，跟飞机上的差不多。

我所在的位置是封闭的，所有可能被袭击的地方都安置了厚厚的橡胶垫。我左边的主炮塔下面，坐着另一名记者——合众社的韦伯·米勒。他正在操纵一架大口径自动枪，也被紧紧地固定在自己的座位上，无论坦克怎么行进，他都不会受到任何伤害。然而，不幸的是，在坦克颠簸着驶过自然路障的时候，他的腿还是擦破了皮。

通过无线对讲报告战况

我必须坦白地承认，我压根儿不知道攻击目标是什么。事实上，根本没有什么目标。我们的目的是与敌军接火，通过每辆坦克上都配备的无线电报告敌军位置，然后快速返回安全地带，仅此而已。

坦克中队的指挥官吩咐我用通话管下达命令。我听命一试，发现效果相当不错，至少在我看来是这样的。在我认为需要的时候，我指挥驾驶员“前进”。看到前方有坦克时，我命令他突然转向，以免发生碰撞。

他遵命行事，我备感过瘾。但是，他后来居然违抗我的指令，令我很不愉快。坦克越过了一条沟渠，我们来到马铃薯田边休息。这时我才听说，全体坦克驾驶员在我们发出指令之前就已经收到了明确指令。我们仅仅是稍微有些晕船的乘客而已。

1939 年，法国瑟堡，从“沃辛”号运兵船下来的英国远征军。

1939 年
10 月 19 日

苏格兰威士忌恐要缺货

23.1 万箱运往海上

若是载有这批货物的两艘船受损，这些陈年佳酿必将荡然无存

通过电报发回《纽约时报》的特别报道

【伦敦 10 月 18 日电】今晚，两艘货轮载着 23.1 万箱贮藏 8 年的苏格兰威士忌在大西洋航行。如果这些威士忌被德国抢去，那么很快陈年威士忌就会出现短缺。

苏格兰的酒厂说，新酿的威士忌很多，战争期间，足够供应至少两年半，但陈年佳酿却是“寥寥无几”。1931 年、1932 年和 1933 年连续 3 年，酒厂受到沉重打击，几乎不能满足正常供应。

因此，战争和大萧条带来的将是威士忌酿造时间越来越短而价格越来越贵。酒价攀升是因为前往纽约的英国船只需要支付高昂的护航费及保险费。开战以来，英国和美国船只的保险费大幅上升。

仓库保险被禁止

酒厂的麻烦也接连不断。它们的保税仓库得不到任何保险，苏格兰如果再发生像前几天那样的空袭，威士忌供应很可能会严重减少。由于某种原因，放在仓库之外的威士忌可以买保险，但是，万一一颗炸弹飞来，把最受欢迎的酒厂夷为平地，百老汇的那些公子哥可就没酒喝了。

就在不久之前，这里除了生产“人类消费品”之外，不允许种植大麦或玉米。尽管有证据表明威士忌酒实际上是由人类消费的，但还有其他规定禁止用农作物酿酒。

杜松子酒的供应也有可能减少，但陈年杜松子酒的供应应该不成问题，因为该酒本来就不是酿得很熟。

酒品禁运

眼下，要迅速增加对美国的苏格兰威士忌供应，唯一方法就是像第一次世界大战时那样在英国国内禁酒。但是，到目前为止，英国的威士忌消费已经上升，主要是因为灯火管制限制了许多其他形式的娱乐。但是，如果威士忌消费持续增加，战时禁酒会更加严格，这里的消费就会减少，这样可以留出更多的威士忌供应给美国。

1939 年/10 月 25 日

公众越来越相信美国将回避战争
美国民意研究所调查显示，54% 的人持有这种观点

昨天由乔治·盖洛普博士担任所长的美国民意研究所公开了一份调查报告。报告显示，自欧洲战事开始以来，相信美国会卷入欧洲战争的民众数目已急剧减少。

该研究所称："战争爆发之前的两个星期，我所通过调查发现，绝大多数人认为如果战争爆发，美国势必会卷入其中。但今天，持这种意见与相反意见的人数不相伯仲，认为美国不会武装参与目前战争的一方占微弱优势。"

"本次调查在全国不同地区展开，要求调查者表达自己的观点。他们被问及的问题如下：

"你认为美国会参与欧洲战事还是置身事外？

"那些表达了意见的人分为：

"将进入战争——46%；

"将置身事外——54%。

"在全部被调查者中，有 13% 的人未表明态度。

"战争前，多数人认为美国会参与其中，而今天人们更倾向于认为美国能置身事外。解释可能有几种：

"首先，两个月前，大多数接受调查者认为相对第一次世界大战而言，第二次战争是一场'严肃的战争'。然而，在开战后的前 6 个星期，谨慎和敷衍的战斗，以及在此期间法国和英国的不设防城市未遭炮轰等情况，都明显地降低了美国会立即介入战争的恐惧。

"其次，两个月前，接受调查者中不乏各种专家，这样的调查显然忽略了全

国各地要求避免陷入战争的迫切需求。自战事爆发以来，这种迫切需求体现在本研究所发起的多项调查中。比如，在写给国会的信件中以及其他方方面面。

“最后，自9月初以来，罗斯福总统多次郑重承诺美国不会参战。这些声明可能在一定程度上让人们平静了下来。”

BOTHNIA
GULF
Vasa
Aland
ABO
HANGOE
Stockholm
Tallinn
BALTIC SEA

第二章

2

chapter

西线战局胶着

1939 年 11 月—1940 年 3 月

德国战胜波兰之后的几个月被戏称为“假战争”，因为英法盟军和德军之间几乎没有什么军事行动。数年后，20 世纪 40 年代《纽约时报》驻外国的一线记者赛勒斯·索尔兹伯格写道：“英法两国的表现让人们认为它们似乎是远离了这场战事。”主要战事发生在海上，《纽约时报》全面报道了拉丁美洲海岸的战役，该战役中蒙得维的亚港的德国袖珍战列舰“斯佩”号于12月18日凿船自沉。

而真正的战斗发生在其他的地方，首先是在中国。日本军队继续步步紧逼，中国的抵抗日趋瓦解。最重要的战争是斯大林领导下的苏联进攻北欧小国芬兰引起的。战事是 1939 年 8 月签订的《苏德互不侵犯条约》引发的，该协定将芬兰纳入了苏联势力范围。斯大林想通过在芬兰领土上建立额外的基地从而加强苏联的安全。芬兰人当然不同意。1939 年 11 月 30 日，战争打响，令全世界感到吃惊的是，弱小的芬兰军队居然奋起抵抗，一度挡住了苏联的攻击。根据《纽约时报》的消息，芬兰人的成功，部分源于苏军的无能，但主要得益于芬兰的战术得当。苏军进出白雪皑皑的地区时，芬兰的快速滑雪部队用冲锋枪扫射苏军，苏联损伤惨重。据一位目击者回忆，“苏军士兵的尸体都冻得像石化的木头”。

最终，芬兰还是不得不屈服，向苏联这个巨人让出基地和领土。但在这段时间内，正如《纽约时报》头条所说的：“西线战斗停滞不前。”

在中国，日本军方领袖试图与中国军阀重修旧好，以保证其在中国的永久统治。《纽约时报》很清楚，即使日本平民想更好地打造与美国的关系，“日本军官的态度也不会改变”。在“假战争”期间，亚洲危机多次登上各家报纸的头版头条。《纽约时报》在整个战争期间，一直在密切关注着印度局势，以及英国对待圣雄甘地独立运动的苛刻态度。9 月下旬，波兰军队战败，德国占领波兰。之后德国对波兰的压迫也是《纽约时报》报道的重点。报道的焦点是德军铁蹄下广大波兰犹太社区的待遇。大约有 200 万犹太人居住在德国控制下的波兰，主要分布在被兼并地区和国家社会主义工人党的律师汉斯·法郎克建立的所谓波兰总督府行政区。《纽约时报》大量刊载了有关犹太人的文章，提醒读者关注波兰的犹太人聚居区的设施，以及犹太人由于被蓄意歧视而面临着饥荒。1940 年 1 月，纳胡姆·古德曼博士在芝加哥举行的在美犹太人大会上发表了讲话，并宣布消息说，在 1940 年一年的时间里，多达 100 万犹太人会死在波兰沦陷区。当月，《纽约时报》刊发了一篇标题为《波兰犹太人受尽纳粹蹂躏》的报道。

美国对这场战争的态度褒贬不一。虽然许多美国人同情其西方盟国，痛恨希特勒主义，但在一项面向大学生的调查中，受访者被问及谁是世界上最杰出的人物时，希特勒仍高居榜首。美国公众还有其他担忧，比如日本侵略问题、共产主义的威胁，以及国内经济大萧条之后经济复苏的问题。但是，到了 3 月，有迹象表明“假战争”已经接近尾声。“战争进入暴力新阶段”的报道登上新闻头条。事实也正是如此。

1939年
11月3日

芬兰人在莫斯科提出最后方案

G.E.R. 戈迪
通过无线电发回《纽约时报》的报道

【莫斯科11月2日电】今天上午，以尤霍·K. 巴锡基维博士为首的芬兰代表团再次来到莫斯科。巴锡基维博士像往常一样镇定自若，同行的还有芬兰礼宾司司长R. 哈卡赖宁。上午10点30分，代表团抵达火车站。前往车站迎接的有苏联礼宾司司长弗拉基米尔·巴科夫，以及瑞典、挪威和丹麦的几位大臣。

代表团因为忙于准备最后文件的翻译，今天将不会与约瑟夫·斯大林和苏联人民委员会主席维亚切斯拉夫·莫洛托夫会面。在巴科夫先生的陪同下，芬兰列席了苏联的最高苏维埃会议。会议是为迎接来自前波兰白俄罗斯地区的白俄罗斯代表团而专门召开的。

据赫尔辛基方面的消息，芬兰人此次前来带着他们最终的条件。很显然，鉴于莫斯科声称芬兰方面的某些领土对防御列宁格勒必不可少，芬兰现在应该准备在很大程度上满足苏联的领土要求。

芬兰人并未完全屈服

据称，芬兰愿意放弃霍格兰和喀琅施塔得以外的其他岛屿，并准备满足苏联的进一步要求，割让芬兰最北端的领土。有一点芬兰人显然不能接受，那就是将汉科港租赁给苏联政府，供其建立基地，因为此举实际上就是破坏芬兰的独立。芬兰人宁愿打仗也不愿交出汉科港。（据合众社报道，今天早上伦敦侦听到的一条莫斯科广播称，芬兰外交部长埃利亚斯·埃尔科在周三的讲话中，“对苏联发出了公开的战争威胁”。广播还说，对苏联人民委员会主席莫洛托夫在最高苏维埃会议上的致辞，芬兰报纸的评论充满了“敌意”。）

尽管莫洛托夫的致辞具有威慑性质，但芬兰似乎相信苏联会意识到自己退让的底线，而且会缔结一项和平协议，而不是继续走向极端。

1939年／11月12日

真正的威胁是思想而不是炸弹

林语堂

在人类文明的进程中，生活的艺术和杀戮的艺术，即艺术技能与战争技能，一直是并生并存的。历史上没有哪个国家能维持和平超过300年，而不经历国内或国外战争。说起根源，似乎是由于人类是一种既好战又爱好和平的动物这一事实。人性中好战和向往和平生活的两种本能奇妙地合为一体，我将之称为肉食性本能和草食性本能。

这并不是说人类处于不完美的状态；问题是在人类已经被彻底地驯服和驯化的文明里，好斗的精神已经所剩无几，还不如根本没有。生活本身就是，或者说就应该伴随着斗争，否则种族的基因会退化。在相当短的周期内，这种情况时常发生在家境富足、几世同堂的大家庭中。

我无意赦宥战争，但只想指出我们的生物遗传问题。在自然界中，战争本能和求生的本能是同一事物的两个不同方面。这些原始的生物本能要比任何一时的意识形态或政治信条，更根深蒂固。在大自然中，残酷的战争一直伴随着对幼小动物最执着的爱意，所有求偶的表现方式都是有美感的，譬如，我们所熟知的鲜花的魅力与芬芳，云雀的欢唱和蟋蟀的歌声。

在貌似幽静的森林中，地面之上与地面之下，最残酷的战争昼夜不停。想象一下，在一个美丽的黄昏，一只翠鸟安详地栖息在枝头，而它其实刚刚谋杀了一条无辜的鲦鱼。这一切对于自然的学徒来说，的确有点令人沮丧。但同时，认识到自然求生的本能总是那么不可战胜，而且总是在自然灾难之后上演一场感人至深的回归，也算是一种安慰。去年春天，只要去过长岛海峡海岸，看到前年秋天那场灾难性的飓风之后又是绿树成荫、一片祥和的景象，人们都会情不自禁地被自然界顽强的生命力而感动。

今天的欧洲再一次饱尝战火的蹂躏。对每个观察者来说，慕尼黑会议之后，战争似乎不可避免。因为和平与战争是如此相似，对普通法国人或英国人来说，临时的和平似乎更具无限破坏力。让人更加困惑的是，挑起事端的人居然大摇大摆地走在街上，标榜自己是和平爱好者，而受害者居然被侵略者们指控为“好战分子”。希特勒这个刚刚从波兰归来的刽子手，还没顾得上擦掉手上的鲜血，现在又伸向了欧洲，并且故作无辜地问道：“为什么要有战争呢？”还有日本，在肆无忌惮的大屠杀之后，却口口声声地标榜只是希望建立“新秩序”。和平与战争陷入亘古未有的混乱。

那么，这一切究竟意味着什么？难道是人类平静生活的本能暂时受到了抑制，蒙上了阴影？要么就是被战争的本能破坏掉了？包括艺术、宗教、人类的共同信仰、现代科学的成就，以及生活艺术进步的现代文明难道要被摧毁？我们首先来讨论一下第二个提议。

很多人一想到巴黎或伦敦要毁于空袭就感到惊骇，许多当今一流的思想家都更倾向于相信，我们所知的现代文明将被摧毁。请恕我不敢苟同。

只要知道战争本能只是求生本能的另一个方面，只要相信没有人参战时会放弃求生本能，就足够了。我认为求生的本能在两者之中更为强烈，所以不可能被摧毁。既然求生的本能不会被摧毁，那么文明或者生活的艺术，也不可能被摧毁。当我们说这场战争将摧毁现代文明的时候，我们真正的意思是什么呢？

物质上讲，艺术和科学可能会受到暂时的挫折，但我敢打赌，战后母鸡还会下蛋，而人们也不会忘记如何做蛋卷；绵羊仍会继续长毛，而且英国的工厂仍会将羊毛织成斜纹软呢和钢花呢。城市的面貌可能在最冷酷无情的轰炸中改变模样，可以想象，大英博物馆中一些古老的手稿，甚至《大宪章》，可能会不知所终或被付之一炬。一些英国诗人和法国科学家可能会被弹片杀死，价值连城的实验室设备，乃至整个牛津大学，也有可能化为乌有。

然而，牛津大学的地下图书馆是摧毁不了的。而且，科学的方法仍将存活：很难想象所有的科学专著和教科书都会消失。留声机唱片和肖邦的音乐仍然会存在，因为对音乐的热爱不会消失。不难想象，男子气概会在民族精英遭受的屠杀中遭受痛苦。但是，只要有一个国家还没有彻底灭亡——要知道，最猛烈的空袭也不足以彻底毁灭任何一个国家，那么现代文明、艺术和科学的全部遗产都将会传之不朽。在战争与毁灭之后，向往和平生活的自由天性和人类智慧中的创造性，会在相当短的时间使欧洲复苏。

这就把我们引向更加微妙、非物质层面的问题以及人类生活的积极方面。自由的信仰、个体的权利和自由、民主，以及普通人现在对之摇摆不定的那些信念，如果这些被视为理所当然的事情遭到了毁灭，那么现代文明就会被毁灭。即使没有战争，一个极权主义国家，只要开始剥夺人类文明的馈赠，只要开始让国民相互监视，就开始了摧毁文明的进程。在不那么容易受管制的国家，在人们依然拥有自由精神的国家，文明是坚不可摧的。

事实上，只有让和平生活屈从于杀戮本能的时候，文明才可能完全消失。只有更小心翼翼地守护人类朴素的生活，自觉地欣赏这些简单的自由以及生活的特权，文明才能免遭于难。有种种迹象表明，在当代思想和生活中，这种普通的生活特权日趋有屈从于政府邪恶主张的危险。在欧洲，一个极权主义国家，公民已经丧失了某种思维和生活的特权，甚至连非洲野人都不如。

事实上，按照通常的理解，我们早已经与文明背道而驰了。万物都在虚度光阴。然后文明降临了，为人们提供了舒适的生活方式以换取某些对自由的限制。这种限制通常称之为责任感。牲畜就没有什么责任感，而每个信鸽之所以能够回家只是出于喜欢。但人却需要去工作。

起初，他被告知要为生计而工作。接下来，他被告知要为生活而战斗以便捍卫其工作的权利。而现在，我们被告知枪杆子高于黄油，战死沙场要比寿终正寝更加高尚。我们正在退回自然，但已经没有了自然的自由。人拥有的是配给卡和责任感。一百万个机器人，接受了全面训练并被严格管制朝着一个方向思考，遵照主人的命令，时而咒骂苏联，时而又将它捧上天。

因此，今天真正威胁文明的不是战争本身或战争带来的破坏，而是由于受到某种政治教条主义的摆布，人的价值观发生了转变。这些教义直接侵犯人的普通生活特权，而让他们屈服于国家杀戮的需要。从极权主义角度来看，杀戮的重要性胜过生活的重要性。

无可否认，从国家的角度来看，极权主义的目的就是战争与征服，而且自认有充分的理由。但从个人角度看，作为文明的终极目标，为了享受普通幸福的生活，极权主义没有任何发言权。摧毁现代文明的既不是机器也不是战争，而是将个人的权利屈从于国家的倾向，而这种倾向在当代思想中是一个非常强大的因素。

1939年/11月22日

甘地就战争立场向英国施压
印度要求拥有“完全自由”

【美联社孟买11月21日电】今天，莫罕达斯·卡拉姆昌德·甘地坦率地告诉英国，全印度11个大行政区政府中，已经有8个辞职以示抗议。它们表示，除非印度获得“完全的自由”，否则自己不会加入对德作战的行列。

这个在印度拥有数百万追随者的小个子领袖宣称，10月17日宣布的《英国白皮书》要将印度的独立问题推迟到战争结束后才讨论，大行政区政府纷纷辞职，以示对此事的“断然”回答。

其时，甘地正在阿拉哈巴德会见国大党成员（民族主义者），以讨论欧洲冲突中印度该持何种态度。

尽管国大党主导的8个大行政区政府以辞职抗议，但印度第二大政党穆斯林联盟已经同意了英国的立场。

英国对德宣战两周后，甘地及其追随者都纷纷指责德国，印度还正式承诺与英方一起对德作战。

但今天，这位70岁的领袖宣称，印度要求独立一事“是完全合理的，因为英国对印度原材料和军事力量拥有控制权，可以随意调动驻军并消耗印度的财富”。

今天，国大党工作委员会争论的要点，也就是甘地与之协商的内容是：

“如果英国是为维护和发展民主而战，则必须结束其在占领地区的帝国主义统治，在印度建立完全的民主，印度人民必须拥有通过国民代表大会制定宪法的自决权。”

1939年/12月1日

苏联侵略者占领北极地区

通过无线电发回《纽约时报》的报道

【哥本哈根12月1日电】昨天上午开始，苏军开始入侵芬兰。芬兰一整天都在抗击苏联的陆、海、空三军。

苏军空投的炸弹点燃了城市和村镇。它从陆地和海上炮轰了芬兰湾沿岸的港口，占领了雷巴奇耶半岛地区的全部芬兰领土，包括远在北冰洋的贝萨谋港口。

另外，赫尔辛基、维堡、科特卡和汉科等多座城市遭到轰炸，造成百余人死亡，多人受伤。赫尔辛基的场景令人惊骇，直到夜间，工人们仍在市中心的废墟里开展救援。（据今天早晨合众社从赫尔辛基发回的电讯，芬兰最高指挥部在第一期的战争公报中宣布，芬兰国防军通过激烈的战斗已成功阻挡了苏联的军事进攻。另据合众社从莫斯科发回的电讯，今天早些时候，苏联宣布，苏联军队已经在芬兰境内挺进6.25英里到10英里。）

战斗在黎明时分打响

昨天上午9点刚过，芬兰人意识到，与苏联的战争已经成为事实。在那之前，他们并不知道黎明时苏军已经袭击了芬兰位于苏芬边界拉多加湖以北的3个主要据点、拉多加湖和芬兰湾之间的卡累利阿地峡的芬兰驻军，以及北冰洋雷巴奇耶半岛上的据点。

与此同时，苏联轰炸机横扫芬兰，在重点地区和城市投下燃烧弹和烈性炸药。它们还向芬兰人民散发传单，传单上宣称苏联并不想进攻芬兰，但芬兰人民必须摆脱“虚伪的领导阶层”，包括外交部长埃利亚斯·埃尔科，芬兰武装部队总司令、陆军元帅卡尔·古斯塔夫·曼纳海姆男爵，以及艾莫·卡扬德总理领导的政府。

苏军的波罗的海舰队也开始加入战斗，轰炸了卡累利阿地峡海岸，还进一步攻占了芬兰湾中主权有争议的塞斯卡里、泰塔萨瑞和霍格兰等岛屿。最后，苏联舰队进攻了位于赫尔辛基以西的战略基地——汉科。在最北端，苏军攻入了雷巴奇耶半岛，在不到几小时的时间里，它就占领了包括贝萨谋港口在内的整个半岛。

在拉多加湖北部，苏军首先炮轰了索亚维附近地区，不消片刻，50 多枚炮弹就落在了芬兰境内。苏军的地面主攻点集中在卡累利阿地峡。上午 9 点 15 分，列宁格勒附近的重型火炮向芬兰边界城市拉贾考基、凡梅尔苏和泽列诺戈尔斯克发射炮弹，波罗的海舰队也派出几个分队参加了此次轰炸行动。

之后，苏军占领了索亚维地区的海尔萨雷。

苏联空军中队于昨天上午袭击了维堡附近的伊马特拉瀑布上的几座大型发电厂。中午，芬兰最大的纤维素工厂所在地厄尔尼诺工业中心被炮击。炮弹还击中了一所学校和一家医院，造成了重大伤亡。具体细节尚不明晰。

中午过后不久，苏联飞机轰炸了芬兰东部的重要城市维堡以及科特卡。科特卡是芬兰的航运中心，也是美国斯堪的克航线的固定停靠港。维堡市的一些建筑被焚毁。这两个城市的损失详情还在调查中。

1939 年在苏联的轰炸袭击后，赫尔辛基的救援队在燃烧的房屋废墟中实施救援。

1939 年／12 月 1 日

西线战斗停滞不前
开战后，法国第一次报告前线完全无战事
芬兰局势引多方关注

通过无线电发回《纽约时报》的报道

【巴黎 11 月 30 日电】随着苏联入侵芬兰，东线战事再次打响。尽管与西方战场没有直接的联系，东方战线无疑主导着当今的整个军事局势。事态的发展让一切成为可能，甚至很有可能是战争的转折点。

由于消息贫乏而且有时又相互矛盾，这里被授权报道战争新闻的各家报刊只好沉默。但是，今天有一个问题被反复提到，那就是："会出现什么样的新军事组合？会开辟哪些新的战线？"

在过去 24 小时中，西线战场还是一如既往——恶劣的天气、间歇性的炮击和不间断的巡逻。能见度非常差，以至于在开战后，法国航空总部首次报告："军事行动：无。"

在这样的条件下，唯一能进行的侦察工作就是地面的巡逻。在哈尔特森林外围，法国伏击了敌人的巡逻队，俘虏了 4 名士兵。

炮击主要发生在摩泽尔河附近，正在那里修筑工事的德国工兵队因此而受到了干扰。

今天法国的公报如是说：

"175 号（上午）。没有情况。

"176 号（晚上）。我巡逻队例行巡逻。

"我方鱼雷艇成功袭击一艘敌军潜艇。"

1939 年/12 月 2 日

美国总统严厉谴责苏联
系战争开始以来首次言辞犀利地谴责侵略行为

伯特仑 · D. 许伦
发回《纽约时报》的特别报道

【华盛顿 12 月 1 日电】今天，罗斯福总统在一份声明中严厉谴责了苏联政府对芬兰的侵略和对平民的轰炸。

这一声明是罗斯福在今天上午的新闻发布会上宣读的。官方收到多份苏联持续轰炸芬兰的报告，该声明预示着美国即将以道义为由对苏联实施飞机禁运。

然而，尽管罗斯福先生没有明确表示将采取何种行动应对，但是据悉，在今天下午举行的周五内阁例会上已经决定，美国不会采取与苏联断绝外交关系这样激烈的措施，至少在目前还不会。

在声明中，总统表示，苏联悍然动武，给“美国政府和人民带来极度的恐惧”，苏方“仍在肆意无视法律”，让人痛心，并宣布苏联的行动威胁了较小国家的安全，并“危及人类自治的权利”。

在结尾，他亲切地向芬兰表达了美国政府和美国人民的深切问候。

措辞极为强烈的声明

这是欧洲战争爆发以来，罗斯福第一次用尖锐的措辞如此强烈地表示对政治征服的不满。即使在德国占领了波兰时，他也没有发表过这样的声明。那时，直到最后一刻他还在呼吁和平，并且密切关注着整个事件的发展。

正当罗斯福通过新闻发布会发表声明时，美国驻芬兰公使向国务院报告称，他们正在用公使馆工作人员的私家车，把大批美国人疏散到位于格兰库拉的急救区。

之后，美国驻芬兰公使 H.F. 阿瑟 • 舍恩菲尔德报告说，芬兰内政部长在通过广播发表的全国讲话中称，整个国家比较平静，从赫尔辛基的撤离工作进展顺利。内政部长还号召公众继续合作，对士兵表示褒奖，并呼吁市民以他们为榜样。他说，芬兰上下一致地选择了独立，一切是非功过将由历史来证明。

芬兰驻美国公使希尔玛·普罗科普今天说，赫尔辛基的新政府是真正代表芬兰所有政党的政府，是全国人民一致拥护的政府，而由共产党扶植的库欣涅先生的政府则只有寥寥几名芬兰共产党员，而且他们都住在苏联。

他说："对共产党政府的任命表明，莫洛托夫先生（维亚切斯拉夫·M. 莫洛托夫，苏联人民委员会主席兼外交人民委员）及其他苏联领导人宣称的'对芬兰行动的目的是为了确保其独立和自由'所具有的真正价值和意义。这表明他们打算将芬兰纳入苏联和布尔什维克的自由中。"

1939年，罗斯福总统。

1939 年 / 12 月 3 日

波兰抗议德国的"恐怖行径"

波兰驻英国大使称，波兰已成为野蛮刽子手的竞技场

通过电报发回《纽约时报》的特别报道

【伦敦 12 月 2 日电】今天，波兰大使爱德华·拉琴斯基伯爵向英国外交大臣哈利法克斯子爵递交了一份措辞强烈的抗议书，指控德国人在波兰实施抢劫和谋杀行为，控诉人命在波兰"已成为残暴和野蛮的刽子手猎杀的目标"。

抗议书文稿

抗议书全文如下：

在整个9月，我们每天都会收到骇人听闻的关于德国进攻波兰的战争报告。

无论在任何地方，从未有如此冷酷无情的敌人，他们残酷地对待手无寸铁的人民，他们的炸药、炮弹和机枪子弹如狂风暴雨袭击了整座城市，甚至是乡村。人们曾一度设想一旦整个国家屈从了，这群嗜血成性的人所带来的痛苦就会停止。

然而，事与愿违。德军每占领一个地方，都会置于盖世太保和希特勒党卫军分遣队统治下。军事部门会慷慨激昂地大肆宣扬荣誉，行政部门欣然大讲文化、秩序与正义。与此同时，我们接连收到的却是骇人听闻的报告。

人民群众的财产已成为无休止的抢掠的对象，甚至被肆无忌惮地当场夺走，原来的主人与家人一道被驱逐出家园。于是大批人民被逐出了广阔而古老的家乡，成为残暴和野蛮的刽子手猎杀的目标。

如今波兰每天都在发生的事件是如此的阴森恐怖，在现代历史上，即使在最激烈的战争中，也从未出现过。

1940年，3名波兰人在华沙一个公共广场被绞死。

在波兰西部的各个地区，优秀公民被一个接一个地枪杀，而担惊受怕的人们只能悄声细语地念诵这些亡灵的名字。

关押大学教师

在短短的一天内，历史悠久的克拉科夫大学的所有教授都被驱逐到了德国内地，并关押起来。对千千万万人的压迫和暴行早已是家常便饭，这起暴行只不过是最令人发指的事件之一。

波兰政府正在拟制一份官方白皮书，列举纳粹所犯下的残暴罪行。但是，在该白皮书发表之前，波兰政府感觉有义务毫不拖延地声明，德国统治下的波兰，已成为殉难者的土壤。

纳粹的野蛮行径，正在书写着德国残酷历史中穷凶极恶的新篇章，他们屠杀无助者的行径，远胜亘古以来任何最黑暗的时期。

几个世纪以来，德国一直奉行的"以鲜血和破坏为标志的征服与抢劫的精神"再一次复活，并在废墟和罪恶中播撒种子。

德国人将再一次认识到，这些行径在世人的眼中不是伟大而是耻辱，不是流芳百世而是遗臭万年，不是胜利而是失败。

波兰人民将会更加团结一致，奋起抵抗和斗争。世界将振臂高呼正义，上帝将会审判并严惩这些罪犯。

1939年/12月8日

芬兰人在卡累利阿地峡抗击苏军

【美联社赫尔辛基12月7日电】今天，芬兰军队在卡累利阿地峡发起了强力反击，以阻止苏联红军进攻芬兰东部的曼纳海姆防线。

而苏联军队从海上袭击了芬兰南部海岸，并且在中部战线上再次发动地面进攻。

与苏方所言相反，芬兰军方发言人说，苏军并未威胁到曼纳海姆防线。这个水上防御系统由几乎跨越了整个狭窄地峡的一条不规则的湖泊链组成，东起萨卡拉，向西延伸穿过了莫拉镇，一直抵达“死亡之湖”。

据报道，最激烈的战斗发生在泰帕尔河沿岸、拉多加湖南端的萨卡拉附近，以及乌斯克考。萨卡拉附近离边境只有 20 英里，而乌斯克考位于曼纳海姆防线东端东南 15 英里处，离边境约 12.5 英里。

芬兰否认苏军舰队造成损害

尽管天气恶劣，苏军舰队依然轰炸了芬兰南部海岸的一些隐秘据点，但是芬兰人宣称炮击并未造成任何损害。他们说，芬兰军队著名的海岸炮台重炮，在芬兰炮兵总司令、陆军中将维尔霍・彼得・涅诺宁的策划下，已经击退了苏军的袭击。

芬兰报告称，在中部战线上，芬兰军队正在全力阻挡苏联的新攻势。苏军在该条战线上的目标是托洛阿湖。

一位政府发言人说，军医正在处理位于拉多加湖北岸萨尔米的 11 起毒气中毒事件。

一名军方发言人表示，从俘获的苏联军官身上缴获的文件发现，苏军的目标是挺进大西洋。发言人称，这些俘虏携有奥兰群岛地图和瑞典东部的地图，图上标有某些轰炸目标。他补充说，这些文件表明，苏联攻打芬兰蓄谋已久。

静待苏军下一步行动

两军之间相隔的是怪石嶙峋、冰雪覆盖的“无人区”，据说，芬兰在等苏军采取主动攻势。据报道，此地冬天气候恶劣，温度在 –20℃左右，空中与地面的攻势都很难施展。据说，苏军正在等待逾期未到的粮食和弹药补给。

由于芬兰全境气候日趋寒冷，加之狂风暴雪，芬兰希望这场战争会变成一场旷日持久的攻城战。这样的话，芬兰军队可以充分利用天气优势，以游击战与苏军周旋。有报道称，苏联军队现在处于少粮缺衣的境地，长长的补给运输线也因大雪围困受到掣肘。

从前线发来的报道称赞了芬兰陆军有效的反坦克炮。这种反坦克炮一个人就可以轻松携带，据说足以击伤或击毁苏联现在使用的轻型坦克。

非官方军事人员估计，侵略行动开始8天以来，苏军伤亡至少1万人。据称，相比之下，芬兰军队的损失就是“九牛一毛”了。

1939年
12月11日

美国驻英国大使建议美国“远离战争”
警告勿轻信任何“局势可以扭转”的言论

美联社报道

【波士顿12月10日电】自欧洲开战以来，美国驻英国大使约瑟夫·帕特里克·肯尼迪在首次讲话中就敦促美国远离冲突。

他说：“既然你们爱美国，就不要让任何国家认为，美国可以通过参战改变战争形势。”

“这场战争没有我们的立足之地。目前的情况已经很糟糕了。”

上述发言是即兴发言。其时，肯尼迪大使在圣母升天教堂的教区居民聚会中充当祭台上的助手。

他面带微笑，但不难看出他对世界局势“并不乐观”。在随后的采访中，他宣称：

“没有任何理由——无论是经济方面的、金融方面的，还是社会方面的——足以表明美国应该参战。”

1939年，约瑟夫·帕特里克·肯尼迪。

他说，决定美国是否参战，有一个重要因素就是美国人民的“体育道德精神”，美国人民“不想看到不公平或不道德的事情发生”。但是，他重申“这不是我们的战斗”。被问及在不久的将来是否有望实现和平时，他回答说：“谁也说不准。”

他声称：“大家都希望实现和平，但每个人对和平都有自己的想法。”“在这种情况下，谁能说准什么时候会有和平呢？”

肯尼迪大使强调说，自己认为美国应该“置身事外”，称：“如果有人主张我们加入这场战争，美国公众则可以要求他明确回答‘为什么’这个问题。”

1939 年/12 月 16 日

苏联遭国际联盟开除　黯然离场

日内瓦组织日渐衰竭　成为盟军“帝国主义”的机构

G.E.R. 戈迪

通过无线电发回《纽约时报》的报道

【莫斯科 12 月 15 日电】国际联盟开除了苏联。出人意料的是，苏联居然默默接受，悄然离场。显然，由于入侵芬兰，苏联遭到国际社会的普遍谴责，而芬兰战役进展缓慢，苏联最近不再像往日那么不可一世。然而，苏联被逐出国联只是在一条不显眼的新闻中报道的，起的标题并没有提及该决议，苏联公民唯一知晓的只是轻描淡写的“国际联盟举行理事会会议”。下一条报道是苏联塔斯社从日内瓦发回的，非常简要：

“国际联盟理事会确悉，国际联盟大会通过了一项决议并颁布了一个法令，将苏维埃社会主义共和国联盟驱逐出国际联盟。希腊、南斯拉夫和中国的代表对此没有投票，而伊朗和秘鲁的代表则没有出席会议。”

该新闻被藏在一个角落里，而在其上方，一则发自日内瓦的快讯长篇大论地讽刺国际联盟作为一个真正的国际机构已经变质了，已经成为英法战争集团的辅助工具。

1939 年 / 12 月 18 日

德国军舰爆炸

约翰·H. 怀特
通过无线电发回《纽约时报》的报道

【乌拉圭蒙得维的亚 12 月 17 日电】今日黄昏时分，德国引以为豪的南大西洋奥德赛袖珍战列舰“格拉夫·斯佩海军上将”号戏剧般走到悲剧的终点。该舰指挥官汉斯·朗斯道夫舰长正准备发射炮弹，但他刚按下电动按钮，船体爆炸了。爆炸声震天，火光冲天而起，随后军舰沉入拉普拉塔河河口的泥浆中。

以敬礼姿势与舰长朗斯道夫一起站在发射台边的还有他手下的官兵。在沉到水底的战舰附近的水面上，漂浮着一些驳船和汽艇，上面载着年轻的德国船员，个个一脸严肃。在 1 英里远的地方，是德国货轮“塔科马”号。它跟随“斯佩”号从蒙得维的亚港湾驶出，是来接走战舰的船员的。

“塔科马”号所载的都是已婚船员。在战舰出发前几分钟，他们被转移到了这艘货船上。

“塔科马”号船长被捕

“塔科马”号船长于当晚被逮捕，理由是该船未经港口当局批准而擅自出港。“塔科马”号上的德国籍船员将被扣押。其余船员已被送往布宜诺斯艾利斯，据推测，他们将在那里被移交给阿根廷当局。

这些船员将要被送往布宜诺斯艾利斯，因为如果该船被遣返回海岸，其成员将被扣留。他们期望阿根廷当局将自己视为沉船的幸存者对待。

当晚，德国使馆公布了一封舰长朗斯道夫的信。信中他将船的损失归咎于乌拉圭，理由是该舰没有足够的时间进行适航。

爆炸惊天动地

太阳降下海平线，将天空染成了绚丽的血红色。就在这时，舰长朗斯道夫按下了电动按钮。紧接着，一声震耳欲聋的巨响传来，战舰爆炸了。顷刻间这艘战舰就笼罩在大片灰色的烟雾里，直到海上吹来的微风把烟雾驱散。

天空中，或大或小如烟一般的云团渐次绽放。湛蓝的天空中的弯弯的月亮照着大海，丝毫不为所动。

本报记者站在酒店的楼顶，目睹了这一惊心动魄的景象，只觉得宛若幻景。背景太不可思议了。但仅仅 3 分钟后，“斯佩”号就沉到了水底，旋即它的弹药库发生爆炸，喷出团团火焰。

指挥官按下的电钮是一条长长电缆的一端，电缆的另一端通向放置舱内的一枚电控定时水雷。水雷的效力无可匹敌。仅仅 10 分钟，熊熊烈火便蔓延到了整艘军舰，舱内开始接连不断地发出爆炸的巨响。

1939 年 12 月 17 日，德国袖珍战列舰“格拉夫・斯佩海军上将”号被逐出乌拉圭首都蒙得维的亚后燃起的熊熊烈火。

海面烈火熊熊

"斯佩"号持续燃烧，燃油和炮弹的爆炸声连续不断。大火随后蔓延到了油箱。大火或许会烧上整整一个晚上。9 点 15 分，发生了一起不同寻常的大爆炸，绚丽多彩的火箭弹直冲云霄，团团烈火在空中四处绽放。

夜色渐浓，笼罩着战舰的残骸。在这艘被德国人寄予厚望的船上，舰长朗斯道夫看到一艘军舰向自己驶来，闪着明亮的莫尔斯信号灯。它是阿根廷炮艇"利伯塔德"号。9 点 15 分，它到达"斯佩"号的出事地点，来接舰长朗斯道夫和船上的军官，从拉普拉塔河去布宜诺斯艾利斯。

"斯佩"号最后一次出现是在下午 6 点 20 分。当时，该舰从停泊之地开始慢慢地向外港出入口移动，那红黑相间的纳粹旗帜高高悬挂在烟囱和战斗桅楼的桅杆上，迎风招展。

引大批人群围观

这是一个天高气爽、阳光明媚的下午，蒙得维的亚几乎所有的人都聚集在海堤、码头及房顶，目送"斯佩"号离去。4 天来，它一直被蒙得维的亚这个美丽的港口当作不受欢迎的客人，除此之外，人们很少谈及或想起它。现在，这个不速之客即将离去。

众所周知，法国和英国一些最大的战舰，已在拉普拉塔河河口附近集结，决心追捕并消灭这艘袖珍战列舰。4 个月以来，它一直在躲避敌人，在经历了一场战斗之后，它被迫逃到蒙得维的亚避难。

任何试图突破盟军封锁线的行为似乎都注定是自取灭亡，然而有许多人认为并谈论舰长朗斯道夫决心一搏。

"斯佩"号驶出两条防波堤之间的狭窄的敛式入口时，成千上万的旁观者紧张得连大气都不敢出。如果船掉头向南，只能去往布宜诺斯艾利斯或另一个阿根廷港口。如果船头转向其他方向，那么无疑，它的计划要么是安全逃跑，要么是战斗到底。这艘身经百战的军舰悄悄地溜出海港入口，向南驶入通往河中央的水道。这是去布宜诺斯艾利斯的路线。

快 8 点了，战舰又好一会儿没了动静，观众开始感到不耐烦。他们认为"斯佩"号要坚持到天黑以后才会起锚。于是他们转而欣赏灰色船体后灿烂的夕阳，四周是寂静的暮光。

突然间，就在傍晚 7 点 55 分，那种寂静一下子被巨大、深沉的爆炸声打破。爆炸声传遍了蒙得维的亚每个角落。一团灰蒙蒙的烟雾从船上升起，把它掩盖了起来。

之后，大片大片绚丽的火焰冲上云霄，然后落下来，将德国人一度最引以为豪的海军分队毁于一旦。

1940 年／1 月 5 日

英国餐馆将敞开供应

购买火腿、黄油和茶不必使用口粮券

通过电报发回《纽约时报》的特别报道

【伦敦 1 月 4 日电】昨天有消息公布，在外用餐的人去饭店、商店、咖啡馆或俱乐部，不用口粮券就可以买到火腿、培根、面包、黄油和茶。早前公布的消息说，用餐时买培根或火腿需要交付半张口粮券。

餐厅的黄油供应以每餐 1/6 盎司为基础计算。餐厅将自行决定如何最好地利用黄油配额，但不建议按点餐量平均分配。

饭店向每位顾客供应 2/7 盎司的糖。该配额有一半用于食品烹调和甜品加工。另一半用于热饮，如茶、咖啡和可可。

有餐馆认为，1/7 盎司的糖用于茶，意味着一个人喝 1 杯茶可以放 2 块糖，如果是 1 壶茶则可以放 3 块糖。

在“一战”期间，下午茶或其他热饮没有黄油配给。

用于家庭消费的生培根和火腿配给将为每周人均 4 盎司。

1940年
1月5日

波兰犹太人受尽纳粹蹂躏
据称犹太人被当众鞭笞

【《纽约时报》伦敦1月4日电】有传闻说，在波兰的犹太人被枪杀和拷打；另有报道称，在芬兰的德国占领区，纳粹对犹太人实施高额罚款，导致他们一贫如洗。这些消息已传入纽约的犹太组织。

波兰的犹太人救助总部已在巴黎成立，有些消息便是通过巴黎传到伦敦的。从波罗的海国家传来的消息显示，这些纳粹暴行就是希特勒总理占领奥地利和捷克斯洛伐克时，人们所熟知的模式的翻版。犹太组织讲述了下列故事：

有一名目击者称，在罗兹周边地区，犹太人受到惨无人道的对待。在兹盖日，有一个富裕的犹太人社区，那里所有的犹太人纺织厂和商店都已被没收并转交给纳粹管理。据说，一位名叫齐斯曼的犹太人因反对纳粹而被活埋，另一位名叫卡林斯基的犹太人因抗拒强制劳动而被枪杀。

上午10点前禁止犹太人上街，还实施了犹太人强制劳动制度。劳动期间，犹太人被强迫唱歌并高喊："犹太人是当前战争的起因。"据称，市内的两座犹太会堂均被烧毁。

该消息来源于驻扎在罗兹的德国警察自己所做报告的节选。犹太人称，这些节选曾刊印在布雷斯劳的《西里西亚报》上。引文称，警察在罗兹曾集体枪决了至少100名犹太人。引文还提到，德国警察在报告中提及，警察在一个犹太会堂执行搜查任务时，遭1000名犹太人包围，警察向他们开枪，打死数百人。该犹太会堂已被烧毁。

当众鞭笞犹太人

这些报告中提到，在谢拉兹有10名犹太人，包括一名妇女，因未向冲锋队致敬而被当众鞭笞。据报道，在科沃，包括一位犹太学者和他的几名学生在内的数名犹太人，因偷窃遭鞭笞。据称，警方随口提到，拉多姆市有 3600 名犹太人因藏匿武器正在等待审判。

据在伦敦的犹太人引述的纳粹警察的报告，警官的工作已变得简单了，因为很多犹太人在警察上门搜查时自杀。据称，纳粹警察在报告中还提到，很多犹太人因手持棍棒和斧子抵抗而被杀。

犹太人还援引了德国之外的消息来源，称卢布林地区的第二大城市海乌姆已经发生了多次暴动，此处约有 2.5 万犹太人居住。据称，在海乌姆，凡年龄在 18 到 55 岁之间的犹太人都必须向政府登记，已有很多犹太人被逮捕。根据伦敦本地的消息，有两名犹太医生遭枪杀。

在卢布林，根据上述消息来源提供的消息，情况也同样糟糕。据称，德国人已扬言要把该地变成犹太居住区。据统计，该地原有 3.5 万名犹太人，现在增加了 3 万人。据说，因为保有一个秘密的无线电台，这些人已被处以 62 万金兹罗提的集体罚款。

1940 年，波兰犹太人被盖世太保押解着走过华沙的一条街道。

该地区所有犹太人身上都必须戴一个大六角星，并被禁止从事任何较为专门化的行业或商贸工作。犹太会堂成了新来的犹太人的住所，而犹太经学院据说已被改建成纳粹党突击队兵营和反犹太主义中心。伦敦获悉，年轻的犹太人有60%已经逃离卢布林；所有犹太人均被强制迁入犹太人居住区。

40 万户纳粹家庭移居波兰

【**合众社柏林 1 月 4 日电**】德国种族移民局今天宣布：第三帝国 40 万个家庭将被安置在德属波兰区，迁移工作即将完成。

此前，已有 5 万名德国人从波罗的海国家来波兰定居，从苏占波兰东部地区也来了 10 万德意志人，这部分人被说成是“遭遣返”至波兰。

1940 年／1 月 7 日

苏军为何在芬兰陷入泥潭

哈罗德·丹尼
通过无线电发回《纽约时报》的报道

【**赫尔辛基 1 月 6 日电**】苏军入侵芬兰已一月有余，这个模范首都见证了苏军飞机从头顶飞过并向街道和房屋扔下炸弹的过程。无疑，约瑟夫·斯大林策划的是闪电战。但是，他未能如愿。在一个多月的战斗中，斯大林失去了数千名士兵。苏联这个红色巨人拥有 1.8 亿人口，领土面积占全球的 1/6，但它在面对这个人口不足 400 万的小国时，却只突入了它的国界便再无建树。

苏军在卡累利阿地峡推进了几英里，然后被挡在了维普里（维堡）城下。在卡累利阿地峡，战斗日复一日，但根据我们从赫尔辛基了解到的消息，苏军不过在损失士兵和装备。它侵入了遥远的北方，但这并没有给它带来什么军事优势。由于天寒地冻，它似乎无法展开攻势。而在“芬兰的蜂腰部”，它刚刚受到了有史以来最严重的一次打击，在一段时间内它几乎无力再次发动像样的攻势。在“蜂腰部”以南、拉多加湖以北，芬兰人已把战火烧到了苏联领土内。

芬兰战士疲惫不堪

苏军的战果和其期望值相距甚远，而芬兰人则表现得惊人的出色。然而，芬兰军队虽然上上下下一副自信满满的样子，芬兰仍危在旦夕。

前线的芬军官兵们认为，从目前的战绩看，芬军士兵以一当十。芬军估计苏军和自己的伤亡比为20∶1，这一数字或许有点夸大。芬兰军队英勇地将苏军挡在了北极和亚北极区的冰冻荒原中，它自己也疲惫不堪。最重要的是，芬兰军队需要停下来喘口气。

大部分芬兰官兵已在前线战斗了一个月。有些部队已连续作战30天而没有得到休息，条件极其艰苦，而且睡眠严重不足。但是，芬兰的指挥官们无法让前线官兵撤往后方好好休整，因为芬兰军队实在是太少了。于是，苏军只好尽其所能用其他办法弥补，譬如，把已经超长时间作战的人员调到战事没那么激烈的区域，让先前承担作战任务不那么重的人员替换他们。然而，前线部队需要的不只是这些。

一支志愿军正从瑞典赶来，具体人数尚不清楚。但无论人数多少，都会发挥作用。

芬军需要弹药

芬兰还需要更多的军火，尤其是飞机（当然必须配飞行员）和火炮。战争已进行了一个多月，芬兰军队正在以非凡的斗志和毅力坚守着前线阵地，对手仅凭人数优势就可能压垮它，它也希望在自己被压垮之前援军能前来。

那么，苏联那边是什么情况？为什么拥有150万常备军、数百万后备军和大量装备的苏联红军，却在芬兰这个弹丸之地陷入僵局？

和在赫尔辛基的几个去过芬苏前线的同行一样，我曾在莫斯科多次观看苏军阅兵。在过去的五六年中，苏军大阅兵一直是个军事奇观。地上是前进的士兵方队，还有数百辆坦克和其他战争机器隆隆驶过，天上有轰炸机编队飞过。据悉，接受检阅的都是苏军精锐部队，而苏共的年轻党员个个聪明绝顶。受检阅的坦克，包括轻型战车和巨大的重型坦克，看起来都所向披靡。天上的战机遮天蔽日。

我们从没有想过苏联会和芬兰或任何其他波罗的海小国开战，但战争还是打响了，而且它在各个重要方面都遭到了挫败。

那么，苏军失败的原因是什么？首先，当然是芬兰出乎意料的顽强抵抗。其次，是苏联政府混乱得难以置信的调配机制。再则，是苏联幼稚地把希望都寄托于机械。最后，苏联曾在 1937 年实施大清洗，使苏军和整个苏联遭受灾难性的打击。换句话说，苏军现在缺少谋略之士。

坦克被阻击

至于坦克，在莫斯科红场上，它们看起来所向披靡，苏联人民也认为它们会所向无敌。但是现在，对于一个决意拼死抵抗的敌人，它们看起来是那么的不堪一击。芬兰前线随处散落着这些现代化的重型战车，打开其中一辆，就会看到面貌狰狞的被烧死的苏军尸骸。

几乎毫无疑问，斯大林在下令进攻芬兰时，低估了芬兰。因此，芬军遇上的第一支苏军部队是来自苏联殖民地的士兵，即中亚士兵。之后，在新年即将到来之前，苏军投入了战斗力稍强的部队。与先前那支部队一样，这些可怜又可恶的家伙也在基安塔冰面上遭遇惨败。

我采访过这支战斗力稍强的苏军部队的几名士兵，他们是在位于地峡的战线上被芬军俘虏的。他们描述了这样一幅令人信服的画面：他们被逼迎敌而上，因为他们曾被告知如果当了俘虏就会被严刑拷打。他们只能向前冲，因为背后的军官们威胁说，不冲锋就要被枪毙。

为何苏军会崩溃

这些人不像我在莫斯科看到的那些自信的红军士兵。即使承认他们所在的部队是苏联唯一一支最差劲的部队，可他们的士气也不该如此低落。在他们随身携带的物品中发现的信件，里面写出了他们的极度不满，不免使人疑惑，斯大林冒这么大的险向芬兰开战，为什么他没有垮台？

但是，了解苏联过去的人都认为它不可能完全战败，原因很简单：它多年来一直处于长期的混乱状态中，却从来没有崩溃。虽然外界对此知之甚少，但芬兰同苏联一样，对此心知肚明。

1940年/1月14日

内阁改组，张伯伦依然大权在握

张伯伦未遇到有力挑战者，依旧全面掌控英国——社会动乱在所难免

哈罗德·卡伦德
通过无线电发回《纽约时报》的报道

【伦敦1月13日电】解除莱斯利·霍尔–贝利沙的陆军大臣职务之后不久，内维尔·张伯伦首相就曾在本周的一次讲话中，暗示了自己有意继续担任政府首脑，直至战争结束。

由政府和陆军内部领导人之间的人身攻击所引发的内阁变动表明，长期存在的批判声也正是英国人自认为正在捍卫的自由的一个方面。

首相的顽强决心和对自己忍耐力的自信，也是这个国家特有的。

政府的未来将首先取决于战争的进程。如果战线拉长，则毋庸置疑以后还会产生变化，甚至出现大危机，但肯定也会伴有讨论和争议。

这种程序与传统的怀疑论不谋而合。这种论点认为没有哪个政府能正确地管理国家，除非它不断受到议会反对党和外来批评者的刺激、抱怨和劝诫，在英国人看来，这就是民主的基础。

广泛的言论自由

战争打响4个月之后，英国国内的言论自由，相对于现在的法国或1917年至1918年的美国要开明得多。近来发表的文章将战争的爆发归咎于张伯伦的绥靖政策，而有很多写给报社的信件更多的是在思考英国的失误而非德国的过错。

在左翼刊物上，甚至有大量关于这场战争是否值得公众支持的辩论。

庞森比勋爵今年出版了《战时的谎言》一书，严厉谴责了英国“一战”时宣传的虚假性，从而谴责了所有官方宣传的虚假性。

同时，保守党方面也发起了对官僚主义的抨击，并暗示政府仍没有直面重大

的战略或经济问题。

如果霍尔－贝利沙先生质问张伯伦先生，虽然自己有些张扬、有些过于雄心勃勃而与陆军及部分同僚不和，但干劲十足，眼下正是用人之际，为何遭到解雇，那么首相不得不向下议院做出解释。

首相的责任

不论首相如何解释霍尔－贝利沙先生与英国远征军指挥官戈特子爵及总参谋长埃德蒙·艾恩赛德将军之间的不和，他都必须承担将霍尔－贝利沙先生解职的责任。他自认有资格这样做——他过去从未指挥过战争，但现在他认为自己有能力指挥这场战争。

从张伯伦先生坚持到底的决心来看，他的干劲似乎有所恢复。他的声音变得更加有力，听起来也比过去更加自信。他毫不怀疑英国追寻和平的事业是正义的，必将赢得胜利。

他的讲话不是非常有说服力或鼓舞人心，用词也不如温斯顿·丘吉尔那般灵活，但这些讲话中透露的不只是自鸣得意。

张伯伦先生拥有完全的掌控权，并且到目前为止还没有遇到强有力的挑战者，他在国内的支持度比他用《慕尼黑协定》寻求和平时还要高。这位做出如此之多的绥靖让步的先生没有受到约束，现在他就如同当初安抚希特勒时一样，会下定决心达到目的——打败他。

张伯伦先生的力量是有事实基础的：在先前的绥靖政策和现在的主战决议中，他都代表了英国的主流民意。要是换了别人，早就摊牌了。一些保守党人现在赞成通过与希特勒先生谈判实现和平。对张伯伦先生的批判现在已经有，而且将来还会有很多。换了任何人做首相都是如此。但是，目前看来，张伯伦的地位相当稳固。

1940 年
1 月 19 日

报道称中国军队正向广州挺进
称有一支部队南距该市仅 10 英里

【美联社香港 1 月 19 日电】今天，中国报道了中国军队在华南广东前线取得的新进展。据中方报道描述，中国军队的先遣队正从不同方向朝广州进发。

报道称，中国军队夺回了粤汉铁路位于广州市北 33 英里处的一座车站，并歼灭了 500 名日军；而另一支部队正在向广州市北仅 10 英里的江村前进。

针对广东省目前的局势，日军目前没有评论，但表示日军正在向湖北省北部的大别山发动新的攻势，进展迅速。

日方报告称，该地区的中国主力的据点考城（今属兰考。——译者注）已被日军占领，中国军队已被击溃，而日军还在步步紧追。

【美联社北平 1 月 18 日电】今天有报道称，阎锡山将军领导的正规军与受共产党影响的青年抗敌敢死队之间的冲突已经和解。曾有报道称，中国军队的不同派系在山西南部频繁摩擦，但外国军事报告对中国内战及其大规模冲突都没有充分报道。

1940 年
1 月 20 日

挪威和丹麦誓言保卫边境
两个斯堪的纳维亚国家宣布中立，称如果自由受到威胁，将奋起而战

【《纽约时报》哥本哈根 1 月 19 日电】挪威和丹麦于今天宣布保持绝对中立，但

补充说，如果独立受到威胁，将使用可以支配的一切军事手段。

受到丹麦 6 个党派领导人支持的泰奥多尔·斯陶宁首相，再次建议国家重申其政策。而含有受攻击时可动用军事手段内容的中立提案，经下议院表决，以 135∶0 的结果获得通过。表决时，来自石勒苏益格的一名德裔代表弃权。

共产党及国家社会主义工人党都支持该提案。

挪威首相约翰·尼高斯沃尔提出了相似的提案，也得到了支持。他补充说，只有在现实的战争问题出现时，才会考虑成立联合政府。

在就该问题进行辩论时，自由党领导人约翰·路德维格·莫温克尔将挪威的立场与芬兰做了比较，并提到苏联早在 1935 年就曾威胁芬兰的安全。他透露了在莫斯科与苏方会谈的内容，并向挪威政府做了汇报。

北欧国家采取行动

【美联社哥本哈根 1 月 19 日电】今天，丹麦发表了一份强硬的声明，由下议院一致通过，称丹麦的中立“必须维持”，丹麦的独立必须捍卫。

该声明得到了挪威的呼应，挪威首相约翰·尼高斯沃尔向议会宣布，任何对挪威的攻击都将遭到抵抗。

同时，在邻国瑞典，斯德哥尔摩方面宣布了一个新的空袭防御计划，包括在公园中挖壕沟，以及建造更多的防空洞。

丹麦的声明，一定程度上是为了改善它留给外界的印象。外界认为它的武装力量有限，遭遇侵犯时会放弃抵抗。

丹麦的声明内容如下：

“下议院决定宣布，全体丹麦人民同意，必须维护国家的中立，如有必要，将使用一切可能的手段维护秩序、维持并保护丹麦王国的和平与独立，并承诺支持内阁为此所做的努力。”

丹麦人表示，这一公开声明同时涉及对外政策和国内政治。

政治消息人士称，这份明确声明的出现是时势所需，因为在国外悄然流传丹麦人在受到攻击时可能不会奋起反抗的传言，起因是此前丹麦首相泰奥多尔·斯陶宁的一次措辞悲观的新年广播。

1940 年/1 月 25 日

社论：日本的目标没有改变

有报道称，日本在华傀儡政权领导人汪精卫签署了“和平条约”，而东京对此事的唯一反应是尴尬的沉默。据说，汪先生一方在上海的亲日派有人解释，这份“君子协定”的日方签署人是“得到日本军方批准”的日本政府“非正式”代表。由于东京的日本政府官员并未表示否认，所以这一消息将有助于美国知晓日本在华代表们已签署的是何种类型的“条款”。

报道称，该协定将允许日军在华北和华中地区继续驻扎两年，除非在此期间“新政府”（指汪氏傀儡政府。——译者注）“证明其有能力维持和平和秩序”。日军将长期驻扎在华北和内蒙古地区；内蒙古将由日军和中国人“共同治理”，而日本将“管理”中国境内的铁路、海关和经济的发展。蒋介石委员长一针见血地指出：这种“和平”将使中国沦为日本的保护国，只在名义上依旧是独立国家。

在日本政府想与美国重修旧好的时刻，这些“条款”提醒我们：日本军事指挥官们的立场并未改变。东京对上述协定未表示否认，则表明日本军方仍控制着日本政府的政策。日本的新首相，那个“温和”而“开明”的前海军大臣米内光政，不是前不久才宣布日本在华政策已“永固不变”吗？很显然，所谓的“永固”，是假设日本军方的想法不会改变。“和平条约”中有充分的迹象表明，日本的目标仍是不惜伤害中国和其他国家的利益，也要完全统治中国。在这些“和平条件”中，没有一个字提到要尊重被日本残酷并无端侵略的国家的权利。

1940 年
2 月 4 日

德国香烟消费量飙升

据称因为战争压力，1939 年德国消耗 470 亿支香烟

通过无线电发回《纽约时报》的报道

【柏林 2 月 3 日电】国际局势对人产生的压力会在多个方面表露。在 1939 年这关键的一年里，压力导致德国各种烟草产品消费量剧增。

报道称，仅在这一年中，德国人就抽掉了 470 亿支香烟、90 亿支雪茄、3200 万千克烟斗烟草，还消耗了 700 万千克鼻烟。仅香烟一项，消费量就比大衰退前的 1929 年增加了 150 亿支。1939 年各类烟草的总销售额近 30 亿马克。

1940 年
2 月 12 日

战时女性的风采

温斯顿 · 丘吉尔呼吁英国为兵工厂增招 100 多万名女工。这再次提醒人们：全面战争中基本没有什么性别之分。据估计，在英格兰、威尔士和苏格兰，将有 400 万名妇女从事直接与战争相关的工作，还将有几百万妇女从事辅助工作，从而腾出更多的男性参战。如此大规模的女性人力动员，史无先例，即便在第一次世界大战的最后阶段，也没有出现过。仅仅空袭预防服务一项，就招收了 58 万名妇女，还有 3.5 万名妇女直接在军中服务。人们发现，女飞行员可以完美操作英国皇家空军运输机。现有 1.1 万名妇女登记成为皇家空军辅助队成员，还有同样数量的妇女正在接受英国皇家海军的训练。有一名飞机维护队女兵因擅离职守而被捕，她正在拘留所中等候军事法庭的审判。这起事件向人们凸显了妇女们所承担职责的重要性。

这样的趋势在欧洲各个参战国家普遍存在。在芬兰，辅助军团的女性早已成为作战部队的预备队，在战斗最前线也能遇上她们。在法国，妇女们维持着农场的经营。而德国则要求妇女们以爱国主义的名义做出新的牺牲。现在，当一个国家进入战争时，人人都会参战，妇女只是被卷入这场大灾难的一分子。

1939 年，英格兰贝德福德郡，英国本土辅助运输服务队的成员滚着货车轮胎穿过东部司令部的兵营操场。

1940 年 2 月 25 日

美国大学生调查显示希特勒居首位 乔治敦大学学生评选其为杰出人物

发回《纽约时报》的特别报道

【华盛顿 2 月 24 日电】在由乔治敦大学艺术及科学学院的本科生周刊《球兰》发起的一次校园舆论调查中，阿道夫・希特勒被学生们评选为“当今世界最杰出的人物”。在这项评选的 269 张选票中，选希特勒的有 113 张。教皇庇护十二世的得票为64张，位列第二；罗斯福总统以35张排名第三。

罗斯福总统和邮政部长法利在“我最喜爱的政治人物”评选中分别获得第一、二名，而地方检察官杜威和阿尔·史密斯位列第三、四名。有89名学生将罗斯福先生评为最佳总统，而杜威先生和保罗·V. 麦克纳特的票数紧随其后。

《纽约时报》以78票当选“我最喜爱的报纸”。由于学生们敝帚自珍的想法，《球兰》以39票位列第二，而《纽约先驱论坛报》位居第三。

总统夫人埃莉诺·罗斯福轻松地赢得了“当今世界最杰出的女性”头衔，伊丽莎白王后则险胜蒋介石夫人位居第二。

149名投票者将“女生和爱情”列为最喜爱的“闲谈”话题。而体育仅以可怜的27票位列第二，战争则以18票位居第三。

1940年/2月25日

6个月的封锁，考验纳粹专制

奥托·D. 托里斯克斯
通过无线电发回《纽约时报》的报道

【柏林2月24日电】尽管德国痛苦地抱怨，英国新的“饥饿封锁”会把德国妇女和孩子饿死，从而为德国最可怕的反击措施找到正当理由。但德国的发言人宣称，由于德国的专制体制、高瞻远瞩和尚存的对外贸易，尤其是和苏联良好的政治经济关系，德国事实上已经不受封锁的影响。事实上，发言人表示，“一战”中的德国在“天时”方面就处于有利地位，而现在，德国更在一天天用尽各种办法使自己变得更为强大。

这些明显互相矛盾的说辞有几分可信?

很不幸，真相不是那么容易显露出来的。因为在极权主义战争中，统计学家们也与宣传大军间有瓜葛，因此统计数据要么不全，要么被添油加醋。一种保险的统计资料阅读方法，是忽视对方宣传的内容，只接受对方承认的内容。但是，即使存在这一限制条件，我们对形势还是可以做出大致的估计。

财政状况

物质资源的问题可以大致分为 3 种——财政、食品和原材料。

关于财政，德国政府及其代理机构征收的税费占国民收入的比重约为 40%。此外，德国政府还为其自身利益而抵押了全国所有的存款和一大块剩余财富。已公布的公共债务早就超过了 500 亿马克（至 1939 年 10 月底为 496.95 亿马克）。融资办法让各色财政专家头痛不已，以致计划的新增税收及其他财务措施还未公开。

至于食品，德国宣称，在征服波兰前，德国已达到了 82% 的粮食自给率，而现在，它正以真正的德国式高效率把通过征服夺得的领土迅速转化为粮仓。值得一提的是，德国在"一战"前就达到了 80% 的食品自给率，而"一战"期间，德国支配的被征服领土面积更大，但仅仅一场"饥饿封锁"就让德国屈服了。国家社会主义工人党政权将德国"一战"失败归咎于帝国政权的管理不善和缺乏远见，尤其是"一战"早期用大规模的"杀猪运动"来节约饲料的做法。现在，德国夸口说这样的事再也不会发生了。有证据显示，德国早在敌对行为发生前就已实施了配给制，德国农业"生产战役"也已开展了数年。

原材料库存

德国商业研究所预估，早在 1938 年 7 月，德国原材料的自给率就达到了 65%，再加上"四年经济计划"的进展，理论上说，现在的自给率会更高。但该研究所也警告称，"根据'最小因子定律'，如果缺乏的货物是制造某些商品所必需的，那么即使是原材料供应上的小缺口也能对生产产生巨大的影响"。换言之，缺几磅铜就可能让一家兵工厂停产。战争已经导致物资供应减少，这也得到了事实的证明，尽管对民用生产做了严格限制，但现存的物资还是正在快速消耗。

因此，德国在食品和原材料两方面均依赖于对外贸易。

总而言之，"饥饿封锁"看来不能迫使德国投降，至少在眼下还无法让德国战争机器失去战斗力，它仍在全速运转。但是，封锁肯定已导致德国在各个方面供给不足。而这些定量供应是否会削弱德国的军事力量，主要取决于战争的表现和持续时间。

1940 年/3 月 13 日

协定给苏芬两国带来的得失

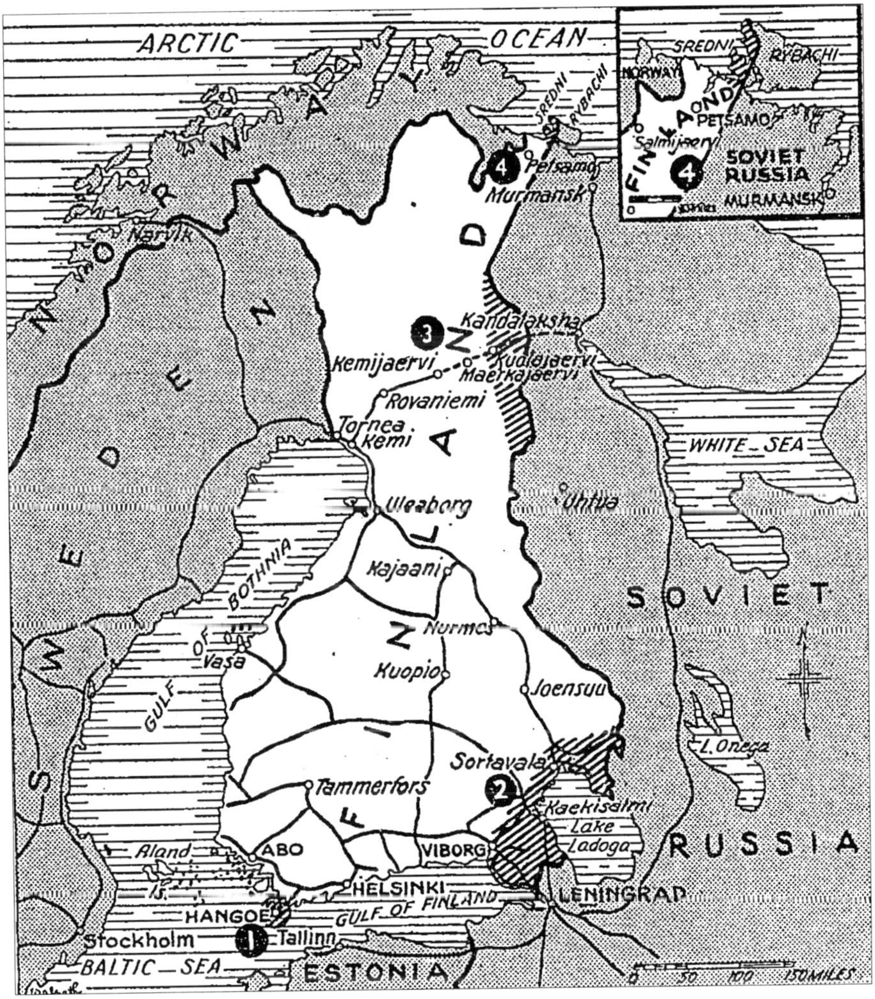

苏联将租借汉科①，整个卡累利阿地峡②，马尔加雅尔维湖以东的领土③，以及斯雷德尼半岛和雷巴奇半岛的一部分④。图中的斜线阴影部分大体表示了苏方所得。

1940 年
3 月 21 日

巴黎的目标：团结
呼唤“强势”领导人以平息对战争不作为的批评声

P.J. 菲利普
通过无线电发回《纽约时报》的报道

【巴黎 3 月 20 日电】今天，爱德华·达拉第总理宣布辞职，当然，他的全体内阁成员也会一起辞职。尽管在这最后的时刻充满了戏剧性，但是一系列的事件早就预示了这种结局的产生。

今晚，保罗·雷诺将考虑是否接受阿尔贝特·勒布伦总统在今天下午对他发出的组阁邀请。他承诺将于明天上午做出答复，也就是说，他认为届时他会得知自己是否将接任总理之职。

今晚，有很多人更倾向于认为雷诺先生会接受该邀请。他确实拥有军事指挥所需的思考能力和决心，参议院和众议院已经先后征求了其在战争方面的意见。极有可能，如果雷诺组阁，他本人将兼任外交部长。另外，如果达拉第先生同意，可以继续留在陆军部。

新内阁可能包括两名社会党成员

今晚，人们还相信雷诺会有意接纳两位社会党代表进入内阁。过去，雷诺提出了很多口号，他刚刚还提出了“战争中，党派和性格差异无关紧要”的口号，唯一重要的是赢得战争。如果他成功获得了必要的支持，就将开始自己的第一个总理任期。（社会党是法国第一大党，在达拉第内阁中没有代表。美联社报道称，达拉第先生已于昨晚改变主意，同意在雷诺内阁中担任国防部长。报道还称乔治·曼代尔将留任殖民部部长。）

同时，达拉第总理辞职产生的舆论影响是最为重要的事情。公众认为他最大的遗憾是居然在一次众议院的秘密会议时辞职。选民想知道议员们以自己的方式选择投票或弃权的理由。

人们承认，法国的参战方式颇遭非议，而且批评主要是总理的行动对形势的顺应不够快。

批评说，他缺乏主动性和想象力，比如，他未能迅速有效地向芬兰提供足够的支持。人们并不真的相信这样做会对芬兰有更多直接的帮助，只是想说，如果按照这样的办事节奏继续下去，可能在其他方面产生不良后果。

如果这些以及其他批评是在公开会议中提出的，结果无疑会更好。在秘密会议上提出并以混乱的投票告终的做法，不可能对达拉第再次组阁有任何帮助。雷诺先生可能接任总理。如果他拒绝出任，则会有其他人接到邀请；如果无人能继任，那么看来勒布伦总统将不可避免地再次转向达拉第先生。与其说达拉第是落败，不如说他是被逼迫请辞，毕竟有那么多议员在投票中选择了弃权。

1940 年/3 月 24 日

巴黎与柏林：发人深省的对比

安妮·奥黑尔·麦考密克
从巴黎通过无线电发回的报道

巴黎动辄就宣称自己是法国的战时首都。这座城市已准备好迎接战斗、抵抗炮击并为可能的伤亡提供一切形式的救助。在巴黎，一天当中，你会遇上很多志愿工作者，听说他们为了服务士兵准备了很多“休息场所”。在这里看到的后方军事活动，要比在柏林一个月的所见所闻还多。

战争对各国一视同仁，所有国家在战时的形象都非常相似。但是，看过柏林之后，再向巴黎投去一瞥，马上就会发现两种政府体制和两种生活模式完全不同。战时法国政府的管理形式在某些方面和莱茵河对岸的德国一直沿用的政府管理形式一样健全。但是，就两个首都而言，区别马上就能清楚地看出：其中一个政府掌控着一切，而另一个政府则带有强烈的私营企业的习惯和个人的首创精神，即使是战争冷酷的面具也无法掩盖它们。

昨天，一位从前线告假的军官描述了一次战斗的场景。当时法军一支 9 人侦察队突然遇到了一支由 54 名德军组成的小分队。他说：不等军官下令，法军就凭着直觉立即散开并形成长长的一条线，而德军则依旧排成集群队形前进，结果 9 名法军只损失了两人，而德军却有 7 人被俘。

从这个典型例子中，人们可以感受到德国的密集队形与法国的线形队列的鲜明对比。当敌对双方人数增至数千倍之后，自律的一方，面对着受命令一方的大规模集群，是否有获胜的概率？这不仅是战争的最大悬念，也是战争的主要议题。人们日益清楚地认识到，欧洲的斗争对于人类控制机器进行长期战斗是一部启示录。因为，机器最极端的表现形式是战争机器，而希特勒只是这部机器的肉体化身，他毫不关心个人，对自我控制和运用头脑尤为蔑视，而法国人在这方面却极为执着。

柏林和巴黎还在另外两个方面有着明显的不同。巴黎不仅是法国的战时首都，也是同盟国的战时“首都”、英法两国共同的军事指挥中心。这一点很明显，就像伦敦是政治中心一样。

本周巴黎生机盎然，为庆祝复活节，游客们穿过英吉利海峡，英军官兵也纷纷从前线告假。各色制服、各种语言交织在一起，人群在街道、咖啡馆和影剧院中来来往往，营造出一派欢乐活泼的气氛，掩盖了沙袋工事、紧闭的商店、防空洞和道路两侧无情的“消极防御”时期的食品供应通知。

这一切表明：法国并不孤单。英法之间在本次战争中展示了上一场世界大战中未曾感受到的手足情谊。即使是坐在布洛涅公园中出租座椅上的满面皱纹的老太太都知道，英法需要动用双方的陆军和空军力量才能抗击德国。“我们要么紧紧抱作一团，要么完全各自为战。”老太太用一个她认为是自己首创的表达定义了同盟国的政策。

两个民族对战争都没有热情，所以德国人并不真正相信会发生最坏的情况。而法国人则不然，他们正视面前骇人听闻的恐怖。虽然对未来有深深的悲观，但他们决心勇敢地坚守战线，并始终如一地享受着平凡生活中最微小的快乐。比如，他们每天在第一缕阳光下，一边吃着白面包，一边与朋友交谈，或是一边看着点缀枝头的嫩芽，一边在阳台上喝着咖啡。法国面对紧急的形势相当潇洒，法国女性和目光坚定、节俭成性的法国农民尤其如此。最最当之无愧的，要数那些看到农田被破坏而仍在耕耘的农民。“他们还会走这条路吗？”他们漫不经心地问道。

柏林则出奇地悄无声息。与香榭丽舍大街相比，菩提树下大街的主干道上人迹寥寥。而在法国，汽油使用几乎不受限制。私家车和出租车在城市的各个角落来来往往，数量和拥挤程度跟往常相比几乎没有什么区别。

而在柏林，车流量降到了最低限度。除了使用合成燃油的公交车和为节省燃油而两三辆车串在一起的满载货物的卡车，街道上几乎看不到别的车辆。人行道上，人们来去匆匆，一片寂静。每个人都心事重重，即使结伴而行，他们看起来也像是各走各的。夜间，更是一片死寂。在灯火管制的主干街道上驱车行进，感觉就像是驶过黑暗的乡间小路。大楼被完全遮蔽，暗藏的门窗中，不会透出一丝声响。摸黑行进在隧道般的大街上，你几乎听不到一点声音。你只能看到其他摸黑行走的人们，听到他们的脚步声。

即使是在大商店里，虽然人群涌动，但人们都是非常安静地物色要买的东西。销售女帽、珠宝、小玩具、丝绸和奢侈品的柜台里仍琳琅满目，而其他柜台的商品已经售罄。服饰的标价牌上标明了价钱及所需“点数”。消费者更为关注的不是价钱，而是这些商品要从定量供应卡中划走多少点，毕竟每张供应卡只有100 点。

商店的橱窗中摆满了大批新品，但当你想购买橱窗中的新品时，就会被告知它们仅仅是“装饰品”。在德国，这些店面的陈设是政府策划的，而橱窗中服装的陈设意在说明战时物资并不像某些德国人所怀疑的那么不足。

巴黎的夜间仍然人声鼎沸，灯火通明，人们走动十分方便。街灯只是调低了亮度，很多门面仍有灯光照明，窗帘也只是随意地遮着窗户。巴黎不实行配给制，而且明显也不存在物资短缺的情况。对食品的限制也只是简单地禁止在某些日子销售某些商品而已，比如一周有 3 天不供应肉类，另有几天不供应面食、酒精饮料和甜品。

素有美食家之称的法国人对这些限制只是耸耸肩，而德国人却一直在思考和谈论吃的问题。德国主妇把大部分时间用在准备食物上，她们的觉察能力异常灵敏，要是有哪家大胆的商户得到了一批不限量供应的食品，如坚果或橘子什么的，只要食品刚刚摆出，她们就会排队抢购，长长的队伍甚至会跨过整条街区。

德国人封闭在自己的世界里。他们没有亲如兄弟的盟友。轴心国的形成从未促使它们形成同志般的关系，虽然它与苏联签有互不侵犯条约，但并没有把苏联人大量吸引到柏林来。现在德国和苏联一样，几乎与世隔绝。在齐格菲防线的背后，它用自己的方式与大部分邻国来往，但在所有的武装行动和外交手段中，希特勒没有为自己的国家交到一个朋友。德国在孤军奋战，这种孤立的气氛与法国完全不同：一个像是密不透风的房间中的空气，而另一个则是清风拂面的原野。

1940 年／3 月 31 日

日本期待汪精卫建立“新秩序”

休・拜亚士
通过无线电发回《纽约时报》的报道

【东京 3 月 30 日电】汪精卫从他在上海法租界的堡垒中露面了。作为全中国唯一承认对日战争已经失败的人，他组成了一个愿与日本议和的政府。在南京向中国和全世界证明日本支持汪精卫是日本目前最坚定的政治使命之一。

在很多人看来，这些煞费苦心的表演只是另一出傀儡剧的序幕。而对日本来说，它们是一个精心准备、长期策划的行动。如果这个大试验成功了，那么它将证明让日本赔上很多生命和金钱的政策是正当的，并将迫使外国列强认识到“新东亚”已经诞生了。如果它失败了……但接受这个失败在日本看来近乎“大逆不道”。

长江上的雾气遮蔽了人们的视野，但人们应该留意的信号是：一、如果日本透露愿和汪精卫签署和平条件，那么这些条件将是什么性质的；二、蒋介石在夏季增加的战斗力有多少。如果这些和平条件使明智的中国人能够感到战争虽然失败了，但国家并未灭亡，那么在他们看来，和平会是很诱人的。如果在接下来的夏季，蒋介石能将新的游击部队部署到日本已拉得过长的战线周围，那么在战事开始第四个年头的秋季，和平希望仍然如彩虹般虚幻，那么日本将不得不重新审视形势。

日本的目标未变

在分裂中国方面，日本从未承认自己会放弃任何一个目标。它的目标仍是将中国纳入以日本为主的东亚“新秩序”中。然而，3 年的战争表明了中国太大，无法一口吞下，于是日本向事实低了头。

在日本人看来，汪精卫政府提出的条件有助于日本巩固它已经获得的利益。蒋介石仍控制着中国更多的人口和领土，但在物资力量方面，完全无法与日本抗衡。汪精卫的新“中央政府”统治了整个沿海地区，其中包括中国 90% 的铁路、90% 的海关收入、全部的销售收入、78% 的棉花、75% 的马匹，以及中国很大一部分工业、矿产和农业资源。

按照日本的蓝图，如果该地区实现和平，贸易将很快得到改善。国际投资将再次获得回报，贷款的偿还也将恢复。即使边界周围的游击战数量猛增，但边界以内仍会慢慢恢复和平与繁荣。民主国家可能会拒绝承认这个政权，但事实上它们与中国所有的交通连接点都将处于汪精卫控制的区域。

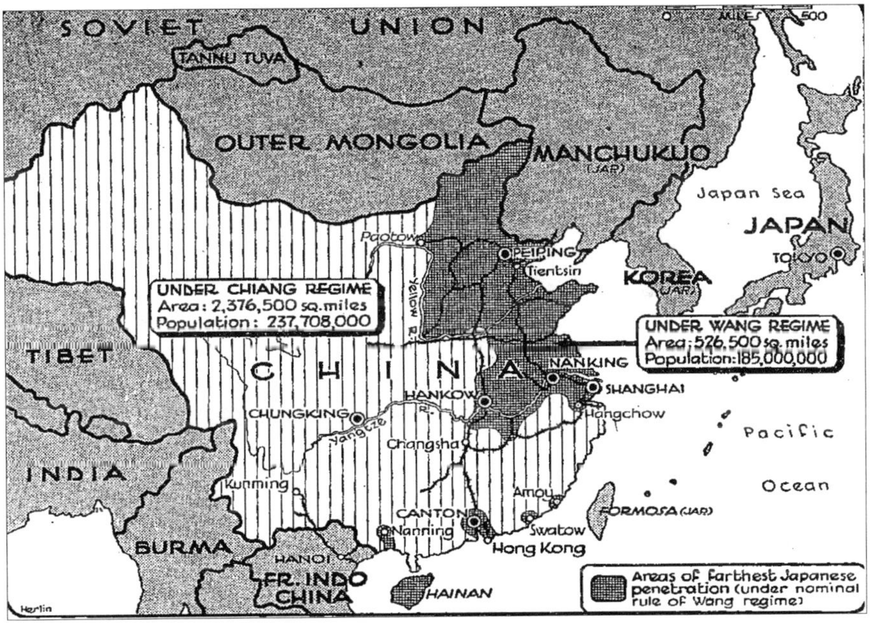

日本在华扶植的汪伪政权于 1940 年 3 月成立。（此图上的西藏为中国领土，“满洲国”、台湾为日占中国领土。——译者注）

左上框：蒋介石统辖区，面积为 237.65 万平方英里，人口为 2.37708 亿；
右上框：汪精卫统辖区，面积为 52.65 万平方英里，人口为 1.85 亿；
右下框：遭日军严重侵略的地区（汪伪政权名义上的统辖区）。

第三章

3 chapter

日不落帝国光辉不再

1940 年 4—6 月

经过几个月的等待，假战争在急风暴雨般的军事行动中走到了尽头。虽然涉及德、法、英三大强国的重要战事没有发生，但斯堪的纳维亚半岛上一场小规模战争爆发了。战事始于4月9日，德军突然入侵丹麦和挪威。一支英法联合部队被派往挪威，以增强挪威的抵抗力，但是这支军队实在是弱小，而且缺乏经验。《纽约时报》全面报道了这次战役的详情，准确地预测到：4月26日前，那支“装备不良的英军将遭到灭顶之灾”。正当全世界都屏息等待的时候，德国武装部队于5月10日在西线发起了全面攻势。一连几天，《纽约时报》以为德国又在欺负弱小国家，不过这次的倒霉蛋是比利时和荷兰。然而，到了5月11日，甚至有人在谈论盟军已经在低地国家取得胜利。

就在同一天，《纽约时报》报道了张伯伦政府倒台、丘吉尔出任新首相的消息。随之而来的，是一个关于丘吉尔身经百战的长篇专题报道。《纽约时报》驻外记者赛勒斯·索尔兹伯格在之后把丘吉尔说成是“一个又矬又胖，却伟岸不可战胜的人”，一个应运而生的时代伟人。而丘吉尔也无力阻挡德国军队的猛烈攻势，只能设法克服阿登森林狭窄的地形，通过法国防线上的林间缺口派遣新的装甲车师团。当英国和法国意识到事情的真实状况时，一切似乎已经太晚了。

对记者来说，要准确把握事态的发展很难，因为官方的新闻报道寥寥无几，而部队调动迅速而又无法预测。5月21日，《纽约时报》刊登了一篇题为《法国境内战局一片混乱》的报道，但混乱的局势却很快转而清晰起来。德国军队全速赶到英吉利海峡的海岸，包围了英国军队和法军左翼，其余的法国军队则溃散到法国南部和西部。记者哈利·本尼与英军一起撤退到了敦刻尔克，并目睹了成功的大撤退，把它称为“整个灰暗局势的唯一亮点”。但英军的逃离是法国的灾难，6 月 10 日法国政府放弃了巴黎，并在 7 天后请求停战。《纽约时报》记者德鲁·米德尔顿在几年后写道：“这是长达 6 年的战争中最具决定性的战役。”

这给美国造成了直接的影响。5 月 12 日，《纽约时报》刊载了标题为《军团 6 天行军 600 英里》的报道，但报道所述的军队调遣地是美国，而不是欧洲。美国举行了一场大型演习，试图用坦克和飞机真枪实弹地模拟正在欧洲发生的战事。《纽约时报》刊载了德国的战术，称德国在 6 月份不再进行长期的作战行动，转而实行义务兵役制，把重心转移到适度的“国防计划”的理念上。国务卿科德尔·赫尔警告美国人民：从长远来看，自我孤立是徒劳的。美国坐视英国的命运而拒施援手，就像《纽约时报》军事记者汉森·鲍德温后来所描述的那样，是“大卫对抗歌利亚”。

6 月 4 日，丘吉尔发表了一篇著名的演讲，号召英国人民战斗到底。6 天后，意大利独裁者贝尼托·墨索里尼对英、法宣战，正如罗斯福所述的那样，从背后向它们捅了刀子。前景看上去非常惨淡。6 月 30 日，《纽约时报》在一篇标题为《太阳照常西沉》的社论中反思道，从亚历山大大帝到拿破仑，无论多么伟大的征服者，最终“都以悲剧落下帷幕”，希特勒也不例外。这种乐观精神在战争进行 5 年后才得见分晓。

1940 年/4 月 2 日

奥斯陆方面担心各盟友的计划 纳粹的行动势在必行

奥托 · D. 托里斯克斯

【奥斯陆 4 月 1 日电】今晚，挪威满怀强烈的恐惧，但表面上并没有显示出任何的惊慌失措，等待英国首相张伯伦明天的演讲，听他阐述那个旨在澄清同盟国最高军事委员会关于加强盟军的封锁行动的决定。只有这样，才可以决定斯堪的纳维亚半岛是战是和。

这种担忧源于盟军方面的新闻公报，以及海军大臣温斯顿 · 丘吉尔于上周六发表的讲话。人们将之解读为，盟军决意不惜一切代价，阻止德国从纳尔维克通过挪威领海，阻止它运走瑞典的铁矿。如果必要，盟军将派遣舰队至挪威水域监视德国人，并谴责德国对挪威中立的伤害。

德国对这些暗示的反应表明它会立即采取反制措施。最近德国飞机不停地在挪威领土上空飞过，此举被看作德国方面的警告，即如果北欧国家默许德国的敌人甚至只是在技术上妨碍它们的中立，它们将会面临什么后果。

苏联也在行动

如果德国对斯堪的纳维亚半岛发起进攻，估计苏联不会在背后观望。这一观点通过以下报道得以证实：苏联已要求芬兰立即遣散军队，而且苏军正在波罗的海港口处的爱沙尼亚海军基地赶修工事，进度比预计的要快。

结果，挪威发现自己进退两难，现在只能再次祈祷苦难不要降临。这里的局势如此微妙，官方人士拒绝在盟军宣布决定或付诸行动之前做出任何评论，挪威新闻界同样不愿就此发表任何意见。这一问题的重要性只有在各同盟国的首都的新闻大字标题和长篇报道中才能得到证实，而这也正是从政治和商业圈子，再到各类俱乐部和各种社交聚会，都在讨论的话题。

1940 年/4 月 3 日

张伯伦众望所归

公众认为他一心想击败德国，就像之前他一心想安抚德国一样

安妮·奥黑尔·麦考密克
通过电报发回《纽约时报》的特别报道

【伦敦 4 月 2 日电】几乎是在一年前的同一天，也就是 1939 年 3 月 31 日，本报记者坐在下议院的旁听席上，看着张伯伦首相慢慢起身，发表了一份简短的声明，从此放弃了绥靖政策，保证大英帝国会援助波兰，抗击侵略。这一声明历史性地粉碎了英国之前的主张。

那天，下议院的人们个个屏住呼吸。凭直觉，他们知道英国将真正加入对德的斗争中。气氛十分紧张，同时掺杂着兴奋与忧患。首相面色苍白而严肃，在最后这一刻，当他慎重地推翻曾一直苦心孤诣坚持的绥靖政策时，人们可以明显看到他在发抖。

今天，在经历了变故频发的复活节假期之后，张伯伦先生在下议院又宣读了另一份重要的声明。在周六的广播中，海军大臣温斯顿·丘吉尔打响了第一枪，首相随之正式发动了同盟国在经济方面的攻势。随着极端经济制裁的决定付诸行动，在英国，没有任何人会怀疑，今天的宣言将迎来一场斗争，它比场面恢宏的军事考验更加严峻、更致命、更富于戏剧性。英国人选择了一条路线，他们确信能顽强战斗，并坚持到最后。

一年前，尽管张伯伦先生冒着战争的危险实行绥靖政策，但他并不真正相信这场战争是不可避免的。今天，他宣布，所有中立者必须参与进来，而且必须动用一切力量坚持到底。那个执拗的人，人们都这么说他，现在一心想发动战争，就像他当初一心想要和平一样。

中立国外交官惴惴不安

但不管怎么说，今天下议院的气氛不像1939年那么剑拔弩张了。旁听席上，除了全神贯注聆听的中立国外交官外，几乎没有旁人。内阁成员挤坐在长条凳上，年轻人比最近几年多出很多。首相本人在最后宣布进入战争状态时，表现出了之前从未有过的坚定与自信。他宣读决议时铿锵有力，指出英法将联手作战直至胜利，并在建立和平、重建国际秩序中继续合作。

众望所归

今天会议的一个突出事实是，这个相当平常的人，一个如此缺乏表演才能的人，或者说一个如此缺乏感召力的人，居然完全掌控着战时的英国。从绥靖到战争，如果说大多数英国人都跟随着张伯伦先生，并随之从第一个未知阶段摇摆到第二个阶段，那一定是因为他的行为准确地反映了普通英国人的处事节奏。

毋庸置疑，无论是和平还是战争，他这种不屈不挠的精神在英国都是典型的。英国人的不屈不挠就是能在紧急情况下勇往直前的品质。

“老内维尔先生具备典型英国人的所有特征。”今天演讲结束后，旁听席上的一个姑娘说。

今天，议会长凳上没有看见海军大臣丘吉尔先生的影子。他在战时内阁中展现了卓越的才华，现在已是众望所归。几个月前，人们纷纷议论说他将取代张伯伦成为英国首相，但现在这种议论少了。

尽管张伯伦年事已高，尽管人们对政府的做法有诸多不满，尽管人们怀疑对中立国的经济战争是否会像信心满满的政策制定者相信的那样成功实施，但相比于任何可能的接班人来说，公众更喜欢张伯伦先生来带领英国进行这场充满危险的战争试验。

1940年/4月9日

纳粹入侵挪威　占领纳尔维克
瑞典正在动员

【《纽约时报》伦敦4月9日电】英国路透社通讯员今天上午报道，奥斯陆电台已经证实德军于今天凌晨3点在挪威口岸登陆。（美国驻挪威公使J. 波登·哈里曼夫人今天早晨通知美国国务院，称接到了挪威外交大臣的通知，说挪威已考虑与德国交战。哈里曼夫人还报告说，早晨5点30分，挪威海岸炮兵仍然与试图强攻奥斯陆峡湾的4艘来犯德国军舰交战。）

消息称，挪威政府已经离开奥斯陆，前往以北的哈马尔。

路透社进一步报道，德国已经夺下卑尔根和特隆赫姆两座城市。（美联社报道称，奥斯陆电台今天早晨宣布，挪威政府在彻夜的内阁会议之后，已下达总动员令。）路透社来自巴黎的报道说，奥斯陆电台报道称，今天早上，德国已经攻克纳尔维克。

挪威使馆今天上午发布了以下公报：

“在奥斯陆的德国公使今天凌晨4点30分会见了挪威外交大臣，要求将挪威移交给德国当局管理，否则，将武力打击所有的抵抗。但这一要求已被拒绝，战事已经开始。”

【美联社伦敦4月9日电】英国路透社从巴黎发回的快报称，挪威首都奥斯陆遭遇空袭，但奥斯陆电台仍在运作。（美联社从巴黎发来报道：奥斯陆广播电台今日报道称，挪威首都遭遇多次空袭，政府已下令市民在两天内撤离该城。）

克里斯蒂安桑遭遇轰炸

【合众社斯德哥尔摩4月9日电】新闻快报：挪威电台称，德国飞机在今日凌晨时分轰炸了挪威南部海岸城市克里斯蒂安桑。

报道称，克里斯蒂安桑的居民已疏散。据说，附近的奥斯卡堡海岸炮台炮击了企图登陆的德国军舰。

德国在瑞典港口布水雷

【美联社伦敦4月9日电】英国路透社截获一条德国导航服务的广播，称瑞典在北海斯卡格拉克海峡的所有重要港口，今天早晨全部被德军布设了水雷。

击退4艘战舰

【美联社斯德哥尔摩4月9日电】政府高层今天早晨证实，确有4艘外国军舰试图强攻挪威首都的水上大门——奥斯陆峡湾入口，称入侵军舰已被海岸大炮所击退。

高层人士称，4艘德舰中有一艘是重型巡洋舰。进攻约在中午12点30分打响，但没过多久便匆匆结束。

守军以加农炮为主展开反击。据称，此后侵略者便撤退消失不见。

由于挪威与外界的电话通信突然中断，战斗详情更难获取。目前电话通信只限于“政府之间”。个人试图向挪威首都打电话时都被告知，只有政府电话才会受理。

1940年4月，遭德国空军空袭的挪威纳尔维克。它随后被纳粹占领。

1940年/4月10日

面对纳粹入侵，丹麦极不情愿地屈服了
首都一片宁静
德国人声称已基本占领全境
已下令灯火管制

【《纽约时报》斯德哥尔摩4月9日电】丹麦虽然极不情愿，但并未做任何抵抗，就向德国投降了。今天，德军士兵开始在哥本哈根街头巡逻，其他部队也正在调往丹麦各地，特别是面对英格兰的日德兰半岛沿岸。

丹麦国王克里斯蒂安和首相泰奥多尔·斯陶宁发布了一条公告，呼吁军队和人民不要进行任何抵抗。来自哥本哈根的最新报道称，对丹麦的占领正在以和平的方式进行，一切都很平静，而且德国当局已经开始从经济和政治上统治这个国家。

柏林发出公告

【美联社柏林4月9日电】德国的官方新闻机构德国新闻局从哥本哈根发来的报道称，今晚丹麦国王克里斯蒂安和泰奥多尔·斯陶宁对丹麦人民发布了公告，要求他们避免不适当的行为，并让他们确信丹麦虽然抗议声不断，但是已经向德军投降。

德国新闻局发布的《丹麦公告》全文如下：

致丹麦国人民：

德国军队今晚越过了丹麦边境。一些德国军队将在丹麦多个地区登陆。鉴于德军的入侵，丹麦政府已决定迅速处理紧急国家事务，特传达：

“目前，在我国的德军已经与丹麦武装部队有所接触。接下来，请我们的人民务必避免对德军进行任何抵抗。面对战争所引起的灾难性的后果，丹麦政府将努力确保人民和丹麦领土的安全，因此，务求民众保持冷静和谨慎的态度。

“愿我们国家和平有序。愿全体人民对政府保持忠诚的态度。”

国王克里斯蒂安

泰奥多尔·斯陶宁

1940 年 4 月 9 日哥本哈根

国王克里斯蒂安还附加了一条个人讯息：

“我国现在局势危急，我谨要求全体城乡居民保持完全正确和不卑不亢的态度，因为任何轻率的举动或言辞都可能会引发最严重的后果。”

1940 年 / 4 月 11 日

奥斯陆登陆情况

目击者说，德军已剑拔弩张，时刻准备立即采取行动

【《纽约时报》斯德哥尔摩 4 月 10 日电】据目击者称，昨天下午 3 点，一支 1000 人的德国精锐纵队进入奥斯陆市中心。一位逃到瑞典边境的路透社记者写道：德军每人手持一杆令人望而生畏的步枪或机枪，身背一个敞开的闪闪发光的古铜色机枪子弹带，时刻准备进攻。

但他们没有遭遇到任何抵抗。由于一系列迅速发生的事件，以及在过去的 8 小时里令人难以置信的种种经历，奥斯陆的居民们现在手足无措，只能夹道围观侵略者鱼贯而入。

大约一小时前，在德国的淫威之下，奥斯陆市弃械投降。从昨晚一直到今天早晨，德国飞机轰炸了周边所有的军事目标，还用机枪扫射了港口防御区。

德军已经接管了所有的军用机场，包括奥斯陆外围的佛倪波，已有150架德国轰炸机在此降落。

德军以此威胁奥斯陆的民众，如果胆敢有任何抵抗，就将把他们全部炸死。

中午时分，奥斯陆的主要火车站挤满了急欲离城的撤离人员。妇女、儿童和老人打着他们所能带走的全部财产。所有的人都显得很迷茫，但脸上并没有恐惧和担忧的迹象。

飞机在头顶轰鸣

奥斯陆的上空，德国飞机不停地盘旋，引擎的轰鸣声不绝于耳，希望以此让人们胆战心惊。街道已了无人烟。所有企业和银行都关门歇业了。

从旅馆的窗子向外望去，可以看到一架德国战斗机在海港上空加大油门俯冲，机枪不断往下扫射，地面上的防空部队只有断断续续的反击。下午晚些时候，从不远处的美国公使馆方向又传来了飞机引擎的轰鸣声，据称有3架轰炸机高高地在空中盘旋。正当人们若无其事看着这一切时，突然从200码以外传来一声可怕的巨响，一幢房子爆炸了。就在房屋消失在黑烟中的时候，又有5颗炸弹在附近连续爆炸。

克里斯蒂安桑突袭实录

【美联社斯德哥尔摩4月10日电】据目击者称，飞机和战舰袭击了挪威南海岸的克里斯蒂安桑要塞，街上全是碎石瓦砾，大教堂的顶部也被炸掉了。哭泣的妇女和儿童挤满了防空洞。3个小时后要塞失守。有三四栋大楼被纵火焚烧。

据多名目击者报告，多达150架德国飞机参加了对奥斯陆的占领行动。另有400名手持机枪和手榴弹的德国士兵乘渡船前来。据称，约有120名挪威士兵在这次战斗中丧生。

1940年/4月12日

社论：为挪威而战

在温斯顿·丘吉尔拒绝为英国议会“揭开面纱”的时候，在数千名战士家属被告知要再等一天才能了解确切消息的时候，外部世界在读到挪威附近海上战斗的公报时，还是忍不住屏住了呼吸。这场激烈的海上战斗结果尚不清楚。它是这场战争中最伟大的战役，仍在继续。在这种情况下，英国和其他各国海军保持沉默可算是明智之举。在日德兰半岛大战役之后，英国试图满足人们对新闻的渴望，但其过早的报告给公众呈现的完全是虚假的画面。昨天，丘吉尔先生亲口说道，英国巨型巡洋战舰“声望”号在一次与两艘德国战舰的决斗中受损，无线装置被摧毁，与伦敦方面的联系因此中断了几小时。像“声望”号这般让人担忧的可能还有其他船只，以及所有参战的海军部队；在有关最后一艘船的命运的消息传来之前，不可能有确凿的报告。

但除了笼罩在北部国家上空的迷雾之外，有两个事实凸显出来，它们的有效性和重要性绝对不容忽视。第一，挪威选择了战斗而非屈服，它根本不相信德国的承诺。“保护性监管”统治，除非用压倒性的外国军事力量强加给它，否则它绝不会接受。挪威以大无畏的勇气集结了其弱小的部队进行了殊死搏斗。现在的问题是，到底挪威的盟友能否提供及时的援助。

第二，英国舰队对德军进行了及时而强有力的打击。即使硝烟散去时我们看到的是海上压倒性的胜利，但还是有一个非常艰巨的问题，即远征军如何在挪威登陆？如何将侵略者逐出这个国家？殊死的猛烈的防守反击战已经开始，人们也已经充分认识到这一问题的极度重要性。

1940 年/4 月 15 日

挪威苦战中的战略行动

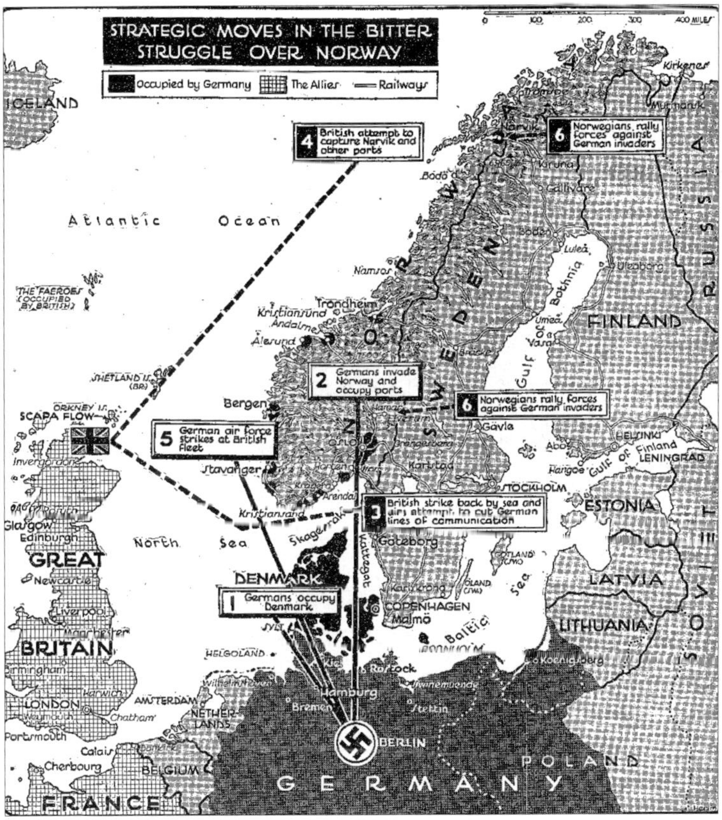

■ 德占区 ▦ 同盟国 ══ 铁路

1：德军占领丹麦。

2：德军入侵挪威并占领港口。

3：英军从海、空两路反击，企图切断德军交通线。

4：英军进攻纳尔维克及其他港口。

5：德国空军袭击英军舰队。

6：挪威集结力量抗击德国侵略者。

1940 年/4 月 18 日

杜威称，问题的关键是远离战争

如果改变政策，中立将更安全
他补充说实行新政违背了承诺

詹姆斯・C. 黑格蒂
发回《纽约时报》的特别报道

【俄克拉何马城4月17日电】共和党提名的总统候选人、地方检察官托马斯・E. 杜威在一份声明中称，新政的记录是“肆意妄为的废盟弃约的记录”。今晚，杜威先生在这里告诉与会人士，如果共和党执政，美国对欧洲战争的持续中立立场将“更加可靠”。

这席话是杜威先生在全国共和党组织在市政礼堂主办的一场集会上说的。他说，尽管国家现在面临的主要是国内问题，但“在饱受战争蹂躏的世界中如何维护美国的和平，并坚定不移地远离战争”也是一个不可回避的问题。

“保持让我国置身于战争之外的承诺不容儿戏。我们只接受那些过去和未来都信守承诺的人。”

“评判一个政府，我们要看的不是它对未来的承诺，而是它以往的所作所为。新政的记录是肆意妄为的废盟弃约的记录。根据该记录，美国人民必须断定，当世界再次处于战争状态这种紧急状况时，把这个国家的命运交到其他人的手中会更安全。”

1940 年 / 4 月 20 日

美联社关于战争报道的报告
肯特 · 库珀讲述美联社是如何克服种种障碍的

美联社总经理肯特·库珀在董事会年度报告中讲述了美联社是如何克服欧洲战争强加的种种义务、接受新闻审查而又做到新闻报道不受其影响的。这一报告已于昨天公布。

他说："管理层为这一年的新闻报道取得的成就感到骄傲，同时我们也意识到，无论设置的标准有多高，总是有进一步改善的可能。我们欢迎所有成员机构建设性的批评与建议。"

他还回顾说，1939 年，新闻摄影与文字报道的任务异常艰巨。他评论说，对于美联社的新闻照片服务来说，这一年是"美联社历史上工作最繁重的一年，在大西洋两岸皆是如此"。

提前准备

在论及战争报道的点点滴滴时，"由于面临非常时期"，库珀先生提到了驻外记者在这段时间"早在敌对行动开始前就加强了物资准备"，并且说，这支团队能够"报道任何重大政治事件并取得优异成绩"。

"德国进军波兰时，"他补充道，"我社精明能干的美国员工组建了一个美联社新闻分局，早早在华沙做好了准备。同样的，因为我们的员工已经提前就位，所以对苏联发动对芬兰的首次袭击也做了及时详尽的报道。

"与此同时，在战事不那么频繁的地区，如交战国、附近的中立国和西线附近的其他国家等国的首都，美联社都报道了所有可报道的新闻。当战火烧到美洲海岸时，我们位于布宜诺斯艾利斯和蒙得维的亚的办公室报道了'格拉夫·斯佩海军上将’号的逃跑和毁灭事件，让人刮目相看。

“当然，在这样一个时代，关于新闻趋势的许多重要问题必须由管理层来决定。流言和猜测在战争气氛中层出不穷。每个审查制度都给记者带来了众多的问题。”

真相来之不易

“交战状态中有关方面一方面放宽了宣传限制，同时又试图寻求一切可能的机会干预事实真相的披露。

“但我们行之有效地处理了这些问题。即使是在真相未明的情况下，美联社的电讯也不会用谣言取代之。尤其突出的是，我们极力克制，从未凭臆断报道交战国对敌国进行的军事行动，从未散布不实传闻，也从未印发或以其他方式传播不切实际的报道。

“每位记者和编辑都力求避开政治宣传，将真正的官方声明呈现出来，从不添油加醋。我们一直恪守这样的做法。我们希望自己所代表的是美联社全体成员机构的强烈愿望。”

这个对美联社战争报道的描述，只不过是库珀先生对美联社 1939 年世界范围的新闻、专题和新闻图片运营情况的总结的一部分，展示了有线传真技术在全球范围的普及，以及其他国家报纸数目的增加带动的美联社的服务提升情况。

1940 年／4 月 26 日

记者称，装备不良的英军将直面特隆赫姆以北的灾难

目击者断言，除非增援，否则 1500 名远征军将被打得落花流水

昨天，经验丰富的战地记者利兰・斯托，从位于瑞典与挪威的边境的盖迪德

发回报道称，有关方面正在设法从特隆赫姆北面的纳姆索斯派增援部队，因为进军挪威的英国远征军除非在几天内有足够的增援部队和大批高射炮的补给，否则将被打得落花流水。这份受版权保护的报道是发给《芝加哥每日新闻报》驻外事务处的，《纽约邮报》转载了这一报告。

“英国部队由英国地方自卫队（相当于美国的国民警卫队）的一个营和皇家直属轻步兵团的一个营组成，总兵力不足 1500 人，大多数人服役仅一年，而且该部队没有高射炮、飞机，也没有野战炮兵的支持。”斯托先生称。

“仅经过 4 天的战斗，首批英国远征军特遣队就有将近一半士兵被打死、击伤或俘虏。”他报道说，“星期一，这些相对缺乏经验、装备极差的英国军队被打得溃不成军。它们从威斯特落荒而逃，一直逃到被炮弹蹂躏的斯泰恩谢尔镇以南 3 英里处。”

据称，斯托先生是唯一一个星期一晚上就进入斯泰恩谢尔的报社记者，也是唯一一个穿越英国远征军先遣部队的据点和火线的记者。他接着说：

“一个营的 600 名英国地方自卫队员正在拼命保卫威斯特，这是他们向特隆赫姆进军的最南面的据点。日暮之后，他们已经疲惫不堪了。几小时以来，他们一直饱受着德军的重击，承受着来自步兵、三引擎轰炸机以及停靠在布赖特沙伊德峡湾的驱逐舰的三面夹击中。”

斯托先生说，英国部队只配备了轻机枪和步枪，不到两小时，就溃不成军，不得不四散逃亡。周二，德国人占领了斯泰恩谢尔。

1940 年 4 月，德军空袭之后，英军在挪威纳姆索斯的废墟中搜索。

1940年／5月10日

纳粹陆空两路入侵荷兰、比利时和卢森堡

大规模入侵开始，纳粹伞兵在关键区域空降

法国首遇轰炸

通过电报发回《纽约时报》的特别报道

【阿姆斯特丹5月10日电】今天早些时候，德国入侵荷兰，先出动空军进行大范围轰炸，然后伞兵部队空降登陆。随后，步兵也迅速跟进。

荷兰进行了抵抗，并向德国宣战。德国战机成群结队同时出现在荷兰20多座城市的上空，荷军高射炮和战斗机奋起迎敌。

一份官方声明说：

“从凌晨3点开始，德军越过荷兰边界，德国飞机试图袭击机场。德国有计划的洪水猛兽般的进攻还是有效的。陆军高射炮台已经严阵以待。到目前为止，已知有6架德国飞机被击落。”

路透社援引位于阿姆斯特丹附近的希尔弗瑟姆的荷兰广播电台的广播称，今天早晨，有人在荷兰上空看见了法国、比利时和英国的飞机。

据报道，德国军队首先穿过了鲁尔蒙德附近的荷兰边境，此处距离比利时边境只有8英里。德国伞兵部队在鹿特丹、海牙、阿姆斯特丹和其他大城市的战略要点纷纷降落。

据说，大批身着荷兰军装的德军伞兵部队空降到荷兰境内。

而其他德国部队乘橡皮艇穿过马斯河进入荷兰境内。据说，它们“数量可观”。

激烈的空战正在阿姆斯特丹展开，面对德国轰炸机、运输机，荷兰战斗机一次又一次地俯冲，发动攻势，并用机枪连续扫射。

位于阿姆斯特丹外围的斯希普霍尔机场是全荷兰最大的机场，它受到了猛烈轰炸。军事部门立即在机场附近布防大批兵力，以抵御德国伞兵部队的袭击。德

国的“亨克尔”飞机连续对史基浦机场进行轰炸，从早上5点15分至5点30分连续投下了约30枚大口径炸弹。

多方报道称，有大批飞机涌向荷兰的20多个城市。荷兰当局旋即加强了防御，并发布命令提醒全国上下警惕德国伞兵部队。位于阿姆斯特丹东南60英里的荷德边境上的奈梅亨上空有50架飞机。据报道，大量伞兵部队在斯利德雷赫特、代尔夫特和其他的几个地方空降。代尔夫特距海牙12.5英里。大约有100名伞兵在阿姆斯特丹西南38英里的多德雷赫特附近空降。

数百名德军士兵在霍赫兹瓦卢威登陆，那里的大桥是连接荷兰北部和南部地区的主要通信要道。另有大批德国士兵在莱顿跳伞登陆。其他部队在鹿特丹主要的机场威尔哈文以及鹿特丹附近的罗曾堡岛降落。

这次闪电般的攻击并没有完全让荷兰措手不及，因为几天以来，该国一直处于被侵的强烈恐惧之中，并且早已采取了防御措施。

阿姆斯特丹广播电台宣布，荷兰部队在海牙附近抓获了大批身穿德军制服的德国伞兵。清晨5点50分，24架飞机出现在荷兰最大的港口鹿特丹的上空。

外国飞机，包括德国轰炸机，出现在荷兰的海牙、鹿特丹、荷兰角、哈勒姆、蒂尔堡、扎尔特博默尔、盖尔德马尔森、文罗、阿尔克马尔、马斯特里赫特、亨格罗、席凡宁根、阿纳姆、莱顿和埃门等城镇上空。每个地方已经确认的德国轰炸机数目从1架到50架不等。

在整整一夜的警报之后，在国家即将受到侵略的惶恐与紧张持续一周之后，蜂拥而来的外国战机终于对荷兰发动袭击。昨晚，荷兰政府接管了本国与外部世界之间所有的公共通信，运河已被封锁，并采取非常措施以保障国家安全。

阿姆斯特丹首次空战

荷兰时间凌晨2点41分，阿姆斯特丹的防空部队向外国飞机首先开炮，拉开了第一次空中战役的序幕。

阿姆斯特丹的防空部队开火后，连续炮轰了4分钟，主要目标是南阿姆斯特丹住宅区上空轰鸣的飞机。来自各地的报告称，众多飞机越过了荷兰北半部领土和弗里西亚群岛，由东向西飞来。

凌晨4点5分，阿姆斯特丹的防空部队再次开火。来自荷兰各地的报告均称，空中战役非常激烈。大批外国飞机往来盘旋。报道称，一支空军中队在西北的艾瑟尔湖岸的登海尔德上空盘旋，那里是荷兰海军基地所在地。另外，还有报告称，有 6 架水上飞机在荷兰中部的艾梅登上空盘旋。

早晨 5 点 40 分，12 架“亨克尔”飞机和 5 架水上飞机穿过斯利德雷赫特，朝西飞去。据说，在莱顿和海牙之间的哈赫瑟豪特空降的德国伞兵都穿着荷兰军装。早晨 5 点 50 分，有消息人士称：

“大量伞兵部队在多地降落。其士兵都穿着荷兰军装。”

报道称德军飞机被击落

据报道，一架德国飞机在史基浦机场附近被击落。

据称，大批身穿德军制服的德国伞兵在海牙郊外被巡逻兵抓获。

德国的“梅塞施米特”战斗机在史基浦机场“着陆”的报道尚未得到确认，现在无法立即确定飞机是被击落，还是自行降落的。

早晨 6 点，又有一部分空降兵被空投到奈梅亨附近的劳斯泰恩。

早上 5 点 50 分，15 架“亨克尔”轰炸机出现在代尔夫特上空。几分钟后，另外 21 架德国飞机掠过鹿特丹，显然是要飞往伊彭堡机场。

早上 6 点 20 分，官方电台首次播报了“外国飞机”正在空投“敌军”伞兵部队的消息。官方播报称，海牙附近刚刚出现大批成编队飞行的飞机。

早上 6 点 30 分，官方电台称：

“一群群飞机组成编队不断从德国飞来。”

早上6点40分，有人看到在乌特勒支附近的雷嫩有22架德国飞机向西飞行。

据报道，在史基浦机场遭轰炸期间，至少两架停放在地面上的荷兰飞机因爆炸起火被烧毁。

天亮后不久，阿姆斯特丹通往外界的道路被汽车挤得水泄不通。车中堆满了家用物品。居民因害怕德国飞机轰炸该市，都在慌忙外逃。

上午 7 点 30 分后，越来越多的德国伞兵开始在荷兰南部空降，特别是埃因霍温地区。

1940年/5月10日

盟军加速援助
英法两国回应荷兰和比利时的求助

【《纽约时报》伦敦5月10日电】今天一早，英国政府就接到了来自荷兰和比利时的求助请求。

英法两国及时地回应了荷兰与比利时的请求。上午8点30分（纽约时间凌晨3点30分），荷兰和比利时两国政府在伦敦的代表被告知英国将尽其所能施以援手。

荷兰驻英国使馆得到保证，荷兰和比利时现在被视为英法的盟友。

在收到低地国家遭到入侵的官方消息几分钟后，英国政府内阁被召集到唐宁街10号，与内维尔·张伯伦首相举行会议。

伦敦已经预计到德国将进攻低地国家，必须设定盟军在某种程度上已为之做好了准备。

盟军部队暴露在德军飞机之下

对英国和法国来说，最大的障碍是德军在黎明时分发起猛攻，因而盟军无法在黑暗的掩护下行军。成百上千架德国飞机在几小时内已飞越了荷兰和比利时全境，德军最高指挥部一定知道盟军部队的部署及一举一动。

尽管荷兰和比利时曾采取措施，防范突然袭击，但人们一度普遍认为，阿道夫·希特勒会首先巩固其在挪威的据点，并确保其在特隆赫姆、卑尔根和奥斯陆三处的空军基地的安全，之后才可能发动新的攻势。现在伦敦人认为，由于英国领导人的注意力都放在重新组合政府上，希特勒很可能利用伦敦的政治局势的不稳定发起进攻。

目标针对英国

现在看来，几乎可以肯定德国人已决定孤注一掷，要在 1940 年赢得这场战争，因为此时他们的兵员和装备都占优势。

但政府部门普遍认为，德国这次采取的策略与第一次世界大战时期不同，无意对法国展开大规模的行动，其目标是拿下荷兰和比利时，在这两个国家站稳脚跟，然后再集中兵力攻打英国。

伦敦的专家分析认为，德国一旦占据从挪威特隆赫姆到英吉利海峡的整个北海海岸线，将集中精力通过空袭和潜艇攻击并封锁英国，直到英国因粮食短缺而投降。

虽然英国和法国知道，自 1939 年 11 月以来，德国人就时刻准备着向低地国家发起突然袭击。但昨天，法国官员对前一说法表示非常惊讶，认为纳粹没有利用英国的政治危机发起新的攻势，所以翌天早上也不太可能会发起攻击。

法国军队准备就绪

通过无线电发回《纽约时报》的报道

【巴黎 5 月 10 日电】今天，通过空袭警报，法国人民得知了德国部队对荷兰和比利时双双入侵。荷兰和比利时两国政府通过电话向法国发出了请求，法国立即召集了内阁会议。

根据迄今收到的零星报告来看，德国政府提交了一份备忘录给荷兰和比利时，宣称德国军队将开进两国领土，以防止盟军入侵，随后大批德国军机飞到荷兰和比利时上空。

两国的反应非常迅速，毋庸置疑，靠近比利时边境的法国和英国部队已经做好准备。（此处，审查员删掉了几个词。）

人们对美国的态度产生了浓厚的兴趣，因为“这是对完全的中立国家绝对野蛮的入侵”，这将在美国社会中引起最强烈的愤慨，就如在巴黎一样。

如果对荷兰和比利时的殖民地施行国际保护，并由美国对荷属东印度群岛进行监管援助，那么同盟国将喜不自胜。

盟军无疑将就它们对比利时和荷兰的求助所做的决定，直接与罗斯福总统进行沟通。法国人认为，美国将对德国提出谴责。

荷兰和比利时的情况如下：自 1939 年 9 月战事爆发以来，两国始终严格遵守避免卷入战争的所有规则。法国官方人士认为，此案例证明任何处于德国攻击范围内的国家，不可能一直保持中立。一个接一个，它们必然会遭遇像丹麦、挪威、荷兰和比利时一样的悲惨命运，除非它们及时呼吁盟军提供援助。

有人认为，即使在欧洲之外的国家也不能对现在的冲突无动于衷，很明显，德国根本不会考虑它们的利益。

1940 年／5 月 11 日

张伯伦辞职，丘吉尔继任
组成联合政府已成定局
工党决定允许其领导人加入新内阁
所有大臣留任
丘吉尔请他们留任至有人替代

雷蒙德・丹尼尔
通过电报发回《纽约时报》的特别报道

【伦敦 5 月 10 日电】大不列颠帝国面临自第一次世界大战爆发以来最严重的危机，温斯顿・丘吉尔丁今晚就任首相。其时，联军再次急速穿越比利时，准备与德国侵略者决一死战。

自乔治六世即位以来，内维尔・张伯伦一直担任政府首脑，现已确信自己不可能继续担任首相，也不可能给英国人民带来他们需要的真正的国家政府，已于今晚早些时候辞职。

众望所归的新首相开始执政，而工党执委会宣布工党接受新政府的任命，以成立一个真正的联合内阁。自由党也因此有望进入政府。

德军入侵没有挽救内阁

德军对比利时、荷兰和卢森堡的入侵将西线一度停滞的战事转化成一场全欧洲的战争，但还不算是世界大战。张伯伦在星期三面对各派分歧时表现得很无力，执政党在下议院的席位已从200席降到81席。一整天里人们仍预计，德军的入侵至少会在短期内，使张伯伦先生“稳坐”首相的位置。

但是，显然，张伯伦先生将不得不放弃首相这个高位，因为昨晚，反对党工党的领导人克莱门特·R. 艾德礼和亚瑟·格林伍德已当面告知张伯伦自己不愿意再为其内阁效力。这也给迟疑不决、对政府持批评态度的自由党人传达了一个讯息。

要是没有这些持不同政见者的支持，这位试图恢复慕尼黑“和平时代”的使者是不可能建立一个让焦虑不安的议员和忧心忡忡的选民都满意的政府的。新闻界曾乐观地向议员和选民宣传联军跨越北海的行动将获得成功，然而之后联军却撤离了挪威，这让他们大失所望，愤愤不平。

要求组建联合政府

首相承认挪威中部和南部的战役已经结束，之后出现了一场言辞激烈的辩论。显而易见，这个国家需要一届新政府，一届有反对党共享决策权的政府。

今晚早些时候，首相张伯伦先生驱车前往白金汉宫，禀告国王，称是时候交出首相官印了。不久之后，英国自开战以来呼声最高的领导人人选丘吉尔先生，也来到白金汉宫，并接受了组建新政府的邀请。

这件事有些令人惊讶，因为就在昨晚，人们已经得知张伯伦先生倾向于由外交大臣哈利法克斯子爵接任首相之职。一小群人在白厅等候，随后国王发布了下列声明：

“内维尔·张伯伦议员阁下已于今晚辞去首相及第一财政大臣职务。温斯顿·丘吉尔议员阁下已接受了国王陛下的邀请，接任首相之职。

“首相希望，在为新政府的成立进行必要的安排期间，所有大臣留任，各自履行职责。”

一旦张伯伦先生搬离，丘吉尔先生就将从英国海军部大楼迁往唐宁街10号。预计丘吉尔先生将于明天或后天宣布自己的同僚人选。

德国对低地国家的入侵给英国带来一项急迫而必要的任务：立即解决国内政治形势混乱的问题，并成立一个能得到议会全体成员一致支持的新政府来领导全国。只有今天上午工党执委会会议确认张伯伦先生辞职后，这一任务才能完成。

1940 年

5 月 11 日

战争是丘吉尔生命中的首要因素

新首相无论是作为战士还是平民，都曾在战斗中赢得声誉

雷蒙德·丹尼尔

通过电报发回《纽约时报》的特别报道

对于温斯顿·丘吉尔而言，大不列颠战时首相这一职位是其职业生涯的顶点，无论是作为一名战士还是一位政府官员，战争都与他有着千丝万缕的联系。

丘吉尔是马尔巴罗公爵七世的孙子，先后就读于哈罗公学和桑赫斯特皇家军事学院。25 岁前，就已参加了 4 次战役，而在第一次世界大战期间，被迫辞去英国海军大臣之职。之后，他在法国以少校军衔参战，后又被晋升为中校。

1895 年，丘吉尔从桑赫斯特皇家军事学院毕业，加入第四骠骑兵团，从此与战争结缘。同年，他以伦敦《每日画报》随军记者的身份来到古巴。

布尔战争中的英雄

1896 年，丘吉尔回到第四骠骑兵团，并被派往印度，在那里他采访了马拉坎德之役。他在基奇纳勋爵的率领下，参加了埃及境内的一次战役。他还在伦敦《晨邮报》上发表了关于布尔战争的报道。他曾被俘，又成功越狱，最终返回祖国，被全英格兰赞为英雄。

他已著书若干，现在，他将进入政坛作为其永恒的选择。当选为奥尔德姆的议员后，他离开了保守党，转入自由党，并于 1907 年当选贸易委员会主席，同时也成为戴维·劳合·乔治的密友。他还曾出任内政大臣。

1911 年，他被任命为海军大臣。3 年后，英国宣布参加第一次世界大战，他已让舰队整装待发。英国武力进攻达达尼尔海峡遭遇惨败，他负有责任。由于陆军和海军缺乏协调，组织糟糕，战役以失败告终，丘吉尔先生因此受到强烈指责。1915 年内阁重新组建时，他被逐出了战争委员会，继而辞去兰开斯特公爵郡

1940年前后，温斯顿·丘吉尔在唐宁街10号内阁会议室内。

大臣这一微职，在皇家苏格兰燧发枪团第六营担任指挥官。

回归内阁

1918年12月，丘吉尔先生回归内阁，在劳合·乔治政府中任陆军大臣兼空军大臣。他的政治影响力在20年代中期减弱，导致他失去在邓迪的议席。在过了相当长的时间后，他才从这种近乎隐退的状态中被再次起用。斯坦利·鲍德温首相让他出任财政大臣一职，而他的父亲伦道夫·丘吉尔勋爵也曾出任此职。

阿道夫·希特勒崛起后，坚持认为德国的重新武装计划将再次导致战争的人士寥寥无几，丘吉尔先生便是其中一员；他从未放弃这一观点，直到1937年英国启动一项海军造船计划，跨出迎接挑战的第一步。

1939年9月4日，即英国对德宣战的第二天，英国舰队各单位接到了密码简讯："温斯顿回来了。"张伯伦首相已再次任命其为海军大臣。

1940 年/5 月 11 日

盟军自信能在低地国家获胜
军事领导人们强调了荷兰与比利时的防御力量

【哈罗德·丹尼《纽约时报》伦敦 5 月 10 日电】尽管要明确认定德军突然入侵低地国家的范围和确切目的还为时过早，但军事领导人纷纷表示，对英法完全有信心，如果英国军队能像 1914 年那样以少胜多，新的攻势就能遏制攻击法国北部的敌军主力，英法联军就能击败德国。

德军将遭遇远比第一次世界大战中更为激烈的抵抗。1914 年德国横扫荷兰和比利时时攻下的列日要塞，与今天精心设计、深厚坚固的筑垒相比只能算小儿科。

荷兰人和比利时人设计了复杂的水障和其他障碍物，德军想要攻入法国北部，就必须先越过这些障碍。有理由相信，即便德军设法通过荷兰和比利时抵达法国边界，也已成为强弩之末，疲惫不堪，并会损失大批昂贵、先进的装备。

英法两国一直自信有能力给德军造成严重的损失，从而迫其止步。下级军官们则一直希望希特勒先生进攻低地国家，因为他们认为这样会让战争早早结束。

驻法英国远征军的高级军官们并没有过分自信，也从没排除德军或别国军队可能想出新办法来克服现在看似坚不可摧的反坦克障碍物这一可能性。但他们仍相信，任何从低地国家攻入法国的右路敌军对联军的伤害会比 1914 年小得多，而敌人自己的损耗将相对增加。联军和伦敦的中立国观察员们趋向于认为，“一战”以来，防御方式的进步超过了进攻方式的进步。

如果事实证明希特勒先生的目的不是入侵法国，而只是将荷兰、比利时用作袭击英国的基地，则英国空军、海军和陆军将承担起抗击德军的责任，而英国也对这些部队抱有自信。如果希特勒先生对伦敦和英国其他中心城市发动大规模空袭，那么皇家空军和防空体系无疑将重创希特勒的空军，给他带来这样的问题：这样的消耗程度，德军的飞机、飞行员和汽油撑得起多久的作战行动?

法国立即施援

G.H. 阿尔尚博
通过无线电发回《纽约时报》的报道

【巴黎 5 月 10 日电】法国立即对德国入侵低地国家做出了军事反应。德军早已虎视眈眈、蠢蠢欲动，所以入侵早在意料之中。早在 1 月中旬第一次警报响起时，防御计划就已制订完毕。

看来，德军可能是想利用快速的机械化部队和庞大的空中力量切断荷兰和比利时的联系，以及比利时和法国的联系。它对波兰和挪威都用过同样的方法。

但荷兰和比利时已经做好了准备。巴黎方面的相关官员认为，德军机械化师团的推进将在越过边界后受阻。在比利时默兹河以东地区，一切都已准备停当，几分钟内就可以将公路、铁路和桥梁悉数炸毁。在其他地点，道路已被岩石和伐倒的树木堵住 100 码或更长的距离。

各处都有机枪阵地，能将所有的敌军先锋部队扫倒在地。荷兰也采取了相似的防御措施。两国所有的水上防御设施均已就位，严阵以待。

在比利时边界上，联军已组建了一支能够随时出动的强大的机动力量，这也不是秘密。看来，比利时有可能会在一场运动战中再次成为欧洲的战场。

还有一点不能忘记：之前 8 个月里，马其诺防线已从卢森堡边界延长到了北海，防线各处都非常坚固，而法军士气也很高涨。

1940 年 / 5 月 11 日

时代广场上的人群忧郁而凝重

人群拥挤在广场上观看最新战争快报

昨天，来《纽约时报》大厦最低层附近读快报的人们挤满了时代广场。这再次反映出，人们非常关注战争进程。

夜幕降临，电子布告牌开始发布更新的报道，有 15 名巡警和 3 名骑警被派到时代广场，以维持阅读快报处的秩序。天黑后不久，人群剧增，道路上全是观众，过往车辆和行人严重受阻。

白天，人群在得知快报消息后聚在一起辩论战争走势，研究《纽约时报》大厦橱窗中的详细地图。当局动用了 5 名巡警才疏散人群。

一个月前，纳粹入侵斯堪的纳维亚，人们讨论国际事务时，往往只是泛泛而谈，而不是表达个人的观点。而昨天，人们显得忧郁得多，情绪也稳定得多。演说者们看起来对美国政府未来的态度极为关注。

当人们在回家的路上停下来读快报时，从他们的对话中可以看出他们担忧战争会离美国越来越近。在以往的国际危机时期，妇女们对新闻报道关注甚少，但现在她们也开始仔细研究快报的消息了。

1940 年／5 月 12 日

军团 6 天行军 600 英里

4.1 万“蓝”军官兵从佐治亚州赶赴路易斯安那州参加一场“闪电战”

在不到 6 天的时间中，第四军 4.1 万名身着卡其布军装的官兵行军 600 多英里，于昨日抵达路易斯安那州，结束了第三集团军第一阶段的演习。这是美国和平时期规模最大、速度最快的一次强行军。

昨天上午，军用卡车、隆隆的坦克与装甲车以及军官指挥车辆排成长队，继续沿着美国公路向西奔驰。漫长的行军路线始于佐治亚州，穿过亚拉巴马州和密西西比州，最后到达路易斯安那州的亚历山德里亚。这是一次和平时期前所未有的演习。随后，部队将参加一次为期 10 天的“战斗”，对手是驻守得克萨斯州圣安东尼奥的第九军。

第九军为假想入侵美国的“红”军，以机械化、摩托化部队向东穿越得克萨斯州，抵达路易斯安那州的沙宾河地区。作为“蓝”军的第四军将在此集结，阻止“红”军的进攻。由于敌军人数占优势，并出乎意料发动突袭，“蓝”军先遣部队在与入侵者的首次冲突中失利。但在昨天，防守的“蓝”军得到增援后，达到了几乎满员的 4.1 万人，兵力超过了约 3 万人的“红”军。“蓝”军将在本周发起第二阶段的机动攻势。

上周，第四军在沃尔特·C. 肖特少将的指挥下完成的这次前所未有的行军，除夜间露营外未曾中断，且沿线组织了约 9000 名平民提供来犯“敌机”的消息。这些平民监视组大多是美国退伍军人协会的成员，他们像战时一样为“蓝”军服务，向守军参谋们报告一切陆上及空中“敌人”的动向。

这或许是美国国内建立过的最庞大的防空警报体系。防空警报计划的参与者，除了平民，还有佛罗里达州彭萨科拉海军训练学校的 50 架飞机，但是这些飞机不会参与具体的战场演习。

正规军和预备役全体军官几乎悉数受邀观看了演习，几乎所有人都将注意力集中在第三集团军的闪电战战术上。预计斯坦利·D. 恩比克中将指挥的第三集团军将生动地演示这一战术。

第四军主力部队下辖 3 个陆军新型“三三制”师，或称“精简师”，以及一个临时性坦克旅；而第九军的主力部队为一个“三三制”师外加一个骑兵师，骑兵师内编有陆军唯一一支全机械化骑兵旅。本次演习是美国有史以来首次在和平时期调动陆军常备部队的两个军。军方这些高度机动的机械化、摩托化部队有望让军人积累调遣强大战斗部队的实战经验，对闪电战这种战术具有极佳的指导意义。

作为陆军重新组合计划的成果，一个新型师拥有 1.1 万人，为旧“四团制”师 2.2 万兵力的一半。因为“精简师”全面装备了新式及改进型武器，所以火力与旧制师相当，然而机动速度却远远高于后者。

约 400 辆坦克将参加这次路易斯安那—得克萨斯机动演习，其中有一些坦克为试验型号，而机械化联合侦察部队则由 340 多辆侦察车和装甲车组成。

此外，还有 128 架飞机参与演习，包括轰炸机、驱逐机、攻击机和侦察机，它们将伺机打乱“敌人”的进攻节奏，空袭“敌人”的通信和后勤部队。此次演习将动用各类车辆 8000 多辆，其中约 3500 辆为新型大功率卡车、指挥车和特种车辆。

1940 年，第三集团军的演习中，一名空降兵军官使用被称为“步话机”的战地无线电话。

1940年/5月13日

德军的战术

汉森·W. 鲍德温

昨天，德军对低地国家的进攻达到了第一次高潮。显而易见，它是在按照历史悠久的战术体系开展进攻。

侧翼包抄，或称“两翼包围”，长期以来一直是德军最喜欢的战术。而现在，飞机又使德军能动用伞兵攻击荷兰守军，尝试所谓的“垂直包围”。

如果对方防线是连续的，不存在侧翼，德军会努力把它撕开一个口子来实施侧翼包抄，并扩大由此打开的缺口。在比利时，德军突破比利时军队第一道防线的位置明显靠近列日以北的马斯特里赫特。现在，德军的机械化、摩托化部队在空军的掩护下，可能利用该突破口，尝试在比利时平原上以扇形展开，伺机包围比利时军队。这和2000多年前汉尼拔消灭一支罗马军队的方式非常相似。

纵观德国军队战争史，包抄或包围攻击一直是德军最喜欢的战术。正是在闪击波兰一役中，德军非常成功地运用了两翼包围战术，或者说用更大的规模重现了坎尼会战。

在公元前216年的坎尼会战中（它本身是对公元前490年“马拉松战役所用战术的刻意复制”），汉尼拔赢得对罗马军队最辉煌的胜利。汉尼拔以5万兵力对阵罗马8.6万人的大军。他将自己的两翼布置得极为强大，结果迦太基军在两翼包围或包抄了罗马军队，最终围困并消灭了它。坎尼会战已成为历史上一个堪称完美的经典战例，为后人所推崇并效仿。

“一战”中，德军再次尝试这一战术

“一战”中，进攻比利时的德军所尝试的正是同样的侧翼进攻原则。如今，德军的军事思想也同样是攻击敌军的一翼或最好是两翼的战术。

不过鉴于“一战”的情况，现在的西线工事全用钢筋混凝土筑成，英法军队或多或少采取了侧翼保护措施，德军可能被迫对包围战术做出一些改进。

“一战”期间，年少有为的德国军事参谋罗尔上尉，和其他一些人最早认识到，对筑垒防线和壕沟体系的强力进攻难以奏效，因而提出了“渗透”战术——简单说是一种“机会主义”的战术。在进攻中，敌人的防线承受了持续的压力，只要防线出现破绽，不论位置如何都要立即利用，部队应迅速涌入这个缺口，毫不顾及两侧仍在抵抗的残余坚固火力点和堡垒，推进到敌人后方区域，并包抄由此制造出的敌人侧翼。这样，局部“突围”就可以得到利用并扩大。

坦克和机械化部队能利用所产生的缺口，不断推动战事。主攻部队摧毁或分割敌人的防御工事后，可以用坦克集群对已被削弱的敌军防线发起进攻。

德军的进攻思想讲究条理，但并非万无一失。它每次进攻都会经过仔细而周

1940 年 5—6 月的战役期间，比利时阿登高地布鲁里 - 德 - 贝希，阿道夫・希特勒、阿尔弗雷德・约德尔将军（希特勒左侧）和陆军上将瓦尔特・冯・布劳希奇（希特勒右侧）在希特勒的指挥部中。

密的准备。掩盖真实意图的保密和诡计，以及旨在取得最大战果的偷袭，都是备受其推崇的手段。

实际战斗中的自由发挥

但是，一旦缺口被封闭，战斗在相当程度上将交由战场指挥官，特别是营长酌情指挥；战斗的指挥中心将被最大限度地分散，这时就特别强调主动性。虽然一般人认为德国军事思维刻板而缺乏弹性，但德国人也准备好了接受冒险。他们知道，打仗或赢得一场战争就必须接受冒险，也承认“战争远非一门精确的科学，而是一出令人恐惧并激情澎湃的戏剧”。而德国的《战地服务条例》明确规定：“虽有技术存在，但人的价值是决定性因素。”

主动性、灵活性和机动性是德军进攻战术的策略。它强调火力效果的重要性。德军运用炮兵有点像佩勒姆指挥著名的炮兵中队，它隶属于“杰布”将军——斯图亚特的骑兵部队；在进攻中，炮兵常常是几乎紧贴着步兵的脚后跟前进的。事实上，为了强化火力效果和增强攻击力，德军步兵团会配备榴弹炮和重机枪，重型装备的水平比其他任何国家都要先进。

德军攻击时不会设定死板的战术目标。现代德军领导人认为，只要像上一个时代的纳尔逊那样，和敌人保持接触，指挥官就不会犯大错。施里芬的座右铭“先思而后行”——权衡机遇然后去冒险——仍然是德军进攻战术之魂。

1940 年/5 月 13 日

美国国务卿赫尔称，美国无望保持孤立

他向国际律师表示，我们不能对“恣意破坏”不闻不问

发回《纽约时报》的特别报道

【华盛顿 5 月 13 日电】今晚，国务卿赫尔宣称：“对生命、财产，以及宗教、道德等文明社会的基础的恣意破坏”正在威胁着全世界。

尽管美国是个强国，美国人也不能对别国的危险处境不闻不问；他们也不能抱着“无论怎样，只希望这一切都会绕开我们”的幻想来麻醉自己。这番话是赫尔先生在美国国际法学会年会上说的，他是该学会的主席。

他警告与会者：“我们的国家虽然强大，而且我们坚定地想要保持和平、维护我们珍视的制度、促进公民的福利，但面对这种威胁，我们无法做到高枕无忧。我们无法通过自我孤立和隔绝将它拒之门外。一旦美国以外的世界有很人一部分被无视国际法的力量所统治时，我们无法肯定自己是有安全保障的。”

他提醒人们：美国已经感受到这些非法力量的冲击，并已被迫进行了“大规模”的军备建设，美国人民生活水平的改善将因此受到影响。

呼吁统一公众舆论

国务卿要求“公众舆论要全面统一”，支持美国为挽救世界的法治原则而努力。

赫尔先生还表示，最近几年中“骇人听闻的事态发展”使数百万人目瞪口呆，成为“疑问、无奈和绝望的牺牲品”。

他没有提及具体国家的名字，但在讲话中提出了客观的要求：维护并扩大国际法作为主权国家之间关系的基础的地位。

1940年

5月15日

荷兰沦陷　震惊英国

现在英格兰遭遇空袭的可能性更大了，但空军的表现给了英国希望

通过电报发回《纽约时报》的特别报道

【伦敦5月14日电】今天，英国公众得知，荷兰事实上已屈服于德军的铁蹄之下，而英国政府自上周起就在着手准备应对低地国家的严峻形势。

在概述荷兰和比利时两国的形势时，英国人发现，纳粹的“卐”字旗插满了荷兰全境，在荷兰展开地面行动已经不现实。在比利时，德军的进展不如在荷兰那么成功，但也相差无几。德军已突破了艾伯特运河一线比利时军队的防御。比利时军队已无法像人们期望的那样抵抗德军的围剿。现在，英法军队将占据这条防线东南面的另一条由预设阵地组成的防线，也很可能已经与德军有过初步交手。

有消息称一场大战正在进行

英军急速精确前进，恰如火车时刻表一般。人们有理由相信，一场规模浩大的战役此时正在比利时境内展开。战场从色当附近的默兹河东岸向北一直到列日地区，往南远至色当边境线的法国一侧。

即便战役实际上还未进行，英国也已准备好收到战役开始的消息。

在伦敦，人们很容易夸大英国的困难，而对困扰德国人的问题缺乏全面考虑。但是，在这个最悲观的时候，伦敦的消息灵通人士已准备看着德军一路前进，直到其炮火的轰鸣声再次穿过海峡传入英国。

还有另一种看法，可称作硬币的另一面，但在英国人看来也算不上令人振奋——有些伦敦人的观点是，德军不会进攻巴黎，甚至不会越过筑垒防御的法比边界。相反，他们认为德军可能掘壕以防备法军越界反击，以此巩固荷兰与比利时，然后以两国为踏板闪击英国。

英格兰或遭空袭

据推测，德国可能试图用不断的空袭外加投放伞兵的战略，使英格兰陷入瘫痪，然后发起进攻。

同时，德军和意军可能在巴尔干地区制造麻烦，以此来吸引盟军，分散其兵力。

面对这些悲观的预测，给人们打打气是必须的。第一，有人认为，法国境内的英军正在像特别快车的时刻表一样有条不紊地工作着，显然它正在一步步执行战斗任务。第二，这也是更重要的一点。皇家空军取得的战绩显而易见。虽然详细数字尚不明确，但可以肯定，在与“亨克尔”“道尼尔”“容克”和“梅塞施米特”等各式敌机的空战中，英国空军的人员和飞机损失都少于德国空军。同时可以认为，这场战役中德机轰炸没有取得和在波兰与挪威一样的成功，没有严重妨碍英军先头部队。皇家空军在与德军的较量中士气高昂，它把机上武器当作超级大炮来用，使德军难以前进。空中较量的势均力敌状态能否保持还有待观察。

1940 年
5 月 16 日

60 英里长的前线不断上演战事；纳粹占领默兹河，盟军发动反击；罗斯福再次呼吁意大利勿参与西线的战争

昨天，默兹河战役打响，标志着德军和盟军主力首次交锋。期待速胜的德军发动了全力攻势。德军自发动战争以来，首次遇到与自己不分伯仲的对手。在色当以南，德军取得了最大的战果。根据法军的消息，德军深入马其诺防线的外围防御区 4 英里，法军火速调配预备队驰援。据法军报告称，反击已缩小了德军在防线上撕开的口子。

德军的战略意图十分明显：第一，在色当切断盟军的防线；第二，突破那慕尔以南的默兹河防线，从而包抄比利时境内的盟军。德军成功地从那慕尔和法国

1940 年 5 月 13 日，德军卡车通过法国默兹河附近一座村庄的废墟。

梅济耶尔之间的数个地点渡过了默兹河。

战斗的进展还远没有达到可以判断胜负的程度，或许还要经过数天才能分出胜负。但是，德军承认遇上了越来越顽强的抵抗，同时宣布在色当突破马其诺防线，并在“宽大的正面”发动强攻夺下了那慕尔以南的默兹河地区。如果默兹河地域的德军进展顺利，那么布鲁塞尔将在劫难逃。布鲁塞尔城内到处是军队调动的场面，再也不复当初的“不设防城市”。德军威胁要用一切恐怖的战争手段攻下这座城市。

1940 年/5 月 16 日

社论：国防计划

最高指挥

在重新考虑我们的国防计划时，首先一定要从全局出发。我们不能先孤立地考虑舰船、飞机，再考虑陆军，最后是工业组织，然后让这些问题的答案自行组合。我们的国防必须具有大机械般的平衡和整合度。在这台“机械”中，飞机、坦克、大炮、舰船、工厂、工人和战斗部队的数量与种类应视为彼此紧密依赖的“组件”，因为它们在实践中必须进行密切协作。目前，我们没有哪个机构承担从整体出发研究这一问题的责任。各个服务部门的领导人都是从自己特定的观点出发，提出拨款请求。

由美国钢铁公司斯特蒂纽斯先生领导的战争资源委员会，本意是要研究战时工业动员这一特定问题，但它仅存在了几周，就于 1939 年秋季被解散了。现在我们需要组织专家对这个问题进行更大规模的攻关，这些专家要有能力从大局出发，考虑以下因素：行政问题、国防力量的规模和适当平衡、支持国防力量所必需的工业组织，以及更大范围内的技术与经济问题。解决这个问题并不需要牺牲宝贵的时间。相关资料都是现成的，随时可用。我们需要某个中央机构将它们立即整合成一个明确的计划。

显而易见，这样的一个委员会或者说小组，应由各领域现有的最能干的专家组成，并且应完全超越党派偏见。任命这样一个高级委员会足以表明政府有诚意将国防问题置于党派或派系政治之上，因而国会就可以在总统的领导下实现团结。数百亿美元的国防支出的去向此前一直遭人质疑，有了这样一个委员会，质疑的声音自然会平息。

几乎同样不可或缺的是，我们需要建立一个高于现有水平的国防组织，用以保证各军种之间的高度协调。我们的陆军与海军之间，以及航空兵、地面部队的军官之间，存在着互相嫉妒、摩擦的现象，必须一一消除。我们应以法国作为榜样，建立一所战争学院，让陆军、海军和航空兵等部队的军官以及相关的文职官员能齐聚一堂，学习统一的最高指挥。只有让各军种在统一的指挥下同心协力，我们的国防力量才能在规划、采购、战略和行动的各方面都达到最高效率。并且，显而易见，战争部和海军部还需要进行内部重新组合，以实现统一、消除职能重叠。仍有太多军阶相当的领导在各自的领域内闭门造车。

这些变革不能再拖。我们的和平与安全严重依赖于我们能否足够迅速地扩大战时物资的生产，不只是为满足我们自己的军队所需，还要立即向一些民主国家出售它们急需的飞机和其他装备，帮助它们抵抗一个试图以威胁、恐怖和大屠杀来统治全世界的国家。

1940年

5月19日

日本看到战争结果有利可图
构想“霸权新秩序”，期待统治东亚

休・拜亚士

通过无线电发回《纽约时报》的报道

【东京5月18日电】日本人眼看着欧洲战事一步步逼近高峰，中国境内的战事却无人听闻。他们看到两种世界秩序在殊死搏斗，并感到自己的搏斗场如此之近。他们可能仍会置身于这场战争之外，但无法对这场战争的结果同样超脱。未

来世界的形态，还有日本自己的前途，都会受到影响。

“如果德国获胜，日本将仿效德国。”一位日本人这样对记者说道。如果事实证明民主更强大而纳粹思想丧失权威，日本将从极右转回到中立思想。

日本的公众舆论表面上看是中立的，但情感上却是亲德的。苏联入侵芬兰时，日本新闻界对芬兰表示同情，但对挪威、荷兰和比利时的遭遇却毫不同情。《报知新闻》和《国民日报》等日本民族主义报刊预测，德国将获胜，纳粹路线将开辟“新时代”。

同盟国的朋友

那些曾在国外生活过的日本人，许多成了同盟国的新朋友。日本从对外贸易中获益颇丰，而其每 1 美元的收入，都有约 80 美分来自与美国和大英帝国的贸易；日本商贸界人士普遍对英美持赞赏态度，日本大部分高等教育工作者和基督徒也是如此。

而处在另一极端立场的日本人则是准纳粹分子和法西斯同情者。虽然这些人为数不多，但影响很大，因为他们得到了年轻军官和少壮派官僚的支持。比较年轻的日本民众人人都加入了某种民族主义青年组织，他们之中的大部分人期待着德国获胜。

在各个帝国先后陷入战事之际，有田八郎外相自信地带领日本沿着日本人集体理解并信任的路线前进。在他看来，现有的世界格局，即大大小小的国家作为法律和政治上平等的个体在自由、个性的文明中共存的格局，未来将不复存在。

未来的世界

在日本政治家眼中，新世界格局将由巨大的区域集团构成，各集团有一个强国占据统治中心。这样，美洲将形成美国霸权之下的集团，东亚将形成日本霸权统治之下的另一个集团，中欧是由德国霸权统治的集团，苏联本身就足够大，可以单独成为集团；而英法两国在日本人看来足够强大，能够生存下来，但它们的帝国可能会有所萎缩。

日本的国策在方法上是“机会主义”的，原则上是清楚而简单的。其目标是使日本成为东亚的最高统治者，凭其强大的实力，在该地区实行霸权主义。这意味着，除了在中国实行“新秩序”外，还要在西太平洋实行一种门罗主义，亦即在日本势力范围内将不再有外国殖民势力。

1940 年 / 5 月 21 日

法国境内战局一片混乱

指挥官语焉不详，防线都无法区分

通过无线电发回《纽约时报》的报道

【巴黎 5 月 20 日电】对于法国境内的大战役，人们收到的战术描述寥寥无几。到目前为止，各国新闻通讯记者都被禁止靠近战争的最前线。即使是军长、师长们的报告也是语焉不详，很明显，他们有更紧迫的事情要处理。

但是，有一点已很清楚，战场的形势极度混乱，任何给定时刻都几乎没有也不可能明确双方的防线。凡尔登战役时报道就够困难了，而现在更是难上加难。

目前人们所听到的最形象的描述是这样的：想象一下协和广场人头攒动，有几十辆扫路车曲曲折折地从各毗连街道驶进广场。此外，还有几十架飞机在方尖碑上空盘旋。把协和广场放大 100 倍，把扫路车看作坦克，就可以对战争场面有个印象了。至于嘈杂程度，那是无法形容的。

昨天有权威报道称，在康布雷以北的达奈地区，横冲直撞的人群里不仅包括法军和德军，还有很多被卷入战争旋涡的农民。坦克集群朝着人群四处乱闯，飞机俯冲下来又升上去，用机枪向地面扫射。在靠近克罗扎运河的地方，法军、英军和德军的坦克搅成了一团，以至于步兵们几乎无法分辨敌我。

德军的战术计划明显是在各地散播恐怖的种子。其轻型机动化部队突袭进入村镇，常常只是为了制造恐慌气氛，而绝非真想占领那里。袭扰之后，它就撤回大部队。天上的德国飞机看来也在执行同一政策，每到一处就扔几颗炸弹，然后转向下一个地方，而不是对少数几个地方进行密集轰炸。但是现在，奇袭已经不能像最初那样取得战果，抵抗变得越来越顽强，越来越有条不紊。例如，在康布雷和圣昆丁地区，盟军充分运用了那里河流纵横的地形条件，以迟滞德军的推进，同时重新集合部队静待援军。

1940年前后，在第二次世界大战中被德国飞机轰炸毁坏的法国图尔市。

1940年／5月26日

海峡港口攻坚战
德军战果有目共睹，进攻英国仍有困难

汉森·W. 鲍德温

上周，德国军团向英吉利海峡沿岸挺进，威胁要消灭背对大海作战的盟军部队，欧洲经历了这段漫长而血腥的历史上最关键的时期之一。

5月10日，随着德国侵入荷兰，西线战役打响。仅仅两周时间，德国军队就征服了荷兰、蹂躏了比利时、赢得了巨大的默兹河战役、重创了法国军队、突破了法国北部62英里纵深的防线、挥师海上、推进到距巴黎不足70英里的地方，将法国和大英帝国置于有史以来最危险的境地。

昨天，这场战役仍然战火纷飞，十分激烈，关于它的名称，更是众口不一——有的管它叫“海峡港口之战”，有的叫“佛兰德斯战役”。一周过去了，胜负仍悬而未决。上周二，盟军发起了猛攻，企图突破德国的夹击。当时德军正在从阿布维尔向海上推进，合围的钳螯正在缓慢地合拢，企图将法国西北部和比利时海岸的50万到100万盟军士兵圈禁在网中。

大举进攻，意在歼灭

德国的征服计划既不是冯·施里芬也不是班斯的计划，虽然它从这两个计划中受到很大的启发。它是日耳曼人的构想，希特勒式的行动，是全面战争论的无情应用，目标是歼灭敌人的战斗力量，摧毁敌人的抵抗意志。

德国的强大攻势，不仅危及 50 万至 100 万盟军士兵，向比利时和法国北部挺进时，所到之处，遍布废墟和四分五裂的尸体。德军将对手远在后方的村庄付之一炬（借助轰炸机和伞兵部队），目标是摧毁人们的士气，让他们心生恐惧。

盟军迅速采取反制措施。它炸毁了通往瑞士的桥梁，决水淹没了莱茵河谷法国段，东部战线的法国士兵已经基本上全部撤离，法国各地的部队都赶往西北试图堵住防线上的缺口。在国内战线，两个国家都采取了非常措施，不仅授予战争更大的优先权，而且要反击德国对人们士气的摧残。

以动制静的魏刚

马克西姆·魏刚将军取代莫里斯·居斯塔夫·甘末林将军，亦即积极进攻的主张取代了静观其变的路线。英国议会通过了一项法案，赋予政府广泛的权力，举全国之力投入战争，这样，英国最终明确摈弃了战争伊始“打一场有限投入的防御性战争”的军事政策。

盟军的对策是由魏刚接替甘末林，并努力征募英国所有的力量以抗击极权主义。它可能对正在进行的关键战争的结果没有太多影响，用“以攻击为上”的理念代替“以防守为主”的理念并不是制胜之道。古老的军事箴言所说的“进攻就是最好的防守”，与李德·哈特的警句“防守是最好的攻击”一样，都属于陈词滥调。伟大的领袖和善战的将军通常会使用攻防兼备的战术：他们知道何时进攻，何时防守；指挥能力就是善用攻防战术并实时抓住机会。

目前看来，魏刚将军很有可能会比甘末林更胜一筹，事实上也很有这个可能。然而，甘末林因制度的恶战承担了骂名，而魏刚却继承了这一制度。魏刚可能在运用这个制度的时候比甘末林技高一筹，但是他也无力在一夜之间将之改变。同样，仅仅靠国会通过一项法案也不可能加快飞机或战争物资的生产。

士气的因素

因此，法国将指挥权交与魏刚、英国转变为极权主义战争机器的做法能否奏效还是未知数，但是它会从一个方面大大改变海峡港口之战的进程。这个方面就是士气。无疑，各同盟国政府的措施已经大量恢复了国内的士气。法国总理保罗·雷诺、英国首相温斯顿·丘吉尔，以及魏刚将军，已经采取有力措施唤起了人们的决心并恢复了法英两国军队的信心。

士气是重要但看不见的因素，而盟军所遇到的却是实实在在的难题，即怎样才能控制康布雷—巴波姆—阿拉斯与亚眠—佩罗讷之间的走廊，掐住德国通向海洋的咽喉，为打赢这场战争取得一线之机。

如果决定要堵住这个缺口，应该立即采取行动，否则从比利时和法国向南逼近的德国军队蜂拥而至，走廊驻防的德军力量将会增强，盟军很难再取得成功。盟军的反击意义重大。如果这个方法成功，战争的形势将在一夜之间改变；如果它失败了，无疑德国将毫无悬念地赢得第二次重大的胜利，占领英吉利海峡各港口。这也就意味着德军基本完成目标，亦即给敌人的军队以沉重的打击。

一周之后，巴黎和伦敦都意识到，盟军的前景依然惨淡。德国通向大海的走廊被缩窄了但并未切断；德国机械化部队都位于盟军后方的港口地区，它们切断了盟军的通信，可能还在破坏码头；海峡港口和船舶都遭受德国战机的猛烈轰炸。北部的斯海尔德河防线已经失守，盟军被迫撤退到设防城市里尔。也许，在北部，被隔离的联盟军队不得不做最后一搏。

前景不明

如果盟军赢得这场战斗，并成功重新建立起连续且完整的前线，那么海峡港口可能还有保存的希望；接下来可能是一场旷日持久的战役。

如果是这样，德国陆军将会遭受到相当大的打击，进攻法国的势头将会得到遏制，结果很可能会像马恩河战役一样。但是，战争不会就此结束，德国人不会仅仅因一次失败就“一蹶不振”，但战争的整个局面却会在一夜之间发生改观。

如果德国人获胜

如果德国在这场战斗中取胜，也算不上已经赢得了这场战争，但是法国的耐力将在很大程度上取决于德军胜利的大小。当然，德国的胜利可能意味着大批的盟军被俘虏或消灭，如昨天柏林的报道所说，如果两支或更多的法国部队被德军围困并消灭，这对法国将是一个粉碎性的打击，甚至是致命一击。即使大量盟军部队逃脱了德国所布下的包围网并成功地从海上疏散，或突围后与南方的主力部队重新会合，德军也会控制英国 26 英里以外的海峡港口。

那又会怎么样呢？这就完全视情况而定了，取决于法国能持续抵抗多久，取决于德军在尝试一场现代化的坎尼会战时所遭受的损失。几乎可以肯定，德军的损失会非常惨重。但是，由于德国夺取了海峡港口，法国和英国的直接通信将被切断，而盟军只好绕道海上。正如战争开始时那样，德国仍然会利用其处于内地和中央位置的优势，集中兵力先攻打盟军方面的某一个国家，然后再打另一个，以图各个击破。迄今为止，英格兰最有可能成为打击目标，在大举入侵英国的同时或之后，德军可能会继续进攻巴黎，如果法国的抵抗在之前还没有被粉碎的话。

进攻英国并不容易

进攻英国既不是容易的事，也不一定会成功。事实上攻击者的胜算可能很小。即使是在英吉利海峡和爱尔兰海，英国海军的实力仍不容小觑。当今英国有近百万受过不同程度训练的武装人员，而且英国还拥有大型都市空军中队，随时准备进行本土防御。

尽管如此，德国占领比利时和法国海峡港口，可能给法国和英国带来严重后果，盟军将不得不进行殊死的保卫战。

因为，这可能意味着需要从奥克尼群岛打到唐斯，跨过英吉利海峡和北海，而沿岸的每一寸土地都插有纳粹的“卐”字旗。这将意味着另一个拿破仑的出现——一个留着一小撮修剪过的胡子的拿破仑，一个巧舌如簧的拿破仑，一个站在布洛涅高处想象入侵英格兰的拿破仑。

也许，这一次梦想有可能实现（尽管可能得历尽艰难困苦），因为战争那令人生畏的翅膀现在可以飞越英吉利海峡和爱尔兰海，与欧洲大陆并不相连的英格兰已不再是安全的堡垒。

如果德军胆敢来犯

任何一支入侵英国的军队，无论是从天而降，还是乘快船登陆或通过飞机运输，即便能在英格兰土地上成功建立据点，也不一定就是战争的终结。1066 年诺曼底人征服英格兰后，哈罗德在黑斯廷斯战役中被一箭射穿眼部而死。任何侵略者，不经过苦战，无法占领哪怕是一寸的英国土地。毫无疑问，敌人的损失将会无比惨重。最后，敌军还要征服那些密集的小岛——这只能是梦想，很难付诸实施。拿破仑曾经有过这样的梦想，现在它又成为希特勒的梦想——大英帝国依然屹立，无边无际，兵强马壮，且潜力巨大。

未来的前景没有人能够预言，但有一点可以肯定，即海峡港口之战这场有着重大历史意义的决定性战役，将在那场旨在“结束一切战争”的战争结束 22 年后的这个周末，迅速进入高潮。

1940 年／5 月 29 日

盟军战事失利

汉森·W. 鲍德温

比利时军队的投降意味着德国取得了海峡港口之战的胜利。

盟军已经损失 30 万到 60 万比利时军队，相当于 8 至 16 个师的力量，人数不明的英国、法国和波兰军队，被围困在比利时沿海和法国的西北部德军布下的口袋阵中，面临着极端的危险。要逃脱灭顶之灾而又不投降，盟军唯一的方法就是立即进行一种本身极端危险的尝试，即从敦刻尔克海上撤离，那可能是盟军唯一能够使用的港口。

利奥波德国王的突然投降显然让盟军措手不及。投降是在最近几天，即海峡港口之战那不可挽回的结果之后而匆匆宣告的。自从德国击溃了法国的第九集团军，从阿布维尔突入海上之后，胜利的天平就开始向德国一方倾斜。

人们理所当然地认为，60 万至 100 多万盟军背海一战，战况将会非常激烈，但是人们也认识到，只有当索姆河以南的法国部队防守反击成功并掐住德国走廊通往大海的咽喉、与北面被围部队重新建立联系时，战争局面才可能扭转。有一个方案是法国从默兹河流域南部的埃纳阵地发起反攻，会缓解一下德军的压力。另一个方案是被围困军队进行殊死搏斗，迫使德军为胜利付出沉重的代价，给法国一个机会重新组织在索姆河和埃纳防线的力量。还有一个方案是盟军由海路主动撤离，放弃对海峡港口的防御。

上周六，德国的公报谈到德军抓到的俘虏越来越多，被围困在口袋阵中的盟军已开始瓦解，而且即便法国反击成功可能也为时已晚。

比利时军队表面上最多有 18 至 21 个师，外加 2.5 万名守卫要塞的部队。其中的阿登高地轻骑兵和要塞部队，显然在比利时东部被歼灭或俘虏。比利时经全面动员是否能达到 8 至 16 个师的兵力，非常令人怀疑。大概其中的一些部队早在比利时西部的战斗中受到重创。所以，到目前为止，德国俘虏或消灭的盟军部队还要再加上比利时的 8 至 16 个师，连同全部武器装备。口袋阵中的盟军部队仍在坚持战斗，但是由于它身后大部分的海峡港口落入德国之手，并且左翼由于比利时的投降而空虚，所以不可能长期坚守阵地。德国赢得了一场在战争进程中意义深远的胜利。

1940年5月，德军攻占荷兰后，德国士兵在清理一个荷兰掩体中的武器。

1940 年／6 月 1 日

报告称，75% 的英国远征军平安撤离佛兰德斯
罗斯福警告战争会直接危及整个世界
英国热烈欢迎战士归来

哈罗德·丹尼
通过无线电发回《纽约时报》的报道

【伦敦 5 月 31 日电】今天夜间，据非官方的消息人士估计，迄今为止，约 3/4 的英国远征军从敦刻尔克撤退并被带回英格兰。军事当局对这一数字并未置评，实际人数目前尚未透露。（合众社报道，据估计，被德军围困在佛兰德斯的 50 万英国远征军及其他盟军部队，原本看上去必然要被全部歼灭，现有 75%—80% 的人逃出生还。原先估计英国远征军的人数为 30 万至 35 万人。纽约的全国广播公司从英国广播公司今天早晨的广播中获悉，“至少有一个比利时军团仍在与盟友并肩作战”。据说，该军团指挥官为列日要塞的前指挥官，他拒绝服从利奥波德国王的投降命令。）

一整天，衣衫褴褛、疲惫不堪的英国和法国士兵经过激烈的战斗从法国北部和比利时死里逃生，不断涌入敦刻尔克港口，随后便急匆匆赶回内陆地区的家中做短暂休整。他们对战争仍感茫然，但能回家就很开心。

远征军将士乘坐各种大小不一的船舶，穿过英吉利海峡，登上陆地。英国民众以近乎疯狂的热情对他们表示欢迎，铁路沿线聚满了夹道欢迎的人群。

人们充满自豪，就像欢迎英国军事史上最勇敢的篇章中的英雄一样，并没有悲哀地把他们当作一支被击败的军队。

本周早些时候，曾有陆军高级军官表示，担心英国远征军会全军覆没。到目前为止，大批人马已安全返回英格兰，数目远远超过人们的奢望。

据说，这一胜利逃亡的主要原因是英国海军与法国海军的巧妙配合，以及英国皇家空军同法国飞行员的协力合作。

部队表现受到称赞

在面对任何部队都不曾面对过的优势兵力的重击之下，英法两国士兵的表现受到了与其同返英格兰的指挥官的高度表扬，因为他们也是战争的亲历者。这些士兵坚守阵地，撤退时井然有序，纪律性让人钦佩。这些优秀的部队，其中有英国最能征善战的陆军，根本没有被毁灭，而且这些幸存的部队在休整之后将补充兵员，以更好的状态再次出征，而它们现在已经习惯了德军所能施展的最可怕的火力。

部分英国远征军和相当大一部分法军仍坚守在敦刻尔克海岸背后的狭长地带，掩护大军的撤离。这一狭长地带现在被称为“科鲁尼亚防线”，以纪念 1809 年约翰·摩尔爵士在西班牙的经典撤离。当时他的军队由于西班牙人的背叛也面临着同样的绝望困境。法军与英军协同守住这条防线，但更多的法军正在勒内·普里乌将军的带领下努力杀向海岸线。

英国舰队在撤退过程中表现得无比出色，以至于今天归来的战士们对着海滩上欢迎的人群高呼“感谢上帝，感谢海军”，一看见岸上的水手，他们就不停地欢呼。法国士兵也紧紧握着船员们的手，并高声说：“谢谢！”

海军在撤离中担任了两项工作。第一个任务是压制德军的火力，另一个任务是用敦刻尔克前方的军舰摧毁德军坦克。据返回的士兵称，这一战略无疑最大限度地减少了英法两国军队的伤亡。

英国军舰不得不在浅水区面对汹涌的浪潮，摸黑在德军可怕的空袭之下回旋调动，只要有一艘船搁浅，通道就会阻塞，众多士兵就会命丧黄泉。昨晚英国方面宣布，敦刻尔克撤退中共损失 3 艘驱逐舰，其中一艘被德军飞机投下的一枚炸弹击沉。这枚炸弹笔直落入战船的烟囱中，连烟囱壁都没擦着，堪称惊人。

4 艘驱逐舰中的另一艘在驶向法国海岸时被德军的轰炸机俯冲击中。但舰上水兵用防空炮击落了一架飞机。该舰在驶近英国一方海岸时，再一次被高空轰炸机击中，但它仍满载士兵驶向英国。同时离开的运输船也遭到了密集空袭，但驱逐舰船员抵挡了德国飞机的袭击。德国飞机随后将注意力再次转向驱逐舰，连续攻击达 12 次之多。运输船未受损伤安然驶离，但一枚炸弹击中了驱逐舰，破坏了一条蒸汽管道，造成了一些伤亡，驱逐舰不得不停下来。另一艘驱逐舰前来施救，试图将其拖走，但德国轰炸机再次袭击，指挥官不愿耽搁前来救援的船，于是决定将其乘客转移到该舰上。

驱逐舰和其他海军船只连同运输船组成的船队一起驶向这些水域，场面显得很古怪。今天，小伙子们面带笑容挤在船舷边欢呼，就在几天前他们以为再也见不到英国的海岸。船队中有各种尺寸的汽船，其中许多是和平时期所使用的游艇、沿海的不定期货船、脏兮兮的渔船和摩托艇。一条拖船拖曳着 5 艘满载士兵的趸船，“突……突……”驶向英格兰。一名曾是帆船运动员的军官，用帆船载了一队士兵回国，因为在敦刻尔克附近他找不到运输船只，只好把这艘帆船“修剪”了一番。

这些非正统的运输队员和他们穿着的外套一样五花八门，有强健的水兵，有渔民，有业余快艇驾驶员。他们毫不犹豫地驾驶着小船，前往炮声如雷的海滩，把士兵们接回来。

抵达这里的士兵们已经是精疲力竭，饥肠辘辘。很多人说，在 17 天的战斗中，他们只抽空睡了几小时，而且除了饼干之外几乎没有吃过什么东西。城里的妇女在分隔部队的路障上堆满了橘子、苹果、三明治和一杯杯茶水，还有一家人贡献了为明天的结婚典礼而烘烤的结婚蛋糕。

1940年6月，敦刻尔克大撤退。

从士兵们破旧不堪而又脏兮兮的服装上，不难猜测他们所经历的磨难。他们当中的绝大多数人除了手中的步枪和身上的衣服之外，没有任何装备。还有一名男子身穿睡衣，肩上只披着一块毛毯。然而，几乎所有的士兵都面带微笑，吃过饭、睡了一觉之后，他们都说准备“再跟德国佬一决雌雄”。

但是，大多数士兵已经疲惫不堪，无力说

话了，很多人一坐上军用列车便呼呼大睡。那些有力气说话的人不停地讲述自己的冒险事迹，说自己是如何冲向德军坦克的，又是如何面临德军无休止的轰炸和空中机枪扫射的，还说起德国飞机和坦克是如何屠杀难民的。

有几个人坚持说，英国后方的第五纵队活动猖獗。他们说，无论自己如何移动，德国似乎都了如指掌，总能准确地向他们所在的新位置投去炸弹。每次总部迁移，德国人似乎也会及时得到消息，无论总部所在地多么不显眼，即便是在一长排房子中，德军也总能准确无误地炸毁它。

1940 年／6 月 2 日

我国军队须提高警惕

陆军参谋长乔治·卡特利特·马歇尔将军昨天说，如果有必要，授予罗斯福总统调动国民警卫队的权力是“至关重要的”，因为“出现危险事态的可能性已为西半球所公认”。

作为防御计划中的一个步骤，陆军决定分配 12000 名新兵到作战部队新创建的战术单位服役，并在全国增加卫戍部队。

与此同时，德国在欧洲连连获胜，让南美洲颇感恐惧。各国政府都匆忙重整军备方案，报纸呼吁全国人民团结起来，成立了反第五纵队组。人们普遍认为，如果德国人赢得了这场战争，他们将派兵进攻南美洲。他们目前的活动被描述为从内部动摇破坏，试图建立极权主义政权。

美国航空商会专家估计，要想达到每年产出 5 万架军用飞机的产能，需要 3 到 4 年的时间。

参议员塔夫脱在电台讲话中说，没有证据表明当局有任何防御计划或防御规划，并宣布当局的主要活动是让行政部门掌握更多的权力。

将军的警告

弗兰克·L. 克拉克洪
发回《纽约时报》的特别报道

【华盛顿6月1日电】陆军参谋长乔治·卡特利特·马歇尔将军今天说，由于“出现危险事态的可能性已为西半球所公认”，美国需要向境外派兵以实现防御目的。国会授权罗斯福总统随时调集国民警卫队服役是“至关重要的”。

马歇尔将军指出，经验丰富的正规部队人数有限，并强调在紧急情况下时间是重要因素。

总统要求国会授权调动国民警卫队遭到部分人士批评，因此马歇尔将军发表了这一声明。

此前曾不断有报道称，美国终有一日需要向南美洲国家派兵，帮助它们对抗纳粹第五纵队的破坏分子。将军的声明在国会中引起轩然大波，为这些报道提出了有力证据。

局势正在研究中

报道中说，多国高级领导层认为，需要美国派出2.5万名战士，前往巴西和乌拉圭等国协助守卫机场和沿海港口。但这一说法已遭正式否认。

政府官员一直在慎重考虑丹麦被纳粹占领后，其属地格陵兰的局势，以及欧洲国家在新大陆的殖民地的局势。

马歇尔将军的宣言如下：

“鉴于美国本土中可用的经验丰富的正规部队数量有限，我们现有5个‘三三制’师，第六师还在组建中；出现危险事态的可能性已为西半球所公认，我们需要更多训练有素、经验丰富的部队。只有这样，我们才能在不削弱本土地面部队战斗力的情况下，有足够的力量应付其他方面的意外情形。

“在这类问题上，时间就是重要因素。换句话说，这意味着我们应该及时采取初步行动，做好准备，以备不时之需。

“战争部反对命令国民警卫队以现役军人身份参战。当前，正规军队建制分散，希望能迅速组织额外的师团及一些特种军团，这样我们就可以避免在这个时候动用国民警卫队。”

据称，需要加强训练

“即使有必要让国民警卫队服役，从目前来看，只需少部分就足够了。然而，在这些日子里，战争部在最高统帅的领导下，迅速采取行动，做出确切的保证计划是至关重要的。这些计划不得拖延，必须加紧实施。”

1940 年

6 月 2 日

战争改变国人的观点

调查显示，设法援助盟军的愿望日益增长

哈德利·坎特里尔

普林斯顿大学民意研究项目主任

欧洲战争已成为严酷的现实，挑战着美国人的注意力，迫使人们做出决定并权衡所做的备选方案。在过去的 3 周里所发生的一连串事件，使美国人民先前持有的一些看法开始动摇。新的观点已经成形。人们并不像以前那样认为盟军稳操胜券，越来越多的人感觉美国将不得不加入这场战争。他们认为美国现在对盟军的帮助远远不够，认为美国应该提供更多的援助。简而言之，事不关己的态度几乎已荡然无存，尽管绝大部分美国人仍然极不情愿投身疆场。

这些结论来源于普林斯顿大学民意研究项目所获得的讯息。该项目由洛克菲勒财团赞助，由美国民意研究所（盖洛普民意调查公司）通过取样，在一段时间内在全国实地调查民众意见。此外，该研究所还提供了自己已有的数据。调查员对各个不同地域的人民进行了精细的抽样调查。调查对象根据各个群体的人数比例确定，不分男女老幼、高低贵贱、共和党人和民主党人、农民和城市居民。

民意调查的准确性

据统计，这些调查的抽样量非常充分。就算对全国所有人进行调查，两个结果的相差程度也不会高于 3%。

那么，从民意调查的结果来看，人们究竟都在想些什么？首先，绝大多数人民不希望美国宣战并向欧洲派遣陆军或海军。只有 1/14 的美国人赞成立即对德国宣战。但是，相信美国最终会陷入战争的人的占比要高得多。虽然大约 1/5 的人对这一问题没有表明意见，表明意见的人当中有 5/8 觉得如果战争持续时间过长或如果德国似乎胜局已定，那么美国应该参战。很显然，受访者有着某种宿命感，某种避无可避、不得已而为之的感觉，认为在某些紧急情况下即便不情愿也得根据需要采取行动。

尽管只有约 7% 的人想对德宣战，但当被问到“现在美国给予英国和法国的帮助，你认为是太多、不足，还是恰到好处”时，近 3/4 的人回答说“不足”。除了那些现在就想宣战的人，有 64% 的人认为美国应尽一切可能以非战争形式帮助英国和法国。只有 6% 的人认为我们现在给英法两国的帮助太多了，应该减少；只有 20% 的人认为现在所给的帮助差不多正合适。

愿意为同盟国提供更多帮助的普遍情绪，意味着人们迫切希望为英国和法国提供食品、军需品和飞机。但是，公众并不情愿借钱给盟友购买迟早可能需要的战争物资。例如，如果英国和法国不能用现金购买我们的飞机，仅有一半人愿意向其提供信贷。从所有的民意调查结果可以很明显地看出，大多数美国人对第一次世界大战未清偿的债务仍耿耿于怀。

战争期间的变化

对大多数美国人来说，持续了数月的欧洲战争是古怪的、静止的、遥远的，也是唤不起人兴趣的。他们饶有兴趣地通过新闻报道关注了这场战争，但他们感觉这场战争并没有威胁到美国文明的主要社会价值。战争爆发时，75% 的美国人认为英国和法国会打赢这场战争，只有 10% 的人预计德国会取胜。战争打响两个月后，这些百分比并没有很大的改变。但当德国成功入侵挪威之后，舆论迅速转变。

在战争爆发伊始，8% 的人认为美国应该对德国宣战，但是此项占比在当年 10 月份降至 3%。直到次年 5 月中旬，尽管发生了多起重大事件，这一数字仅在 2% 至 5% 之间波动。只是在最近几个星期，它才慢慢回升至 7%。3 月间，当人们被问及我们给盟军的帮助是多、不足还是正好的时候，50% 的人回答说“差不多正好”，还有 13% 的人认为“太多”，只有 15% 的人表示“不足”。当时几乎有 1/4 的受访者对这个问题没有表态。现在看来，新的意见已经成形。目前只有

4% 的人尚未打定主意。那些大多数在 3 月份感觉“差不多正好”的人，现在更多地认为“不足”。4 月份，仅有 1/3 的人愿意向盟国提供信贷，以便它们购买我们的飞机。而到 5 月底，就有一半的人表示愿意借钱给它们了。

前　景

民意调查表明，公众舆论无疑会继续改变。随着战争的发展，越来越多的人正在做出积极的决定；这种趋势表明，表示“没有意见”的人将会减少，转而赞成对盟国提供援助。在 3 月份，全国仅有 58% 的人认为，如果德国获胜，自己的切身利益会受到影响。而现在有 65% 的人认为自己会受到影响。在德国获得胜利更加迫在眉睫的时候，人们会不约而同地感觉美国的文化价值观可能会受到威胁，各群体之间现存的小小差异也会逐渐缩小。

开春时，被问及盟友是为维护民主、反对独裁统治的传播而战，还是为了保护各自的权利和财富而战时，持两种意见的人数不分伯仲。但现在的调查结果表明，人们的意见正在向维护民主制度方面转变。这一观点的转变与其说是由于国内或同盟国的宣传，不如说是由于事态的发展，即希特勒主义对美国人所珍视的一切是一种威胁，这一系列的条件促使更多人认为盟军是为了维护民主而不是保存国家的权利和财富而战。

国会未来面临的问题

民意调查显示，目前国会采取的行动跟不上人民帮助盟国的愿望。几乎所有的美国人都想远离战争。有 3/4 的人想给盟友提供更多的帮助。有半数的人愿意提供信贷。大多数人似乎在探索给同盟国提供帮助的方法和途径，而不愿更靠近实际的战场。当被问及什么政策可以做到这一点时，公民自己也不明所以。显然，这个问题对他们来说太复杂了。

1940年/6月5日

丘吉尔首相在下议院致辞文本的摘录

美联社报道

【伦敦6月4日电】以下是今天温斯顿·丘吉尔首相在下议院所发表的声明的摘录：

……我们永远不要忘记以坚实的海上力量为保障，也不要忘记那些可以局部运用的空中力量。我本人完全相信，如果我们各尽所能，如果我们能像现在一样做出最好的安排，我们将再次证明自己能够去捍卫我们的岛国家园，安然度过战争的风暴，经受住暴政的威胁。这也许需要多年的斗争，也许需要我们独自奋战。

无论如何，我们正在尝试为之奋斗。这是英王陛下的政府的决心，也是每个臣民的决心。

这是议会和全国人民的意志。大英帝国和法兰西共和国，为了共同的目标需要齐心协力，誓死捍卫祖国的领土，需要竭尽全力像亲密无间的同志彼此帮助，即使欧洲的大片土地和许多古老而闻名的国家已经或即将落入盖世太保的魔掌和纳粹种种罪恶机关的统治。

我们将毫不动摇、毫不气馁。我们会将战斗进行到底。我们将在法国作战，我们将在海上和大洋中作战，我们将具有愈来愈大的信心和愈来愈强的力量在空中作战……

我们将不惜任何代价保卫祖国，我们将在海滩上作战，我们将在敌人登陆的地点作战，我们将在田野和街头作战，我们将在山区作战。我们决不投降，即便我们这个岛屿全部或大部分岛屿被征服并陷于饥荒。但目前，我相信不会发生这种情况。大英帝国的海外臣民们也将在英国舰队的武装和保护之下继续战斗，直到天意垂怜，帮助我们缔造一个新世界，给我们力量拯救和解放这个旧世界。

1940 年／6 月 10 日

很多人逃离巴黎，但希望仍然存在

留守者被阴霾笼罩——难民越来越多，到处人满为患，食宿无依

P.J. 菲利普
通过无线电发回《纽约时报》的报道

【巴黎 6 月 9 日电】在巴黎经历过这一天的人们将终生难忘。人们永远都不会忘记这个阴郁的星期天。早晨广播和晨报都在声称，战事正在逼近，而且会比以往任何时候更加激烈。（审查官在这里删去 15 个字。）密集式防空炮火唤醒了那些沉睡中的人。人们不知道是该期盼还是恐惧，因为没有任何人知道到底发生了什么事。

法国政府对事件的评论总是遮遮掩掩，不仅没有让报纸读者和电台听众得到启迪，反而使他们更加疑惑。

很多留守的人都走进教堂，他们感觉，至少在教堂里能找到一丝平静，为他们焦虑不安的心找到一个庇护所。人们为前线的将士祈祷。这场荒诞离奇的战斗，每天的高潮一浪高过一浪，一次比一次穷凶极恶，而希特勒总理不断疯狂地投入前所未有的人力和战斗机器。人们为法国和世界祈祷，希望其能够走出这场噩梦。

今晚内阁在爱丽舍宫召开会议，评判当前的局势。据说，明天可能举行另一次会议。之后可能会向全国发布通告，陈述政府对军事形势的意向。

巴黎寂静而怪异。人们在上周和最近几天纷纷弃城而去，街道上除了偶尔出现的公交车和出租车外，空无一人。邻居们三五成群地聚集在一起说话，就像在医院候诊室里的病人，在恐惧和希望之间徘徊，希望抓住每一次攀谈来寻求安慰。

问题的关键在于是去，还是留。一排排灰色大卡车停在公共建筑外，表明至少部分公共服务机构正在疏散中。到处都是人们打包收拾的痕迹。市民的车里装满了各种日常用的零碎杂物，从鸟笼到浴缸，无所不有，而且通常车顶上会放一张床垫，白天用来保护车辆，晚间当床睡觉。

随着天色渐渐变暗，撤离的热潮似乎在蔓延。越来越多满载的卡车和轿车开始驶向城市的出口。在各个仍有火车运行的车站，大批主要来自东部和北部的难民，等待去往别处，人群每一分钟都在增多，似乎永远也不会减少。

1940年，巴黎大撤离。

乱上加乱的是，大家都不确定该去哪里，更不知道如何去。南部和西部已经人满为患，到处都是来自比利时和法国东北省份的人。不断有报告说，床位已经没有空余，而且那些仍在路上的人也开始出现食物短缺。外国人能去的地方很少，但是似乎很多人不知道自己该做些什么。

不离开或不打算离开的人们一天的大多数时间里都在收拾行李。由于所有的银行都关闭了，他们将最宝贵的财物放到地窖里，打点好金钱和随身携带的东西，以便随时听候命令或者准备疏散。

目前发生的一切无法用语言详述。然而，有一件事堪称怪异，那就是目睹人们如何坚持自己的习惯。出于习惯，他们转向自己生活中敬为权威的人士寻求指导，完全无视那些人是多么糟糕的榜样或者做了多么明显的准备。

因此，在一些地方，你会发现非常不可思议的对比。一边是人们手忙脚乱地收拾行李，另一边，一些资产阶级人士依然在布洛涅森林公园漫步，或者静静地坐在福煦大街长长的树荫下，观看这些卡车和轿车离开城市的盛况。他们似乎一点都不急不忙，不慌不怕。

巴黎附近城区反击入侵者的枪声不绝于耳，炮弹喷出的阵阵烟雾不时划过天空。而对这些人来说，他们早已处变不惊。树下的人丝毫不受打扰，依然我行我素坐在那里。

可能这成千上万的人已经悄悄地下定决心，无论发生什么事都要留下来。他们当中大部分人可能认为，与其做一个颠沛流离的难民去面临各种危险，还不如待在家里。大多数人在心目中，仍希望——虽然这种希望很渺茫——无论发生什么，这场战争不会打倒或毁掉巴黎，希望这座城市将会得救。

当然，这里也有喜剧的成分，也就是那种即使天塌地陷也永远不变的日常的喜剧因素。有一个家庭不能离开，是因为家中 16 岁的儿子明天要参加考试。今天一整天，他都在埋头读书。

1940 年/6 月 11 日

墨索里尼发出信号
宣布对西方“财阀”国家开战

赫伯特·L. 马修斯
通过电话发回《纽约时报》的报道

【罗马 6 月 11 日电】昨天下午，意大利向大不列颠和法国宣战。宣战声明在午夜过后一分钟生效。意大利帝国的海、陆、空三军已经开始行动。

贝尼托·墨索里尼总理当天傍晚 6 点在其威尼斯宫阳台向人民宣布，这是一场反对“财阀和反动的西方民主国家”的战争。虽然这些国家暂时还不包括美国，但几乎没有什么意大利人相信美国会自始至终不参与战争。

墨索里尼先生明确表示不与土耳其、瑞士、南斯拉夫、希腊和埃及为敌，前提是它们不袭击意大利或意大利的属地。

土耳其成为当天的热点。意大利完全相信土耳其不会对自己采取行动，也不会履行其与盟国的协议。人们希望意大利能把战事限制在法国、大不列颠和地中海地区，并保持巴尔干地区免受战事纷扰。如果能做到这一点，意大利人认为土耳其将会保持沉默。

苏联行动尚不明朗

苏联已经收手不干。意大利知道，巴尔干地区的动乱会立即将苏联卷入其中。但只要把战事局限在西部和南部，苏联就不会插手，既不会帮助也不会阻挠。此消息是几小时前一个非常权威的来源透露给记者的。

需要强调的是，没有任何关于提供物资或其他事物的协定，也没有任何威胁或诺言。

意大利大使奥古斯托·洛索早晨动身前往莫斯科，苏联大使伊凡·戈列尔金正返回罗马，从而结束了两国长时间没有互派代表的局面。

给记者提供消息的人称，在这一关键时期，意大利急于全面恢复同苏联的外交关系，苏联也已经同意，且丝毫没有委曲求全。

由此看来，墨索里尼总理没有了解苏联真正的长远意图，就着手实施了这个冒险的举动。美国总统罗斯福的演讲显然已经来得太迟。意大利方面称，美国也无力制止这场冲突。无论罗斯福先生打算采取什么措施，都将被整个法西斯政策的势头所压倒。法西斯一旦开始行动，必将势不可当。

意大利人相信，无论美国做什么都不会影响这一问题。他们确信在几个星期之内，美国的帮助不会很大也不会到位。他们认为，没等美国的援助到位，战争就会结束。

自从战争开始，墨索里尼就一直在说，每当他走到威尼斯宫的阳台上时，说出的是意大利人的心声。从他开口的那一刻，人们就知道意大利已经处于战争状态。所以当这些话最终在威尼斯广场和意大利所有的城镇广场中传开的时候，人们对宣言的内容心知肚明。

第一句坚决的话语结束了漫长而极端令人头疼的悬念，结束了戏剧般的跌宕起伏，结束了希望和失望日日夜夜的交替以及日趋增强的紧张情绪。很久以前，你们记者可以说意大利将在 6 月 20 日之前参战，大概在 6 月 10 日至 20 日。有时会觉得它似乎来得太早，但从来没有人希望意大利无限期远离这场战争。

人群在威尼斯广场聚集之后，立即浩浩荡荡拥上了奎里纳尔山上的王宫。在那里，国王正身穿野战服等待着他们的到来。他站在阳台上向人群致意，人群喊道："萨瓦！""萨瓦！"声音不绝于耳。

总理已经把维克托·伊曼纽尔说成"一直代表着祖国的灵魂的国王陛下和皇帝"。人们对国王的感情或行动可能拥有的任何疑虑，都因这些话语而画上了句号。他从来没有反对过墨索里尼先生的任何计划或愿望。

1940 年／6 月 15 日

德国坦克现身香榭丽舍大街

柏林描述德军列队进入巴黎的场景——称有 1/3 的巴黎市民选择留下

合众社报道

【柏林 6 月 14 日电】今天，德国坦克作为侵略者的领头兵，轰隆隆地踏过塞纳河桥，穿过凯旋门和绿树成荫的香榭丽舍大街来到了巴黎的心脏，距离 19 世纪俾斯麦军团占领巴黎已有近 70 年。

在装甲车的簇拥下，沾满灰尘的坦克显得得意扬扬，摇摇晃晃引领纳粹部队从西北进入巴黎，占领了这座"光明之城"。

德国报道这起事件时说道，这是有记录以来巴黎第 9 次遭到侵犯，也是自 1871 年俾斯麦军团的铁蹄踏上宽阔的林荫大道之后，外国军队首次出现在巴黎。

德国新闻界一片欢腾，宣称巴黎的陷落是阿道夫·希特勒总理对西线进攻的"决心的象征"。（美联社报道，柏林纳粹党预计阿道夫·希特勒将于 6 月 21 日参观巴黎，那天是德国接受《凡尔赛和约》的二十一周年纪念日。）

从西北进入巴黎

德国人称，德军今天一早穿过了阿让特伊和讷伊市的郊区，然后穿过西城贵族区进入巴黎。整整 5 个星期前德军在西线发动大规模攻势，随后拿下了荷兰和比利时。

德国人说，当坦克铿然地驶过时，两旁稀疏地站着紧张而宁静的巴黎人。发自法国首都的报道估计，巴黎280万普通百姓中大约有1/3选择了留下。

在坦克后面，隆隆而来的是反坦克部队，依然是落满灰尘，布满了北部激战留下的印迹。

随着清晨被拉长的影子渐渐变小，越来越多的纳粹特遣部队涌入了巴黎。法国军队早已对这座城市进行了疏散，希望自己热爱的首都能够逃脱华沙的厄运。

机动化步兵从装有机关枪钢屏的卡车上起身，虎视眈眈盯着塞纳河桥与凯旋门处交叉的宽阔街道。

在这个枢纽区域，有11条街道向外伸展。这里矗立着凯旋门和无名烈士墓，墓上闪烁着永恒之火。

德方报道表明，进入巴黎的大军走过凯旋门，来到了香榭丽舍大街。据猜测，第一个在这具有历史意义的拱门下面行军的荣耀，可能会给自封为德国第一士兵的阿道夫·希特勒。

这个伟大的拱门始建于拿破仑胜利期间。它是一个160英尺高的石堆，每个石头上都铭刻着法国军事史上的一场胜利或一位英雄的名字。

据说，走在队伍前面的纳粹军官直奔城市中心法国官员的总部，并正式接管了那里。

首都就像死亡之城一样，所有商店关门，窗户钉上了铁铸的百叶窗。那些不曾离开的人在家中哀悼，不知道接下来会发生什么。

1940年6月，德军列队行进在香榭丽舍大街上。

警察和国民警卫在街上慢慢地巡逻，除他们外，街上几乎看不到任何其他人。他们已经上交了手中的步枪和手枪。现在，他们已然是地地道道的民间力量。

1940 年
6 月 16 日

社论：希特勒的方式和我们的方式

合众社报道

为什么希特勒能取得如此惊人的胜利？难道有什么魔法、什么秘密武器或者绝世秘方，让这个第一次世界大战中的下士赢得了拿破仑式的胜利？国家公务员、商人和普通男女，都确信自己知道这一答案。他们相信希特勒是“能人”，因为他可以左右狂热分子和理论家，因为他不被繁文缛节束缚，因为他知道自己想要什么，并极力去争取。他们相信这个人“有一套”，而这正是民主国家所缺乏且需要的，没有这个他们无法存活。

但希特勒并没有魔杖。多年以来，他实施大规模军事征服的原因早已尽人皆知，而那些现在遭受打击的国家应该在很早以前就一清二楚了。正如奥托·托里斯克斯在今天的星期日专栏中所写的，7 年来，希特勒一直在发动德国全部的精神、军事和经济资源，“唯一目的就是不择手段地发动战争”。为了这一可怕的目的，他破坏了德国的经济，彻底改变了德国的道德观念，资助其线人，在各个国家蒙骗不明真相的人们。他还用狂热侵染德国青年，而这种狂热现在已经对欧洲大陆上最勇敢的民主阵营发起了猛攻。

与希特勒的德国“总”动员相比，民主国家的动员缓慢而迟疑，半心半意。这绝对不是控诉。民主的终极目的不是发动战争。自由的人将永远不会赞同鲁登道夫将军的信仰，即“战争就是民族生存的最高表现”。民主国家人民的目标是在和平和自由中生活、享受自由并追求幸福。希特勒虽然已经能够支配民主政治的烦琐程序，但这不能证明民主的失败。合作是民主真正的本质，要比独裁命令的下达难得多。希特勒的皮鞭绝对不可能解决劳动力的问题，也不可能为数百万人取得社会保障，而英国、法国和斯堪的纳维亚国家这些民主国家在上一代已经实现了这一切。希特勒也不可能在一片荒芜的新世界大陆上建造一个强大的共和国。

但是，人们在享受民主权利的同时，也要承担民主的责任。对民主的真正控诉，现在就写在硝烟弥漫和满目疮痍的大半个欧洲，那就是我们这个时代的自由人民太不关心自己的特权，也太不关心自己的民主职责了。英国和法国近几年推选的领导人并没有去领导人民而是去哄骗人民，去息事宁人。他们看到了德国的威胁越来越咄咄逼人，但他们不敢面对，而是选择了缩头缩脑。他们听到了好的建议，却置若罔闻。他们知道如何去赢得选举，但不知如何加强和保障民主与生俱来的权利。因为这些不称职的领导人是通过自由人的自由选举而掌权的，所以西方民主国家的人民也脱不了干系。为保住自己的舒适生活，他们拒绝面对惨淡的现实。等他们准备好为保住自己的生活方式而做出牺牲时，已为时太晚——英国早该普及军事训练，法国也早该提高工业生产的效率。他们明明知道自己的责任，却选择了回避。美国也一样，1920 年我们逃避了自己的责任，对欧洲的问题视而不见，在 1922 年和 1930 年，我们在周围建立了关税壁垒，认定勇气和理想主义在国际事务中是无用的。

民主现在面临着始料未及的可怕考验。如果要使之生存，那就得像敌人一样，以极大的决心积聚力量。那种优柔寡断、一厢情愿的党派之争和琐碎争吵已经成为现在依然幸存的个别自由国家的致命危机。现在不是怀疑民主的时候，而是通过牺牲、远见和勇气来证明对民主满怀信念的时刻。

1940 年／6 月 19 日

丘吉尔首相在下议院致辞全文

美联社报道

【伦敦 6 月 18 日电】以下是今天温斯顿·丘吉尔首相在下议院做的战争报告：

立志恢复共享自由

如果要求我们忍受它们所遭受的痛苦，那么应效仿它们的勇气；如果通过磨炼我们最后获得了胜利，那么它们将会与我们共享胜利的果实——是的，自由属于大家。我们决不放弃我们的正当要求。捷克、波兰、挪威、荷兰和比利时，它们的浴血奋斗与我们的事业息息相关，它们都将重归自由。

魏刚将军说，法国战役已经结束，不列颠之战马上就要开始。这场战役决定基督教文明的生存。

我们英国人的生活、我们各项制度的延续，以及我们帝国的长存，都将取决于这场战役。敌人可能很快就要把所有的愤怒和力量转向我们。希特勒深知他必须在这个岛上打垮我们，否则就会输掉这场战争。

如果我们勇敢面对他，那么整个欧洲将获得自由，世界的生活可以迈向阳光将普照的高地。但是，如果我们失败了，包括美国在内的整个世界和我们所熟悉所关心的一切，都将陷入一个新的黑暗时代的深渊，它会因变态的科学之光而更为险恶、更加漫长。

因此，让我们担起责任来并勇往直前。如果英联邦和大英帝国能够存续1000年，那么到那时人们仍然会继续说："那才是它们最完美的时刻。"

1940年/6月22日

欧洲：希特勒在贡比涅掀开战争戏剧第三幕

安妮·奥黑尔·麦考密克

昨天，阳光普照，静谧无声，很多人驱车穿过贡比涅森林的绿色走廊去参观马车餐厅——第一次世界大战的停战协议签署地。贡比涅是格致规范的森林，不同于总是有点狂野而又神秘的德国深山丛林。这里的古树排列得整整齐齐。这些参天古树种植已久，它们提醒着你，在法国人心目中，秩序是与生俱来的，就如秩序与日耳曼人毫不相干一样。在德国，秩序要么是上传下达，要么就没有秩序，所以德国的历史是一部急行军和跟着领袖走的编年史。

希特勒的普罗米修斯戏剧已经开场，他无法抵抗揭开第二幕帷幕的诱惑。他忍不住要亲临21年前德国向法国代表团递交投降书的地方。他忍不住要发表幕前致辞，认为自己的演讲会被载入史册并反复阅读。希特勒越来越清楚地意识到自己在历史中的地位；甚至在获得法国和低地国家那令人陶醉的胜利之前，他就已经开始谈论，好像他的使命不再仅仅是粉碎《凡尔赛和约》，扩张德国的实力，而是在用其一生来纠正历史所犯的错误。他要纠正所有的错误，他渴望让所有地方听从自己的号令。

希特勒处于权力巅峰

昨天，他比以往任何时候都要深入法国，但是他感觉并不自在。贡比涅市的稳重、美感与他的魔山上浪漫、粗犷的风景大相径庭。被击败的法国人对贡比涅市的风光最熟悉不过，当他们从车窗向外望着福煦元帅的半身像和路易十四狩猎时走过的森林小径，一定有种撕心裂肺的痛楚。希特勒，同样也是局促不安。如果说这个征服世界的小个子奥地利人有任何不安的话——他不能克服所有疑虑带来的痛苦，每做一项决定之前他都会心烦意乱——那么他一定很想知道，武力这种从无序中勃发的、以原始冲动去摧毁的力量，能否胜过法国本土由来已久的那份从容不迫。

希特勒来到了贡比涅市，让法国俯首称臣，这让整个世界都觉得不可思议，希特勒本人也一定感觉难以置信。从他站在林茨的阳台上那一幕到现在，从他第一次征服他国领土，他已经走了很远。从以装备不良的部队试探性地进入莱茵兰地区来挑战法国，到现在，他已经走了很远。

此时谁也难以料定法国投降之后，希特勒的下一步棋会是什么。我们所面临的是同情和良心之间的冲突，它可能会伤害并分裂我们，可能会极大地影响我们对战争的态度。利用法国作为武器针对英格兰，利用封锁针对法国。这种制造混乱和分裂的元素将使第三阶段的斗争成为最可怕的考验。

1940 年
6 月 25 日

中午 12 点 35 分停战
罗马方面通知希特勒 6 小时后休战生效
协定条款未公布

赫伯特・L. 马修斯
通过电话发回《纽约时报》的报道

【罗马6月25日电】罗马时间昨晚 7 点 15 分，意大利和法国签署了《意法停战协定》。20 分钟后，意大利外交部长齐亚诺伯爵代表意大利政府知会了德国政府。就这样，法国时间中午 12 点 35 分（纽约时间昨天下午 7 点 35 分）战斗停止。（合众社报道，今天上午，意军开始向法国萨伏依和尼斯地区进军。据伦敦权威消息人士称，《意法停战协定》包括意大利占领萨瓦省，所有法国军队撤出阿尔卑斯山隘口，意大利占领包括尼斯在内的里维埃拉以及科西嘉岛，法军撤离突尼斯，放弃突尼斯与利比亚的边境地区，意大利占领法属索马里，以及从法属索马里到亚的斯亚贝巴的铁路。此外，将法国与德国签订的经济和金融协议适用于意大利。）

据悉，法军与意大利在阿尔卑斯山脉开战后 4 天，法国政府的全权代表研究了意大利给出的条款，与驻波尔多的法国政府进行了沟通，并与意大利代表争论了整整一下午。最后法国代表团屈服，查尔斯・亨其格尔将军在休战协定上签了字，意方的签字代表为总参谋长佩特罗・巴多格里奥元帅 。

签署仪式在因奇萨别墅举行。同样是在这所房子里，周日，法国人收到了停战协定的条款内容。

法国全权代表计划于今天上午 10 点搭乘他们从慕尼黑来时所乘的那架飞机离开。

法国人反对意方条款

虽然意大利的条款并未公布，但很明显，法国人今天对其中一些细节表示反对。法国全权代表深感责任重大。毕竟，在讨论停战协定时，他们的国家正在遭受战火，他们看到更多的法国人战死沙场，更多的领土被蹂躏和占领。可以推测，必定是条件过于苛刻，他们才会迟疑。

星期天晚上，军长马里奥·罗阿塔将军只花了不到 10 分钟就把意大利的全部条款向法国全权代表读了一遍。这似乎表明，意大利的条件似乎不像德国所要求的那么广泛或复杂。因此，人们认为，法国与意大利的停战协定在很大程度上只是走个过场。但昨天的事件表明，这种解读并不确切。

有一点很说明问题：几小时过后，法国全权代表并没有离开因奇萨别墅。恰恰相反，驾驶黑色菲亚特小汽车的意大利高级官员们进进出出，显然是在给威尼斯宫的墨索里尼总理传递消息。即使在协议签署后，法国全权代表的讨论还在继续。之后又过了 1 小时 15 分钟，仍未见他们离开别墅。

最幽静之所

因奇萨别墅离罗马只有 12 英里，是不可多得的幽静隐蔽之地。同样宁静的地方还有曼佐尼别墅，它就在通往维泰博的卡斯亚古道上，法国代表团的大部分时间都是在这里度过的，他们也是在这里跟波尔多方面进行电话沟通的。

下午 3 点 42 分法国代表团抵达因奇萨别墅，此时只有《纽约时报》的两名记者在门口守候。意大利代表团已经在 20 分钟前抵达。周围站着几名宪兵，除此之外，再没有任何迹象表明就在路边几码之处，人们正在“创造”历史。法国代表团乘 8 辆车前来，车队前后各有一辆宪兵摩托车护卫。

法国代表团受意大利礼宾司司长接见

从昨天早间官方发布的关于周日晚上会议的消息，人们只能猜测别墅里发生的事情。官方报道称，在别墅门口，法国全权代表受到了意大利外交部礼宾司司长塞利西亚·迪·维格里亚斯科和外交部其他官员的迎接。在相互介绍之后，他们被带到大厅。在大厅中，意大利代表团对他们行法西斯敬礼，以示欢迎。

然后双方代表团分坐在桌子的两边。齐亚诺伯爵起身宣布，依照墨索里尼总理的命令，巴多格里奥元帅将向法国全权代表提出停战条件。之后，巴多格里奥元帅让罗阿塔将军宣读了条款。于是，罗阿塔将军宣读了条款，据推测，用的可能是意大利语。

之后，亨其格尔将军宣布法国代表已经注意到这些条款，并要求获准向法国政府传达这些条款，以“在下次会议上做出决定”。于是，周日晚上的会议宣告结束。

法国代表团回到曼佐尼别墅后，当晚的大部分时间都在讨论这些条款，并与波尔多的法国政府保持直接沟通。

昨天整整一上午，法国和意大利代表团之间的谈话等交流一直不曾间断，这说明法国人发现意大利强加的条款是多么难以接受。所以，昨天下午因奇萨别墅的会议几乎完全不像周日晚上举行的首次会议那般从容、安静、正式。

1940 年，法国代表团在德国战胜者护送下登上福煦元帅车厢，准备签署法德停战协议。

1940年/6月30日

社论：太阳照常西沉

阅读拿破仑·波拿巴的历史时，翻到某页，我们可以说，此处他达到了荣耀的顶峰，此处他犯了一个错误，此处预示他可能觉察到风已把圣赫勒拿的浪涛声带到了他的耳畔。但是，我们自然无法预知、无法了解希特勒先生的日常记录，尽管他就是奥地利的拿破仑。

我们不知道最近希特勒发起的战役可以与年轻的拿破仑发起的哪一场战役相提并论：是远征意大利、奥斯特利茨战役、耶拿战役、埃劳战役、弗里德兰战役还是博罗季诺战役？我们不必白费心思希望莱比锡战役或滑铁卢战役将在明天再现。但是，我们可以猜想读到了这些气势恢宏的戏剧的哪一段。

这名纳粹总理坚信自己就是左右历史命运的人物。他正在有意扮演着这样一个角色。比如，他在贡比涅市将协定条款交给法国人时，他所坐的那把椅子正是福煦元帅21年前所坐的同一把。再比如，美联社从巴黎发回的一则电讯说他本周“私服微访”来到巴黎，“在制服外套着一件浅棕色防尘大衣”，“神情怆然地”伫立在他所景仰的拿破仑的墓前。

不劳付诸文字，我们就可以猜测到他的想法。这名曾经的下士、曾经的落魄艺术家、一度受人鄙视的狂热分子、曾经的国家囚犯、虚张声势的家伙、曾被张伯伦先生称为“错失”战争“良机”的人，现在已经不可一世了。

但那些靠演戏为生的人也必将死于剧中。历史的戏剧绝非静止不动。高潮之后必将迎来低谷。正午之后，太阳就开始西沉。对于阿道夫·希特勒来说，现在是早上10点还是12点？是他上演剧目的第一幕终场还是第二幕终场？我们不得而知，而且最好不要做什么预言。但是，或早或晚，所有的征服者，如恺撒大帝、伟大的拿破仑等，他们的戏都以悲剧落下帷幕。希特勒把自己与他们归为一类也不无道理。他们每个人在自己的时代都可谓举足轻重，但是没有一个流芳千古。

第四章

4
chapter

英国拒绝德国的“和平”提议

1940 年 7—9 月

在法国战败及敦刻尔克大撤退几周后，越来越多的人开始怀疑英国是否会继续战斗。7月初，印度民族主义领袖圣雄甘地呼吁英国媾和。由于英国7月3日决定击沉法国在阿尔及利亚凯比尔港的舰队，英法关系开始恶化。美国民众对英国的做法持不同意见。《纽约时报》8月初报道，英国在美国广大民众中享有很高的支持度，但与此同时，还有像飞行员查尔斯·林德伯格一样的人，他们认为美国应该接受现实并与希特勒领导的德国合作。7月19日，希特勒终于装模作样地呼吁英国“保持理智”、放弃战争。英国政府毫不犹豫地拒绝了这一提议。7月20日，《纽约时报》刊载了该报伦敦分社社长雷蒙德·丹尼尔的一篇题为《英国人不为所动》的报道，指出英国对任何呼吁都无动于衷，并坚守丘吉尔的诺言——决不投降。最大的问题仍然是德国入侵英国的可能性，这种可能性很快就变得明朗，英国皇家空军很可能是决定德国是否入侵英国的重要掣肘。

不列颠之战是7月份打响的，打响之前并没有明显的征兆。《纽约时报》当时关注的重心与美国本土关系更密切。黑人领袖要求有权参与战争，保卫美国；7月21日，罗斯福总统签署了《两洋海军法案》，为海军重整军备奠定了基础；一个月后，苏联革命党人列夫·托洛茨基在墨西哥城被暗杀，《纽约时报》给予了出乎意料的关注。这样，《纽约时报》对8月的第三周在英格兰南部上空正式打响的空战，并没有给予太多的关注。雷蒙德·丹尼尔决定到康沃尔郡度假，结果赶上了开战数周的不列颠之战。在9月份更密集的空袭开始之前，最重大的新闻当属9月4日美英两国宣布“驱逐舰换基地”。英国以允许美军在加勒比海地区的英国殖民地岛屿建设基地为代价，换回50艘旧驱逐舰。此交易还没有产生什么直接效力，因为这些驱逐舰交付非常缓慢，而且在投入使用之前都需要改装。然而，这似乎意味着美国有了更大的决心投入战争。《纽约时报》刊登了题为《英国举国欢腾》的报道。

9月7日是闪电战的第一天，德军对伦敦开始狂轰滥炸，让美国人再次意识到，战争就在眼前，不少人对英国将被侵略和打败心生恐惧。“英国能挺住吗？”《纽约时报》在9月8日问道。几天以后，丘吉尔警告说，离德军攻入英国本土的日子不远了。美国盖洛普民意调查发现，42%的受访者担心，如果英国被击败，希特勒将入侵美国。但就在同一天，也就是9月15日，德国空军在攻击中遭受了最沉重的打击——其60架飞机被击落，人们对入侵的恐惧开始减少。后来人们将这一天命名为“不列颠战役之日”，以示纪念。《纽约时报》的德鲁·米德尔顿日后写道：这场战役的最后结果，对“战争和历史”都具有重大的意义。

欧洲的走势在此一役。同时，日本趁机扩大了其在亚洲的影响力，迫使法属印度支那同意日本在法兰西帝国的属地上驻军。9月27日，德国、意大利和日本三国代表在柏林会晤，正式签署了《德意日三国同盟条约》，将世界划分为三个新的势力范围，包括在日本统治之下的亚洲“新秩序”。《纽约时报》说，日本并未被美国最新实施的出口禁运政策吓着。轴心国现在似乎已经摆好架势，要实现其称霸世界的野心。

1940 年 / 7 月 3 日

甘地呼吁英国与纳粹讲和

合众社报道

莫罕达斯·卡拉姆昌德·甘地

【新德里 7 月 2 日电】今晚，莫罕达斯·卡拉姆昌德·甘地呼吁所有英国人停止对德国的敌对行动，并敦促他们使用“非暴力手段”解决分歧。这位印度民族主义领袖敦促英国，不要参加“同纳粹极不光彩的破坏力竞争”。他说，自己将在英国政府指挥之下，为其呼吁的“推进目标”而服务。

1940 年 / 7 月 7 日

36 年后，《英法协约》破裂 英国佬对法国军舰态度强硬

埃德温·利兰·詹姆斯

在巴黎爱德华七世广场，离巴黎歌剧院附近的林荫大道不远处，矗立着爱德华七世的纪念碑。这位英国君主曾和泰奥菲勒·德尔卡塞一道，起草了《英法协

约》。爱德华七世热爱法国，也深得法国人民的厚爱。因而，他对英国与法兰西共和国结盟非常有作用。1904 年，伦敦和巴黎达成了协议，大部分内容与非洲事务直接相关，并在实质上结束了两国长达一个多世纪的摩擦。其实，爱德华并非全部是出于对法国的热爱。他这样做是为了反对德国。随着时光的流逝，两国越走越近。直到 1911 年，随着三国同盟力量的加强，这一友好协定变成了一个有名有实的联盟。当然，《英法协约》是在第一次世界大战中结果的，英国与法国正是以此为契机结盟、共同反对德国的。

现在《英法协约》已经破裂。上周五，法国贝当政府断绝了与伦敦的外交关系。这种断交注定要载入我们这个狂热时代的历史篇章。本来针对德国的英法集团，由于德军胜利进军法国而宣告瓦解。这一联盟是否有理由和机会在将来重获新生尚未可知，或许有，或许没有。但到目前为止，英法联盟已经不复存在。

英国佬不好惹

法国政府与英国断交的缘由是英军在奥兰的凯比尔港攻击了法国海军船只。英国这样做的目的是防止法国军舰落入德国人和意大利人之手。形势非常严峻。丘吉尔首相告诉下议院形势非常严峻。但是，英国为此事辩护的理由是，国家在争取民族生存时，有时候必须强悍。

到现在为止，故事还未全面展开。但是，确有事实表明，英国曾建议法国船只驶入西半球，交由英国暂扣，但是法国海军拒绝了，据说是奉了贝当政府的命令。很自然，德国人在批判英国的军事行动时，立场就是德国已与法国签署停战协定，并承诺不使用法国船只攻击英国。问题是，正如丘吉尔先生所说，人们不该相信希特勒的承诺。丘吉尔说，六七个国家先后沦陷就是最好的证明。

对于那些见证了第一次世界大战的美国人、那些曾与英法并肩作战的人而言，看到老朋友和老伙伴分道扬镳很是悲哀。到底谁应该为此负责，从最近几周获得的消息中，我们无法做出准确的判断。如果法国人在佛兰德斯战役中取得了胜利，那么这种事情就不会发生了，至少现在不会发生。但即使有佛兰德斯的惨败在先，现在把责任归咎于谁也是言之过早。照那样说，谁应该对德军从色当突围逃出负责呢？是法国人还是比利时人？是由于德国明显占优势还是英国过早地放弃了战斗？是因为它们未能派遣本该派遣的空军部队吗？到底是法国辜负了英国，还是英国辜负了法国？

我们现在还不知道答案。

我们唯一能说的是，《英法协约》的破裂是希特勒战争给同盟国造成的重大损失之一。

1940 年

7 月 8 日

社论：战争领袖丘吉尔

把希特勒在欧洲取得的胜利称为拿破仑式的胜利，现在已司空见惯。不过，难道英国方面就没有一丝与德国方面的相似之处吗？如果说希特勒的军事胜利，包括其军队的疯狂入侵，以及柏林人在希特勒凯旋时的疯狂欢呼，有一丝拿破仑的性质，难道在同盟国的领导阵营中就没有威廉·皮特（英国前首相，出色的演讲家）式的魔力吗？

温斯顿·丘吉尔领导下的内阁和国会现在承受住了两个月殊死搏斗的考验。它们在国内加快生产坦克和其他军用物资方面的成果，我们尚不知晓。但是，比弗布鲁克勋爵昨天宣布，英国的飞机产量在上月创下了新高，超出 1939 年 6 月产量的两倍。丘吉尔先生能否像劳合·乔治先生在上次战争中一样，突破所有的物资生产瓶颈，我们并不清楚。但各种证据表明，目前英国各领域的生产能力都在突飞猛进。更重要的是，种种迹象表明，领导层的雷厉风行终于得到了回报。法国总理雷诺所建立的内阁基础太过狭窄。与其不同，丘吉尔先生非常明智地将劳工领袖放到了战争工作的关键岗位上。英国人现在能团结一致，接受丘吉尔的领导，有众多原因，而这便是其中之一。这些人忘记了政治和阶级立场，现在，他们真正形成了一座由 4000 万人组成的战斗堡垒，而且下定决心决不投降。

温斯顿·丘吉尔无所畏惧，号召全国人民团结起来面对接踵而至的灾难。即使法国已经沦陷，他仍然以大无畏的勇气鼓舞了英国人民。他用不朽的语言激发起他们的斗志，并真诚地对待他的子民和世界各地的朋友。人们越来越有一种感觉，莫非威廉·皮特又复活了？现在，就如同皮特最后的日子：英国国内建立的各个联盟都纷纷崩溃，整个欧洲大陆被残酷无情的敌人独霸，英国的生存前景一片黑暗。奥斯特利茨的灾难在皮特去世之前突然降临。在他长眠于地下9年多之后，英国才赢得了最后的胜利。但他为组织英国人抵抗、鼓舞英国民心树立了榜样，他的事迹在滑铁卢战役及很久之后都为人们所传颂。不管目前生死攸关的斗争会产生怎样的结果，未来世世代代的英国人都会以同样的理由来纪念温斯顿·丘吉尔，把他作为榜样。

1940年/7月12日

纳粹德国在南美加强攻势
德国外交和商业代表在哈瓦那为友谊施压

约翰·W. 怀特
通过无线电发回《纽约时报》的报道

【蒙得维的亚7月11日电】哈瓦那会议前夕，整个南美洲地区的德国外交人员与商业代表，联合起来通过外交和商业途径向南美国家施加沉重的压力。这种压力显然意在促使它们与德国保持友好关系，无论哈瓦那会议可能会提出什么样的经济解决方案。

整个美洲大陆的德国宣传机器最近一直在活动，激烈反对拟议的美洲国家经济联盟，声称这是美国企图在拉美国家行使霸权的一个“幌子”。南美报纸对柏林最近发表的一份警告做了广泛的报道。这一“柏林—罗马—东京”警告直白地告诉拉美国家，除非它们在战争期间与德国保持友好的态度，否则将不得分享“新时代”欧洲经济复苏带来的成果。

德国外交官和商业代表纷纷向南美各国政府和商业人士保证，战争在1940年年底就会结束，德国和它占领的地区将立即进入市场，大量购买南美的产品。驻巴西的德国机构正在敦促巴西政府和人民不必为目前的出口贸易危机惊慌，它们保证，随着1940年这场战争的结束，1941年头几个月就有望清空超量库存。

德国正在对南美各国政府施加强大的外交压力，这是外交界广为流传的闲话，但在中美洲它却不那么明目张胆。

虽然如此，这些流言已经产生了成效：乌拉圭政府由于害怕遭受德国的商业抵制，被迫释放了最近逮捕的纳粹领导人；昨天抵达里约热内卢，将从此地前往参加哈瓦那会议的阿根廷代表团主席，以及阿根廷外交部长发表声明，称阿根廷代表团不会同意任何可能导致南美共和国失去原有欧洲出口客户的经济解决方案，而德国则是其中最好的客户之一。

1940 年／7 月 16 日

意大利人要求法国放弃《蒙娜丽莎》

称达·芬奇和提香的作品是拿破仑的“掠夺品”

【合众社罗马 7 月 15 日电】今天，罗马大学通过其官方机构法西斯蒂，要求法国归还拿破仑从意大利“掠夺”的所有艺术作品，包括莱昂纳多·达·芬奇的无价之宝《蒙娜丽莎》。

罗马大学发布的声明中要求归还所有涉嫌偷窃的艺术珍品，即巴黎罗浮宫的镇馆之宝，尤其是达·芬奇和提香的作品。

声明称：“法国人为防战时空袭和轰炸已经仔细地将这些艺术作品打包保护，所以归还事宜将非常容易。”

“只要将它们连同包装箱从法国寄到意大利就可以了。”

罗马大学发布的声明引来意大利各界，尤其是艺术专家重提之前多次提出的要求。如果声明所提的要求得到满足，罗浮宫将失去数幅最引人入胜的艺术珍品。《蒙娜丽莎》就是其中之一，多年来它一直是罗浮宫最引人注目的作品。

罗浮宫珍藏的达·芬奇其他作品还包括《天使报喜》《圣母子与圣安妮》《岩间圣母》和《美丽的费蓉妮叶》。

罗浮宫内提香的作品包括《弗朗西斯一世》《戴手套的人》《萝拉·丹蒂》《朱庇特和安提俄珀》等。

1940 年 7 月 20 日

英国人不为所动
官员称：希特勒的“和平”建议不值一提

雷蒙德·丹尼尔
通过电报发回《纽约时报》的特别报道

【伦敦 7 月 19 日电】今晚，德国总理希特勒的演讲并没有打动英国官方人士。白厅官员人人都把耳朵伸到收音机旁，听完之后表示：“这些都是陈词滥调。”

英国人可以明显地听出希特勒演讲中那种“无辜受伤”的惯用态度，那种看似合情合理的“和平”意图，以及无视他的意志会带来可怕后果的威胁。在这次演讲中，希特勒宣称已认识到交战各方都在垂死挣扎。这一点引起了伦敦人的强烈关注，被视为早已被预料到，也延迟了很久的英国战役可能不远了。

在英国，人们认为纳粹领导人所说的是讲给其国人听的，并表示了 1941 年冬季来临之前快速结束战争的愿望。

老调重弹

伦敦官方的反应是，希特勒的演讲不值一提，因为它的内容在这个瞬息万变的时代里不过是老调重弹，它的种种威胁也早在温斯顿·丘吉尔首相的预料之中。丘吉尔首相已多番提及，这个岛国将坚持到底，决不投降。

伦敦的官员认为，希特勒演讲中最有趣的一段发言是：他不明白为什么这场战争要持续下去，以及他声称这是他最后一次呼吁大西洋彼岸、苏联东面的那个抵制他的国家要“有点常识”。英国将其视为最后通牒，而英国人早就全副武装、严阵以待了。

此前，德国曾奚落丘吉尔先生，说他泄露英国的战争机密并允许德国悄然进军丹麦、挪威、荷兰和比利时，并为德军未来的计划提供线索。然而，在这次演讲中，纳粹独裁者对此只字未提。因此，官方人士谨小慎微地不做任何评论，以免讥讽的话语都可能成为招来纳粹批判的把柄。人们相信，纳粹失去了法国舰队的援助，可能不得不重新改写闪电战的“日历”。

然而，英国报纸却没有理会这种限制。令人惊奇的是，各大报纸，从保守党的《泰晤士报》到自由党的《曼彻斯特卫报》，都不约而同地发表社论，纷纷表示对希特勒的自我辩解、谎称的合理性，以及隐含的恐怖威胁等，嗤之以鼻。

1940年/7月21日

罗斯福签署《两洋海军法案》；行动开始

诺克斯要求众议院明天批准10亿美元的预算以便立即实施方案

陆军要求扩大工业生产

弗兰克·L. 克拉克洪
发回《纽约时报》的特别报道

【华盛顿7月20日电】今天，罗斯福总统签署了价值40亿美元的《两洋海军法案》，授权打造强大的海军，满足两洋作战的要求。与此同时，包括海军部部长诺克斯在内的海军官员准备周一在众议院拨款委员会上做证，要求在此授权的基础上，为这个6年方案立即投入近10亿美元，以便计划迅速实施。

周二，美国战争部部长亨利·刘易斯·史汀生将率领陆军军官前往国会陈述部队的需求：总额将近40亿美元，此外还有数千辆坦克、飞机、高射炮以及其他现代设备等，用以装备120万人的军队，并为80万预备役人员提供“关键性”武器。其中大约15亿美元将用于飞机制造，以期达到2.6万架飞机的实力。

扩建工厂以协助英国

据悉，陆军证词的重点是，迅速扩大各类生产设施建设计划，为现代化战争生产各种武器。此外，在长长的武器和物资项目清单后，需要从 40 亿美元的拨款中拨出大约 4 亿美元用于工厂扩建。

此外，官员透露，复兴金融公司将出借 7280 万美元用于飞机制造厂的扩建，出借大约 1 亿美元用于普通工厂的扩建。高级政府官员表示，美国为现代战争生产的各类装备和弹药将在春季有大大的增长，如果英国能在未来几周内抵挡住纳粹的攻势，直到阴晴不定的冬季来临，那么美国将为它提供巨大的甚至是决定性的物资援助。

据称，为以最高速度装备一支大型防御部队，美国工厂将大幅扩大生产，到 1941 年 5 月 10 日，美国将在不影响国内需求的情况下，满足英国的购买需求。

国会所需详细资料准备完毕

美国战争部的官员们已经对国会做出保证，通过迅速开发美国的生产能力和潜在能力，下个星期将有可能出现令人惊喜的情形。提议所寻求的总经费需求和方案的时间限制都会列出，但是美国陆军还需加大力度确保国会保密，以防止这些详细讯息落入潜在的敌人手中。迄今为止，外国专员只能通过阅读国会听证会的记录获得讯息。官员称，此时此刻，详细的计划必须严加保守。

政府部门指出，面临纳粹对英国的威胁，美国必须倾其所有尽快做好防御，总统要求国会拨付总数为 48.48 亿美元的款项作为额外的陆军和海军发展开支，这也是目前可能形成的订单的总价格。

然而，颇有可能，战争部之后会向国会提出罗斯福总统所称的“全面防御”的需要。

总统签署的《两洋海军法案》提出，到 1946 年，目前核定的海军舰艇吨位要增加 70%，并将允许海军的空中力量扩张到 1.5 万架飞机。

这个完整的方案将使海军的舰艇吨位增至 300 多万吨，具体包括战舰 104.5 万吨，航空母舰 45.45 万吨，巡洋舰 89.9024 万吨，驱逐舰 47.8 万吨，潜艇 17.2956 万吨。

1940年，美国罗得岛州纽波特造船厂正在建造中的“印第安纳”号战舰。

1940 年/
7 月 24 日

戴高乐宣布：重新启动对纳粹的战争

通过电报发回《纽约时报》的特别报道

【伦敦 7 月 23 日电】今晚，驻英的法国三军指挥官夏尔・戴高乐将军通过英国广播公司告诉法国，本周日将在德国领土上空开展空战，重启与德国的战争，很快也会在海上与地面展开对德作战。他所指的空中作战，是法国空军与英国皇家空军合作对德国实施轰炸。

他告诫那些现在尚不能但“在其他情况下”可能加入其行列的法国人，重新拿起武器来保卫自己的国家。

戴高乐将军说：“该消息特别针对法国在北非地区的军队。敌人所谓的停战代表团正在试图夺取其武器，它有责任隐藏所有的武器，而这些武器可能会被用于打击仍然在战斗的法国军队。”

对于那些现在不得不在被德军占领的法国领土上工作的人，戴高乐将军说：“他们有责任用一切手段进行消极抵抗，永远不要打造可能用于杀死其他法国人的武器。”

戴高乐将军发表演说，要求法国人放弃贝当元帅与希特勒签署的休战协议，并对德作战。

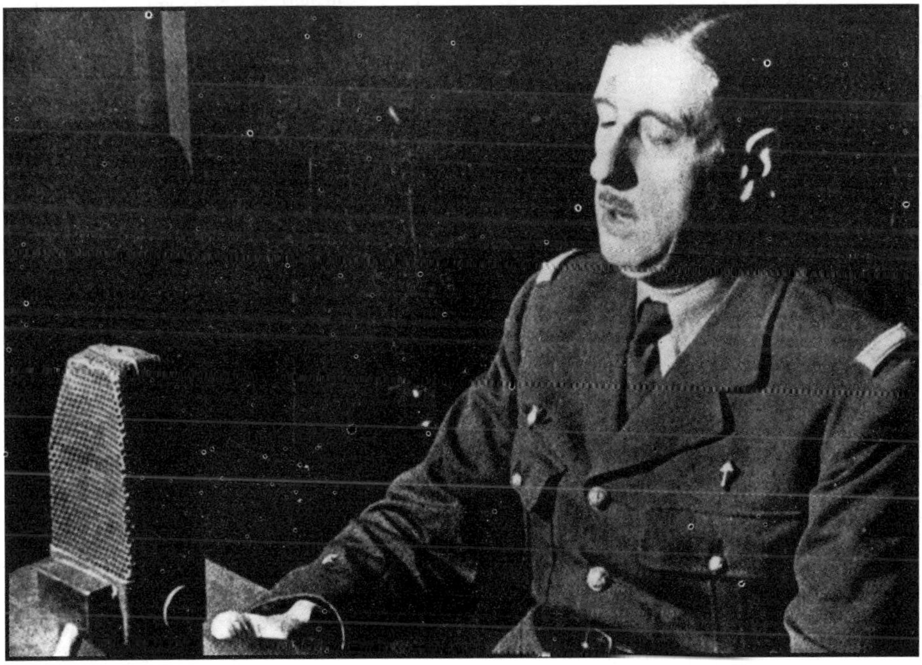

1940 年 8 月 3 日

英国飞行员打击纳粹区域

据报道，英军对克虏伯公司在埃森的合成机油工厂、补给站，以及多处机场发动新的袭击。伦敦方面昨天宣称，自开战以来，有 100 多座德国或被德国占领的城镇里的军事目标受到英军轰炸机的严重破坏。图中的黑点表示英军空袭的目标。英国宣布，汉堡港几乎被炸成一片废墟，不来梅的码头、船厂和飞机制造厂，科隆的通信中心，鲁尔区的工业城市，基尔和威廉斯港的海军基地等也受到了严重打击。空袭波及离英格兰 557 英里外的地方。

1940 年 8 月 4 日

黑人要求享有防卫美国的权利 其领导人要求按人口比例进行军事训练

【美联社佐治亚州木屋中心 8 月 3 日电】美国南方黑人领袖今天呼吁“按人口占比”为各民族提供军事训练，以提升其防御技能，助其参加战斗勤务。

来自萨凡纳的本杰明·F. 休伯特博士是美国中央计划委员会主席。他在委员会议上宣布，应“更彻底地进行协调”，把黑人纳入防御计划。

他说，这种协调将从实质上提高 1400 万美国黑人的经济水平。

休伯特博士称，委员会提议，各地应寻求为所有黑人高中和赠地学院提供军事训练，扩建金属加工、机械及木工等职业培训所需的设施。

委员会概述了一项提案：黑人应获准在战斗勤务的所有层面服役，如陆军、海军和空军，以及“后方的劳工营”。委员会成员说，应该大大增加黑人青年的岗前培训。

州立浸信会会长，来自奥古斯塔的 L.A. 平克斯顿博士表示，委员会应赞成义务军事训练，并坚持认为黑人应在选拔性征兵中占“应得的份额”。

他说：“如果要选拔性征召士兵入伍，我们希望提供针对这种征召的培训，就像白人接受培训一样。”

休伯特博士指出，还应为黑人提供农业方面的培训，以便他们获得先进的科学知识，从而提高食品的生产效率。

有 100 多名黑人领袖参加了本次委员会议。他们分别来自南方各州的大学，互助会，商业和农业组织。

1940 年
8 月 5 日

林德伯格呼吁：如果德国战胜，我们要与德国“合作”

发回《纽约时报》的特别报道

【芝加哥 8 月 4 日电】查尔斯·A. 林德伯格上校今天倡议，美国采取行动，在不放弃传统的非纠缠政策的条件下，促进欧洲和平。他呼吁，如果德国战胜，就要与之“合作”。并补充说，签订一个协议就可以维持世界各地的和平与文明。

这次讲话是林德伯格上校在军人球场的一次集会上发表的。他发言的题目是《为了美国，保持远离战争》。集会由反战的公民委员会组织，有 4 万人参加。这是林德伯格上校近几个月来第三次就国际政策发表公开声明。他的声明通过无线电传遍了美国其他地区。

林德伯格上校声称：“如果我们想要让美国远离战争，就必须率先推出一项和平计划。”他并没有提供任何特别的计划，但声称，无论美国主动提出任何计划，都应该以“美国的福利”为基础，并有“坚不可摧的防御体系”做支撑。

他继续说道：“计划应该对双方都有利，但不应涉及欧洲的内部事务；欧洲事务的发展从来不会也永远不会如我们所愿。

“欧洲和美洲共同构成西方文明，让我们为保护和促进西方文明设想一个方案吧。但不管它们的答复是什么，我们一定要坚持我们的祖先在开拓原始森林为农场土地时所梦想的美国的命运。如果我们声称，美国的边疆在欧洲，它们会怎么想呢？”

林德伯格上校认为，如有必要，应赞成与德国合作。从他演讲的言辞表达可以看出，他倡导的是一项和平提议。他宣称，只有通过合作才可以保持西方文明的优越性：

“过去，我们与英国和法国主导的欧洲打交道。将来，我们可能不得不与德国主导下的欧洲打交道。但无论赢得这场战争的是英国还是德国，西方文明仍将取决于两个大的中心，一个在东半球，一个在西半球。

“在现代科学的帮助下，两个中心都会具备强劲的防御力量，彼此都无法攻击对方。如果我们与德国开战，战事少说也会持续几代人。这将摧毁所有的文明，这种事情并非没有先例。如果我们之间达成协议，就可以预见，未来整个世界的文明与和平是可以得到维持的。”

1939 年，查尔斯・A. 林德伯格抵达白宫，与罗斯福总统会晤。

1940 年/8 月 13 日

英国皇家空军对敌军战绩比为 4：1

英国飞行员称：纳粹每击落一架英机都要付出巨大代价

文森特・西恩
北美报业联盟

【伦敦 8 月 12 日电】几名美国记者坐在英国东南部战斗机司令部的控制中心，当时该控制中心正在指挥英军对抗德国的四面大规模攻击。我们本是应约前往了解之前大规模空战的细节的，但是在我们到达前及逗留期间，德国空军一直在反复进攻。

战斗机行动由一个复杂但运行稳定的系统集中进行通信，发出警示等。情报由海军、空军司令部以及海岸司令部收集后，集中反馈给战斗机司令部。战斗机司令部再即时把情报传给各独立分部。

我们所在的分部主要负责在对英格兰持续遭受袭击的区域发动反击。在这片区域，英德两国的战斗机可以放手一搏，因为双方都处于可以返回各自机场的范围内。我们的空军少将称之为“游乐场”。

防御行动敏捷

指挥作战的中央办公室像是一艘巨轮上的海图室，有许多地图、海图、记分牌以及恒定报告系统。现在一切运行都很顺利，一旦得到德国飞机来袭的警报，它立即会被传到待命的空军中队，紧接着英国战斗机就升空迎敌。

我们所看到的空战与之前的近海大攻击一样，开始时双方共出动了 70—90 架飞机。皇家空军的“飓风”战斗机与“喷火”战斗机冲进一大群德国飞机之中，对之进行沉重的打击。第二波攻击还是在同一片区域。但 10 分钟后，在另一侧海岸的攻势要猛得多。

午后不久，第四次空战在东海岸打响，德军出动了 30—40 架战机。以我的观察，这个分部在 4 次战斗中，均能以惊人的速度指挥飞行中队上天，并取得可观的战绩。

战损和战绩一般要等到空军部公报发出声明才能知道。我们离开控制中心时，有 18 架德国飞机“已确认”被击落，德军伤亡 16 人，但“未经证实”。有 13 架飞机“被击伤”，另有 3 架“可能”被击伤。除非得到两个或两个以上目击者的佐证，否则飞行员会说“未经证实”，虽然许多“未经证实”的杀伤是实实在在的。

据称，英德空军战绩比为 4:1

英国战斗机对德国战斗机的战绩比基本上平均保持在 4:1，也就是说，英国每损失 1 架飞机，德国就得损失 4 架。“飓风”战斗机和“喷火”战斗机在性能方面，无疑优越于“梅塞施米特”飞机，无论 109 型还是 110 型。“亨克尔”113 型这一新型德国战斗机，首次登场是在敦刻尔克，自上周以来，数量明显增加。

在近几次袭击中，德国人都准备了庞大的护航机队，表明他们对英国空军的实力有一定了解。近期以来，他们认为每架轰炸机需要配备五六架甚至 10 架战斗机护飞才算明智。英国把机场分散建在各地的制度相当健全，而且通信也非常迅速，所以无论哪里出现攻击，战斗机都能立即投入战斗。英国人从法国的失败中汲取了很多教训。

听到报告不断打进来，命令不断发出，我们对战斗机司令部再次充满了信心。

1940 年/8 月 17 日

伦敦遭空袭，柏林欢欣鼓舞
据称，伦敦郊区惨遭破坏——火势开始蔓延

【C. 布鲁克斯 · 彼得斯《纽约时报》柏林 8 月 17 日电】昨天，大批德国轰炸机在战斗机的掩护下袭击了包括伦敦在内的不列颠群岛。柏林消息灵通人士称，在此之前，空战不过是小孩子间的小打小闹，但从现在开始德国要给英国点颜色看了。

经过 6 天的密集空战，德国声称其空中优势远胜英国。这种夸耀是有深意的。德军补充说，经过好几天的激烈战斗自己才取得这一优势，还称，在 8 月 8 日至 15 日间共击落了 505 架英国飞机，其中大多数是战斗机，而德国只损失了 129 架。德国还补充道，昨天，由于恶劣的天气条件，德军活动受到局限，尽管成功轰炸了数个目标并击落了 65 架英国飞机，但自己也损失了 15 架。

德国人称，英国的高射炮炮台无法抵挡德军轰炸机的袭击，英国的系留气球、陷阱或罗网，以及战斗机，在阻挡德国的突袭中起不了作用。据称，相对于英国战斗机而言，德军战斗机和驱逐舰拥有巨大优势，所以德国侦察机可以无忧无虑地飞越轰炸地点，拍摄轰炸成果。

3000 多架英国飞机参战

【美联社柏林 8 月 17 日电】昨晚，德国权威消息人士宣布，昨天傍晚，一群又一群的轰炸机向伦敦周边地区发起攻击，造成重大损伤。泰晤士河两岸四处大火熊熊，弹坑遍地，到处是被炸毁的厂房的残骸。

英国派出 3000 多架飞机进行反击，并动用了自己所有的武器。

德国方面称，这场史无前例的大规模攻击是为了证明“地球上没有力量能阻止纳粹空军”。

不列颠之战中，英国战斗机司令部首次派出的“飓风”战斗机列队飞行，去抗击德国轰炸机。

1940 年
8 月 22 日

托洛茨基伤口感染丧生，遗言要求将革命进行下去

阿尔纳多·科尔泰西
通过电报发回《纽约时报》的特别报道

【墨西哥城 8 月 21 日电】经过 26 小时与死神的顽强搏斗，列夫·托洛茨基于今天晚上 7 点 25 分因外伤去世。昨天，一名歹徒闯入他家中，用镐击伤了他的头部。

托洛茨基夫人陪伴着他直到他生命的尽头。在场的还有他的两名秘书。

他低声对秘书说：

“请对我们的朋友说，我坚信第四国际会胜利。勇往直前！”

托洛茨基今年61岁，早年被流放。昨天整整一晚和今天一天他都在与死神抗争，情况时好时坏。中午时分，他似乎有了点精神，但到晚上，明显垂危。

刺客名叫雅克·蒙纳德·范登·德莱科德。数月以来他一直是托洛茨基家中的亲密朋友。他昨天被捕的时候，身上搜出一份用法文写的声明。今天警方称，在警局，他说自己与领导托洛茨基先生发生了争执，缘由是托洛茨基先生试图劝诱他前往苏联执行破坏行动。

在声明中，范登·德莱科德说自己决定杀死托洛茨基先生，因为后者滥用一切权力阻挠他与布鲁克林的西尔维娅·阿基洛夫结婚。西尔维娅是介绍这两个男人认识的人。

阿基洛夫小姐是此案的证人。据说，两年前她在巴黎与范登·德莱科德结识。通过她，范登·德莱科德赢得了托洛茨基先生的信任，因为她姐姐露丝曾在1937年做过托洛茨基先生的秘书。

在接受警方询问时，阿基洛夫小姐声称，把德莱科德介绍给托洛茨基先生的时候，她完全相信他就是早前认识的“弗兰克·杰克森”，根本不知道他会意图谋害这位苏联的前陆海军人民委员。

她非常懊悔，曾说如果托洛茨基先生死去，自己就要自杀。她透露，“杰克森”似乎手头总是很宽裕，并告诉警方，有一次他送给自己3000美元，说是他母亲去世时留给他的财产。

列夫·托洛茨基

这名刺客冒充加拿大人弗兰克·杰克森进入墨西哥。现在，有传闻说他出生于伊朗德黑兰，是比利时外交官的儿子。警方说，在他住的旅馆房间里，发现了很多用英语、法语和俄语书写的信件。

托洛茨基先生顾不上疼痛难忍的伤口，以非凡的毅力与攻击者扭打在一起，并跑出事发的房间，大声呼救。他一直挺着没有倒下，直到他的妻子和卫兵冲过来扶住了他。有一段时间，他头脑完全清醒，能够断断续续地说上几句话。

在医院同一条走廊里，隔两个房间，躺着攻击他的人。警察在他的病房门口把守，防止有人图谋杀害托洛茨基先生时，借机杀掉“杰克森”，以防止他供出实情。

1940 年/8 月 26 日

日本在东印度群岛寻求石油供应 美国利益牵涉其中

哈罗德·卡伦德
通过电话发回《纽约时报》的报道

【爪哇岛泗水 8 月 25 日电】日本贸易代表团将于下周抵达巴达维亚，与荷属东印度政府举行会谈。当地人认为，荷兰和美国的石油商可能会对东半球未来的事务产生重大影响。

来访的日本人是三井物产等公司的代表，预计他们将试图寻求增加石油、锡和橡胶的对日出口量，尤其是石油。美孚远东石油公司的舒尔茨先生和凯尼先生将分别从香港、纽约飞赴巴达维亚，共同商讨日本人提出的要求。

迄今为止，日本人一直是通过美孚和壳牌的驻日销售公司获得石油。但日本人称，通过正常渠道获得的石油不够用。因此，他们来到巴达维亚与荷属东印度政府及当地石油商会谈。

今晚有消息称，日本人要求增加石油供应量，目的是加强其预备役部队，就像一年前德国所做的一样。

会谈将讨论出口问题

与锡、橡胶不同，石油出口不受国际条约限制。但日本人要求讨论的内容预计将包括上述三类商品。由于“危机法令”要求对这三类商品的出口实施政府许可制度，所以谈判的另一方将包括石油公司和荷兰政府。两家当地石油生产公司中，一家是美国企业，另一家为英荷联合企业。

因此，人们普遍认为，东印度群岛石油的去向可能会对不久之后的亚洲局势起到决定性的影响。在当地人看来，这个问题的重要性不可低估。

在东印度群岛，人们相信，美国对日本实施航空汽油禁运，是日本急于来此寻求更多石油的原因之一。当前的形势是英国几乎不插手远东事务，美国的政策也不明朗，所以消息最灵通的观察家们认为，除了满足日本人的愿望以安抚他们，荷兰人几乎别无选择。因此，东印度群岛的荷兰当局表示，如有必要，它会进行自卫，而且它已在为此加紧准备。

入侵者不会抢到完好的油井，而被破坏的油井需要数月才能修复。但荷兰人的防御准备很依赖美国，因为美国是仅有的战争物资供应国。

1940年

8月30日

社论：意大利进攻埃及

到目前为止，索马里和利比亚两地的沙漠中都挤满了杂乱的行军纵队和集结的军队，但它们却看似和战斗毫无关系，因为意军主要是运用空中力量进行战斗。本周，意军首次轰炸了苏伊士运河北端的塞得港，而英国地中海舰队总部所在地亚历山大港也时而遭到意军飞机的轰炸。空袭埃及的诡异之处在于：意大利并未对埃及开战；意军的对手是埃及境内的英军，而不是埃及人。而埃及人也处于同样矛盾的立场——埃及国土是大英帝国重要的陆、海军基地，也依赖于英国军队的保护，但埃及人极不情愿与意大利人为敌。开罗的一大群有影响力的意大利侨民，独立战争在埃及人心中种下的顽固反英情结，皆进一步加深了这种不情愿。这也是地中海地区卷入战事以来埃及政府的立场摇摆不定的原因。

作战双方的风格形成鲜明对比。英国空军有条不紊地夜复一夜轰炸同一批目标，而意大利空军的各个中队看来只是在胡乱奔忙，从直布罗陀到马耳他，它们像地中海游客一样在各港口间飞来飞去，没有明显的目标，只求以最小的代价最大限度地骚扰英军。它们的行动与这种说法极为吻合：意大利人期待战争以法国的陷落而告终。这种说法最合理地解释了意大利为什么吝惜其有限的军事资源，却又小心翼翼、极度谨慎地维持着作战的架势。它只在受到英军压力的地方发起攻击。

意大利人对希腊发出威胁，匆忙地试图平息巴尔干的形势，又向叙利亚派出一个代表团。这些举动可以理解为英军在巴尔干和近东看起来行动更频繁。但埃及是英军防御的关键，也是地中海战事的中心。如果观察家们所言不虚，现在从黑海向苏丹的机动预示着战场将向南转移，那热点地区是横跨亚非两洲的桥头堡——苏伊士运河。

1940 年／9 月 1 日

开战一年后，英国直面希特勒入侵前景日益暗淡

埃德温·利兰·詹姆斯

战争已满一年，现在大不列颠与德国都陷于苦战之中，而这场斗争看来一时不会结束。在过去的 12 个月中，希特勒征服了波兰、法国，蹂躏了挪威、丹麦、荷兰和比利时，罗马尼亚也在他的“建议”下被分割。这一切表明，他几乎已成为欧洲大陆的霸主。德国征服法国后，意大利也向希特勒俯首称臣，并在地中海和非洲发起了一场针对英国的无关紧要的战争。

现在的形势是：英国舰队有效封锁了欧洲大陆，阻止了食品等物资运抵德

国，而德国则努力维持对不列颠群岛的封锁，主要手段是空军力量，潜艇战则已明显退潮。

互相冲突的两股封锁力量缠斗不休，两国空军的较量也从未停止。纳粹德国的飞机在日夜不停地轰炸英国，无疑造成了巨大的破坏，但也在皇家空军的打击下损失惨重。而英国几乎每天都在空袭法国、比利时和荷兰境内的德军目标，还将战火烧到德国本土上。为了报复德军对伦敦的轰炸，皇家空军也轰炸了柏林。

空中战争

虽然德国的宣传机器曾大肆宣扬军事入侵英国的计划，但目前有诸多迹象表明，德军已经放弃或将要放弃这一计划。可能是因为多名德国将军曾进言说，这一计划确实太难实施，希特勒才考虑万一进攻英国失败会带来什么后果。无论如何，未来的几周天气将更加糟糕，这似乎显而易见地表明：即使德军尚未放弃用坦克、步兵占领伦敦的梦想，至少它已将其推迟到了 1941 年。

确实，按纳粹的话来说，目前对英国的空袭，意图在于“削弱”英国，直到可以进兵的程度。目前的情况显然是“削弱”进展不足，近期进兵太不现实。

因此，未来数月里英德之间的战斗将只限于空中。人们可以想象，天气可能同时妨碍了双方，也能想到，双方都未曾用尽全力。

公众对于如此之多的重要因素都不甚明了，所以确实难以对冬季的形势做任何预测。

未来数月战事走向

首先，关于英德双方空中力量的对比没有可靠的消息。这是自然的，因为这对于敌人而言是重要的军事情报。对德国的飞机月产量存在各种估算，最低为 1000 架，最高为 6000 架。很简单，这意味着其他国家的人们对于纳粹的飞机产量几乎毫无了解。10 天前，丘吉尔首相在下议院宣布，英国飞机产量已轻松超过德国。最广为报道的是，英国飞机月产量达 1600—1800 架，除此之外，英国或许还能从美国获得大约 300 架飞机。

当然，飞机总数的估算可能有误。一架大型轰炸机的制造成本可能十倍于小巧的战斗机，但在上面的通俗分类中，每架飞机都只算一架。还有飞行员的因素需要考虑。哪个国家的飞行员最多？有人可能猜测，德国人口多，所以能训练出更多的飞行员。但是这种算法没有考虑这种情况：如果一架英国“喷火”战斗机击落一架德军轰炸机，德军要损失四五名飞行员，但一架单座战斗机被击落，则只会损失一名飞行员。

所以，这场持续四五个月的空战对双方的影响现在很难估计。当然，似乎没有理由认为英军的抵抗已被严重削弱，或德国的空军力量已严重消耗。从各方面报道看，英国人精神饱满、士气高昂。

美国在准备

与此同时，美国也在做准备，虽然进展有点缓慢。即使希特勒对美国有所企图的传言属实，但他也需要两三年的时间做准备，到那时美国的形势不会差到哪儿去。英国仍在成功抵抗希特勒的事实，已多少减轻了美国人的恐惧。法国被打败后，这种恐惧曾经弥漫整个美国。但是，美国的战备工作似乎得到了民众的广泛支持。

在美国，有很多人提到，德国曾经声明对西半球没有野心。因此，如果美国向丹麦要求租借格陵兰南部的一块土地作为航空兵和海军基地，租期 99 年，事情将很有趣：丹麦政府听命于德国人，柏林针对这一提议的意见将很重要。毕竟，格陵兰位于西半球，而且，1917 年美国以 2500 万美元的价格买下丹属维尔京群岛时，曾从丹麦获得过几处基地。格陵兰对于从欧洲起飞的轰炸机来说的确是个方便的中转地，在该岛获得基地或许能带来战略优势。此外，如果纳粹没有想过派轰炸机飞越大西洋，那它毫无疑问不会干预此事，不会反对我们在格陵兰建立军事基地。

但是，只要德国还未击败英国，就不会有任何纳粹的轰炸机、战舰或运输工具走这条路。而德国现在还未击败英国。丘吉尔先生称，1942 年将迎来战争的转折点。

1940 年 / 9 月 1 日

欧洲战争的 15 起大事

埃德温·利兰·詹姆斯

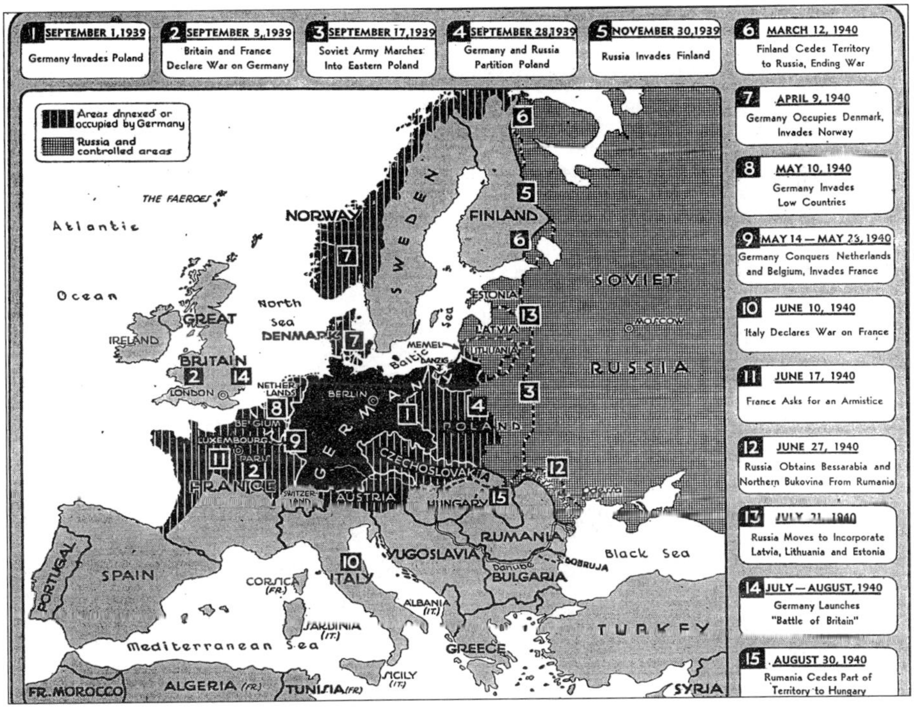

1.1939 年 9 月 1 日，德国入侵波兰。
2.1939 年 9 月 3 日，英法对德宣战。
3.1939 年 9 月 17 日，苏联进军波兰东部。
4.1939 年 9 月 28 日，德国和苏联瓜分波兰。
5.1939 年 11 月 30 日，苏联入侵芬兰。
6.1940 年 3 月 12 日，芬兰割让领土给苏联，苏芬战争结束。
7.1940年4月9日，德国占领丹麦，入侵挪威。
8.1940 年 5 月 10 日，德国入侵低地国家。
9.1940 年 5 月 14—23 日，德国占领荷兰和比利时，入侵法国。
10.1940 年 6 月 10 日，意大利对法国宣战。
11.1940 年 6 月 17 日，法国请求休战。
12.1940 年 6 月 27 日，苏联占领罗马尼亚的比萨拉比亚和布科维纳北部。
13.1940 年 7 月 21 日，苏联进军吞并拉脱维亚、立陶宛和爱沙尼亚。
14.1940 年 7—8 月，德国发动不列颠之战。
15.1940 年 8 月 30 日，罗马尼亚割让领土给匈牙利。

德国吞并或占领的区域

苏联及其控制地区

1940 年

9 月 4 日

英国举国欢腾

美国驱逐舰给英国舰队雪中送炭

雷蒙德・丹尼尔

通过电报发回《纽约时报》的特别报道

【伦敦 9 月 3 日电】今天，英国官员和平民们处于难以言表的喜悦之中，因为罗斯福总统向处境危急的大不列颠伸出援手，宣布派出 50 艘驱逐舰支援英国。不错，这些军舰将配备英国船员、悬挂皇家海军的白色舰旗，而且它们正向英国驶来。

这一举动表明，美国人宣布的提供“除参战以外的一切援助”并不是信口开河。虽然德国在大肆宣传并对英国城镇进行狂轰滥炸，但英国在大西洋彼岸的朋友们认定英国雄狮仍会战斗不息，而现在伸出援手，对于扭转极权统治欧洲的势头还为时不晚。

英国驱逐舰的损失得到弥补

据权威消息来源透露，根据英美两国的协议，美国获得了防备德国未来入侵的安全保障，而英国舰队一举获得 50 艘 1200 吨的驱逐舰，弥补了开战以来损失的 30 艘驱逐舰。

现在，英国正与德意志第三帝国进行殊死的海上较量，皇家海军急需这些驱逐舰。自从法国这个盟友出局后，商船护航任务以及反击地中海的新敌人、维护大英帝国生命线的责任悉数落在了皇家海军的肩上，而皇家空军的精力主要集中在摧毁敌人的物资供应、保护英国本土人民的家园。现在，德国飞机仍在对英国进行更广范围的轰炸。

除上述责任之外，皇家海军还必须封锁整个欧洲大陆，随时准备抵御德军入侵的实实在在的威胁。今天，陆军大臣安东尼・艾登警告英国人：德军入侵的威胁仍在英国头顶徘徊未去。

今天的交易不只是让英国得到了巨大的物质援助，在英国人心中，该交易的深层含义同等重要：它是迄今为止英美可能合作抵抗纳粹威胁的最强有力的证明。

明天的伦敦《泰晤士报》将在社论中指出：这种交战国与中立国之间的合作是“一个新的起点”，它的必要性是现代战争决定的。社论接着写道：

“全世界都在遏制希特勒和墨索里尼，拘泥于中立的形式已经不合时宜，而欧洲一些较小的民族，若非受制于这种中立形式而没有为自身安全未雨绸缪，或许本可避免自己的悲剧命运。”

罗斯福总统在国会发布的公告与伦敦公布的包含科德尔·赫尔国务卿和英国大使洛西恩侯爵之间相关换文的白皮书，都较为完整地描述了这起交易。但更多细节将于周四在下议院公布，丘吉尔首相届时还将报告德国空军全力攻击英国以来的战争进展。德军此举要么是入侵英国的序幕，要么是像一些观察家所认为的那样通过空战逼迫英国就范。

协议服务于三个目的

同时，有人指出，英美两国此番签署的协议有三个主要目的：第一，协议为皇家海军维持大西洋制海权提供了及时的援助；第二，协议有助于美国的安全保障；第三，协议强化了整个西半球的防御。

有人抱有这样的疑问：美国移交驱逐舰和英国把西半球防卫用的海空基地转交给美国，这两者是否有关联？伦敦有传言称，最初有多项谈判同时开始，随着谈判进展而合并为一项，今天的公告解答了所有这些疑问。当英国寻求旧驱逐舰时，美国几乎同时伸出了寻求海军基地的触角。双方都急于得到对方拟出售的事物，但出售物的价值和价格是否等同，可能会让专家们辩论数年之久。据称，双方因此决定交换两种有值对价，视之为价值对等，或许它们本身就是对等的。

但在交易达成前，双方与受影响的英联邦其他成员国政府进行了磋商，并向后者强调没有改变其主权的想法。基地的租期定为 99 年，原因是 25 年租期对于美国的建设计划及投资规模来说时间太短，而 999 年租期或许又暗示着基地所在国将交出主权。

1940年/9月6日

印度支那向东京屈服　给予日军通行权
据称，法国维希政府和日本的基本交易允许日军在越南海防市登陆

【美联社香港9月5日电】今晚，印度支那河内市的权威中立人士透露：根据一份初步的基本协议，日军获得在法属印度支那的通行权，使其能从背后进攻中国，从而有利于日本结束已持续3年的侵华战争。

据称，法国维希政府与东京方面已达成一致，给予日本军队及其物资登陆海防港的“有限”权利。在河内，双方就细节问题还在进一步磋商中。

法兰西帝国因战败而摇摇欲坠，其人口最多的殖民地也危机重重。这是对该危机最新的，显然也是最翔实的报道。

日军入驻印度支那，入侵威胁退去

强行全面入侵印度支那的威胁，即周一所报道的日本最后通牒的本质内容，看来已经过去。有一种解释是，日本首席谈判代表西原一策少将之前越权了。

据称，由于法国声称将武装抵抗任何入侵者，维希政府也宣称法国政府不会坐视不理，西原少将已在东京的压力下和法国殖民官员重归谈判。

不管手段如何，日本终究得到了向印度支那与云南的边界运送军队的权利，从而使日军获得一条宽敞的新路，并可经此路攻击蒋介石委员长的中央政府的部队以及破坏其资源和交通设施。日军入侵云南将严重拖累中国的抗战，因为，中国的军事工业集中在云南；即使英国决定重新开放滇缅公路，日军也将能切断它。

因此，日本在印度支那的军事据点可以实现双重目的：结束被日本称为“支那事变”的侵华战争；让日本朝着其自封的“大东亚”统治者地位迈进一步。

1940 年
9 月 8 日

战争的关键疑问："英国能挺住吗？"

英国的人力和装备面临考验，但人民斗志高昂

詹姆斯 · B. 赖斯顿
通过无线电发回《纽约时报》的报道

【伦敦 9 月 7 日电】英国能坚持住吗？这种无休止的空中轰炸，英国到底还能承受多久？在人员数量和装备均处于劣势的情况下，英勇能干的英国人民，面对强大的德国空军，能否占得上风，并以其人之道，还治其人之身？

这些是西方世界目前面临的首要问题，而答案主要取决于皇家空军的人员和装备。

英国现在拥有 200 万人的武装力量。在这场武装冲突中，现有装备受到损失，部分装备也供应不上，但他们能发挥出最强的战斗力。同样的，英国还可以依靠其无可比拟的海军。现在皇家海军随时防备德军入侵、封锁欧洲大陆、保卫大英帝国。但英国的生死存亡系于皇家空军的官兵们。

上个月，在有史以来最大规模的一场空战中，皇家空军证明了自己的人力和装备足以应对德军的任何飞机和阵势。现在我们知道，英国的"第一梯队"令人满意。它训练有素，对敌人的预感异常敏锐，而它的战绩，特别是"喷火"战机的战绩，极其出色。

关于预备队的猜想

但现在问题的核心是预备队。罗克尼战术也适用于预备队。英国的二线、三线和四线队伍情况如何？这些预备队是否一样出色？它们能否快速应对大规模的突袭？

这些问题都悬而未决。

首先看看装备问题：如果不计今天的损失，那么自 8 月 11 日大规模空袭开始以来，德军已损失了 1269 架飞机，而皇家空军损失了 376 架。

诚然，这些是英国官方的数据，由于它们是本次讨论的基础，所以需要预先加以说明。

英德两国各自宣称的数字有较大差异，对于崇尚客观的美国驻英记者们来说，英军战报的检查和复核成了最大的困难。他们对若干个中队进行了一次为期数周的观察，看着它们起飞迎敌，并查点其返航的飞机架数。记者们向中立国家的空军专员核实，因为后者有特殊设备可以收集准确的情报；他们还与一些赴英参战的美国飞行员交谈，因为后者看过各空军中队每周损失的详细秘密报告。

这种反复核实带给人们一种压倒一切的印象：英方公布的数字是准确的。

在德军大规模空袭的第一周，英军损失了 115 架“喷火”和“飓风”战斗机，而德军损失了 492 架战机。第二周，即 8 月 17 日至 24 日，英德双方损失分别为 51 架飞机和 243 架飞机。第三周，双方分别损失 104 架飞机和 291 架飞机。而在刚过去的 6 天中，双方分别损失 106 架飞机和 243 架飞机。

几个月来，英国的大臣们一直坚称英国的飞机产量已超过损失量。我们没有理由怀疑这些说法。事实上，各处得到的证据都支持他们的说法。

飞行员的补充

一流飞行员的补充是一个更为复杂的问题。几周以来，英国官员们一直对各中立国家的通讯员们说，英国的飞机产量和训练有素的飞行员数量现在均已超过德国。但是，看到十几架“喷火”战斗机对阵 200 架德军战机时，这种说法总会让人感到困惑不解。如果英国不需要战斗机飞行员，那它就不会要求美国派来飞行员，但是，它似乎又不太担心力量对比悬殊的战斗形势。

美国人大多通过头条新闻来判断这场大规模空战的进展。对他们来说，皇家空军每名飞行员似乎都在日夜战斗，而且已因过度劳累而有些疲倦。当然，确有个别飞行员不得不休息的情况，但对于工作，皇家空军官兵们的态度简直是轻松随意的。

日前，笔者偶遇了一位在多佛尔附近迫降的飞行员。在他刚参加的那场战斗中，他和战友们一共只有 11 架“喷火”战斗机，而德军有 63 架轰炸机和 200 架战斗机。

这些数字简直令人难以置信，但确实证明了这一事实：这位自1929年起就在皇家空军服役的飞行员，就像球场上的替补中卫一样，竭尽全力想要重返战场。他一心只想搭车到最近的城镇，然后乘火车返回基地。

战斗处于白热化的时候，英国人当然想让数千名飞行员同时投入战斗，否认这点就是自欺欺人。但是现在，和飞机产量大幅提升一样，英军飞行员的培养速度似乎快于德国人击落他们的速度，而替补飞行员的战绩也同样无可挑剔。

不列颠之战期间，在纳粹的一场猛烈空袭之后，英王乔治六世和伊丽莎白王后察看受损的白金汉宫。

英国人的民族精神

英国人的这种民族精神很难描述清楚。逆境只会激发他们的斗志，让他们更为强大。从某个角度讲，我们美国人很难理解他们的强悍。

他们同胞之间的彬彬有礼也让我们迷惑不解。我们低估了他们。

英国人能坚持住吗？在这场挑战人类忍耐力的大战中，英国人能够坚持到底。如果战事保持现有节奏，那么英国的人力、装备和士气都能坚持不止几周，而是几个月。但是，如果战事节奏大大加快，可以肯定的是：我们无法预言未来将发生什么。

1940 年
9 月 9 日

伦敦东区损失最为惨重

肆虐的大火使数千人无家可归，但看来并未动摇英国人的精神

通过电报发回《纽约时报》的特别报道

【伦敦 9 月 8 日电】今天，伦敦东区看起来就像同时遭到了龙卷风和地震的袭击，数千居民无家可归。在政府的赞助下，他们已在饭店、学校和其他公共建筑里找到安身处。一年前刚刚空置出来的伦敦市中心，今晚安置了从伦敦一个最穷困、最拥挤的地区逃出的难民们。

一群神色黯然的老妇和孩子，带着枕头穿过这个大城市中一家大饭店的栅栏，走向他们今晚借宿的地下舞厅。他们的脸上写满悲惨、痛苦和恐惧。

这些逃难的人，很像笔者曾见到过的，因洪水肆虐从美国俄亥俄河、密西西比河流域逃出的人。这场空中闪电战的场面就像某种可怕的自然剧变带来的闪电或洪水，人类无力抗拒，也无力自卫。

或许这可以解释为何这些人似乎普遍有一种听天由命般的平静。他们的经历如同地狱般悲惨，但他们的举止却像天使般恬淡。

消防队员是昨晚令人眩晕的“焰火表演”中最受人瞩目的角色。在这场战事中，伤亡者主要是老人、妇女和孩子，军队只能徒劳地等待反击的机会，而所有民防部门则默默而高效地履行了自己的职责。

这就是“全面战争”的含义。1939 年冬天，有些美国人尖刻地称英国人在“假战”，但很可惜他们无法看到笔者今天下午目击的一些场面。这些场面同时展示了纳粹轰炸机巨大的破坏力和英国人民无比坚强的承受力。

受空袭的主要地区

笔者驱车在德军主要的空袭目标地区穿行，走了至少 10 英里。沿泰晤士河的一侧向上游，在另一侧则向下游，到处都是可怕的甚至是让人毛骨悚然的战争痕迹。不时就可以看到一座房子或半个街区被炸成废墟，救援人员在搜寻遇难者的遗体以及幸存者。

在几英里内，几乎没有一户人家的窗户是完好无损的。一个挨一个的街区，人行道下都埋藏着定时炸弹，周围都围起了绳子。警察在巡逻，赶走看热闹的人群。在这些已被遗弃的住宅区边缘的廉价公寓房门口，孩子们跑进跑出，猫狗们则在没有倒空的垃圾桶中翻寻食物。

在这一切中，最让人痛心的是每有一个军事目标被击中，就会有大约20个平民家庭遭遇悲剧和痛苦。今天下午，笔者在察看伦敦受空袭的地区时，发现德国炸弹似乎无比青睐教堂、医院和老人住宅区。笔者这次出行无人陪伴，也没有任何官方消息的指引，完全是凭自己的嗅觉和听觉指引前进的方向。

房子前半部分被炸飞

在德机最疯狂轰炸地域的边缘地带，破碎的窗户表明附近曾落下炸弹。被炸毁的住宅留下一个个大缺口，就像人嘴里拔掉多颗牙齿后留下的空洞。而在其他地方，街道布满了大弹坑，楼房前半部分被掀掉。许多民宅的卧室、客厅完全暴露在外，却是自由的人居住的家园，这一情景让过往的人们目瞪口呆。

闪电战期间，街上的伦敦人与其家什。

最为悲惨的是一座“开放房屋”，它就像一处舞台布景，帷幕被炸弹掀开，主人珍视的家庭财物、照片狼藉一片。能与之相比的只有今晚那些拥进伦敦市中心的无家可归者，他们无助地带着幼儿和枕头、抱着自己珍视的财物走向饭店和其他建筑的地下室。每当一颗炸弹炸响时，他们都会无意识地将目光投向天空。他们将在木板或水泥地面上伴着所经历的噩梦入睡，直到醒来。

1940 年/9 月 12 日

丘吉尔警告称德军入侵逼近

通过电报发回《纽约时报》的特别报道

【伦敦 9 月 11 日电】在英国历史上，可以与西班牙无敌舰队逼近或拿破仑从布洛涅入侵相提并论的危急时刻即将来临。正在指导英国人拼死抵抗的温斯顿·丘吉尔首相，今天下午重新干起了记者的行当，用朴实而自信的语言向英国人民和全世界发出宣言。

首相说，在伦敦经历了凶残的空中袭击之后，紧接着，德国入侵者就集结了部队，集中了战船和自航驳船，从汉堡、从德国占领的挪威港口和布雷斯特，对不列颠沿岸发起攻击。

他讲话的对象是一群义愤填膺的人民，一群决心斗争到底，宁愿这座让他们自豪的城市里所有的建筑和他们所捍卫的欧洲文明化为尘土，也不愿意向德国人屈服的人民。

丘吉尔先生的广播讲话重点谈到了德国人入侵的威胁。他的语言直截了当。今天下午皇家旗帜在被炸掉的白金汉宫宫墙上高高升起的那一刻，他号召全体英国人各尽职责，并且断言，最终英国将冲出战争的硝烟，让国旗高高飘扬。

首相坚信，英国人民不会退缩。讲话中，他还强烈地抨击了阿道夫·希特勒及纳粹主义，说二者都是邪恶的，只有将这股邪恶的力量彻底消灭，自由的人们才能再次安享和平。丘吉尔先生的讲话字字表明，德国对伦敦平民百姓的无情轰炸已经在英国人心中埋下仇恨的种子。

“至关重要的一周”

丘吉尔先生强调说，我们应视下个星期为“至关重要的一周”，英国的危险已经迫在眉睫。然后他讲述了已获悉的德国入侵计划，即先发动空袭，然后再派部队入侵。首相说，我们无法猜测希特勒是想在冬季来临之前的最后几天入侵，还是不顾季节的限制，尝试这项危险的任务。但可以肯定的是，他们为这种企图已做好了德国式的、彻底的、细致入微的筹划。

他说，德军随时都可能出击英格兰、苏格兰或爱尔兰，也许会同时对英伦三岛发起进攻。他坚称，英国随时准备击退任何来自海上的攻击，就像勇敢的伦敦人民抵挡住了有史以来最残酷、最考验人的空袭一样。

1940 年 / 9 月 15 日

许多美国人担心纳粹入侵

乔治·盖洛普博士领导的美国民意研究所发起的一项全国性民意调查显示，许多美国人相信，一旦英国被击败，德国将试图入侵美国，而且众多的美国公民深信颠覆破坏分子——第五纵队已经开始在美国活动。

盖洛普博士报告指出：“对于阿道夫·希特勒是否能对英国稳操胜券，甚至军事专家也无法统一意见。”但调查显示，40% 以上的非专业人员都在担心纳粹可能攻击美国，就像美国大使威廉·E. 布利特和其他人最近预测的那样。

“虽然有民众认为这种企图在两三年之内不会发生，但认为德国可能入侵的人中有将近一半表示，自己预计‘在英国战败之后’或‘不出一年时间’德军就会入侵美国。

“研究所对每个州里同一年龄段的男性和女性提出了这个问题：‘我国驻法大

使布利特先生说，如果英国战败，德军将入侵美国。你认为德军会入侵吗？’答案如下：

“认为会——42%；

“认为不会——45%；

“不知道或无意见——13%。

“无论希特勒有无计划进攻美国，人们普遍认为他在准备这样一个计划，而这个计划会对美国的政策产生巨大影响。

“这项调查还发现，知晓什么是第五纵队活动的人，对第五纵队在美国的活动这个问题有明确意见的人，大多认为其活动已经在进行。

“研究所的问题是：

“‘在不提及名字的情况下，你认为美国有第五纵队成员吗？’那些知晓什么是第五纵队的活动的人给出的答案是：

“有——48%；

“没有——26%；

“不知道——26%。”

美国中西部的一名被调查者说：“我们没有对这件事情感到特别的紧张，但是我们也不会坐以待毙。”

1940 年 9 月 18 日

英国皇家空军闪击意大利军队 英军后撤，法西斯猛插埃及付出沉重的代价

詹姆斯·奥尔德里奇
北美报业联盟

【开罗 9 月 17 日电】在一段时间内，埃及前线不会形成任何定势。就在意大利人正以“针尖型”阵势入侵埃及并逐步扩大“针脚”时，英国人不断后撤，意大

利的精锐部队迅速填补英军留下的真空。

战争以来第一次，意大利开始吹嘘其海军正准备与地面部队联合采取行动，预计不日即将对英军的海岸阵地进行炮击。然而，意大利真正采取行动时，等待它的将是做梦也想不到的皇家海军的“礼遇”。

今天，意大利人猛攻的真正实力首次得以展现。皇家空军飞越布格布格时，发现了集结的意大利装甲兵团，遂对其狂轰滥炸一番。从边境线上被撕开的铁丝网可以看到，到处都是意大利人随意堆放的重型装备。他们已经将最前面的数英里内的铁丝网清除了，以加速装备运输。

夺命的皇家空军巡逻队

今天早上，太阳刚刚从地平线上升起，一团红色的薄雾笼罩着埃及大地。当曙光洒下，半个世纪以来的埃及最大的“停尸场”展现眼前，这一切都是英国人夜间袭击意大利人取得的战果。整整一夜，英国巡逻机在皎洁的月光下急速穿过石质沙漠。夜晚，寂静的沙漠无法掩盖马达的声音，所以意大利装甲兵的一举一动都在监听之中，英国人就像斗牛士一样，对墨索里尼总理的公牛展开了一波又一波的攻击。

到目前为止，意大利的切入点仍在布格布格和西迪·巴拉尼之间，即埃及境内距埃及和利比亚两国边境线约 55 英里处。现在，英国先遣部队的主力正在试图削弱意大利军队的锋芒。在人力和装备都大大占优势的情况下，到目前为止，意大利可以在英国的战略方位以外的地方开辟出一条道路。在机械化、拥有装甲车的情况下，意军很容易将这条线延伸到海岸线上。

意大利最先进的战车似乎是非常小巧、扁平的坦克，只能朝正前方开火，完全是为快速先遣任务而设计的。像一群黑色蚂蚁，它们分组排成一列长长的纵队驶向海岸。据我所知，大约有一个混合师团的人马发起了进攻。

这个突击师团至少有 10 个步兵营，每营约有 1000 人。意大利人给这个师团配备了一个坦克兵团，有中型、轻型和重型坦克，还有装甲车。领头的战车上装备了 75 毫米高射炮和对空速射炮。

装甲车在前面带路，炮兵团尾随其后，在离海不远的山丘脚下摆好阵势。在后面，意大利人正在阵地上建造营房，做出“稳扎稳打”而非闪电战的姿态。

1940 年/9 月 22 日

德国仍然迟迟不入侵英国

查尔斯·M. 林肯

“英国人都很好奇地问道：‘你们究竟为何还不来？’我们就要来了。人们不要总是那么好奇。当英国人说为什么他还不来时，我的答案是：别急，沉住气。他就要来了。”9 月 4 日，元首这样说道。也许他正要来，但英国开始怀疑希特勒能否“遵守”他的诺言。又一个星期过去了，但是德国仍没有任何企图入侵英格兰的举动，事情开始变得单调而乏味。海军在等待，150 万士兵在等待，他们愿意来一场干脆的搏斗。他们相信自己早就准备好应对这场战争了。他们现在认为也许不会有拼杀；德国佬将会推迟这一冒险。他们还相信，如果德国进一步或无限期延迟进攻，应该算是英国皇家空军的功劳。

人们无法猜测希特勒是否真的已放弃他最“美好”的梦想。他随时都可能入侵英国，但也许永远都不准备入侵英国。他内心深处在想什么，以及他和他的政府与军事集团之间到底是怎么回事，谁也说不清楚。但在柏林，“今年春季”“英国在其他地方不堪一击”“地中海地区”等说法已经传得沸沸扬扬。昨天，一位在柏林身居高位的德国人表示：“未来英国是否仍被视为欧洲的一部分，让我们暂时保留自己的看法吧。”那么这些话，或类似来自德国首都的话语到底意味着什么呢？自然，这与几个月前的夸夸其谈并不一致。究竟德国是准备推迟入侵英格兰，或是干脆暂不考虑此事，依然是个谜。但是，就目前掌握的材料看，如果德国想在控制住英国皇家空军、打垮英国人之后再入侵，它似乎还要经历漫长等待。

1940年/9月27日

柏林会议

合众社报道

【柏林9月27日电】今天早晨，可靠的纳粹消息人士透露，中午，德国、意大利和西班牙将在阿道夫·希特勒总理的新总理府签署一份“具有重要历史意义”的文件。

文件的内容并未披露，但有暗示说它会对战争“最后阶段”里抗击大不列颠，及轴心国未来阶段的“新欧洲秩序”产生很大影响。

据称，该文件将由德国外交部长约阿希姆·冯·里宾特洛甫、西班牙外交部长拉蒙·塞拉诺·苏涅尔和意大利外交部长齐亚诺伯爵共同签署。（根据美联社东京分社发给上海的电话消息称，今天在东京和柏林将宣布一个重要的日德协议。审查员打断了电话谈话，但对于这个协议是否意味着日本将成为欧洲战争的交战国这一问题，东京分社给出的答案是“否”。）

三国代表除了讨论今后欧洲战争的进程外，预计还涉及将战争蔓延到远东地区的议题。

据说，齐亚诺伯爵正在前往柏林的途中，他将代表意大利签署这份文件，之后将于星期六返回罗马。

会议内容保密

纳粹的新闻机构称，拉蒙·塞拉诺·苏涅尔到达柏林后，连日来与德国总理希特勒和冯·里宾特洛甫先生讨论的都是西班牙现在“处于重大决策时刻”。其中暗含的意思非常明显，即弗朗西斯科·佛朗哥大元帅很可能就在参战的边缘徘徊。

“历史性文件”的内容依然严格保密，但需要强调的是，今天在柏林举行的三国会谈，毫无疑问，将具有深远的意义。

关于伦敦方面对上周在罗马举行的意德之间新一轮谈判的评论，德国《新闻晚报》大肆讥讽，称“这是英国政治惯用的伎俩，宣布敌人即将发起大范围的军事行动，然后在该行动没有发生的情况下，声称子虚乌有的胜利”。

报纸接着说，“对整个由大英帝国强加于世界的生活方式”的总攻，会与轴心国政治家策划“新欧洲和非洲的秩序”同一时间发起。

“伦敦方面很清楚这种新秩序并不是在模仿过去一个世纪里大英帝国的方法，而是涉及欧洲人文深远未来的总体规划，我们的目标不仅是占领一些领土或获得黄金和资源供应，而是确保德国和意大利在一个全新秩序下的、健康的欧洲的统治地位。”

1940 年

9 月 27 日

日本无惧美国禁运　暗示将联手德国

【休·拜亚士《纽约时报》东京 9 月 27 日电】东京方面普遍认为，美国对日废金属禁运及对中国的新贷款，是美国对日本的印度支那政策的报复。日本新闻界显然深信，日本从此将遭到美国日益强烈的抵制。

《朝日新闻》指出：“看来美日冲突在所难免。日本决心在东亚地区，包括西南太平洋在内，建立一个自给自足的势力范围，而美国已决心采取战争之外的一切手段插手大洋彼岸的事务。”

《朝日新闻》声称，日本已做好充分准备，应对废金属禁运造成的影响。《读卖新闻》报道称，预计美国将实施更猛烈的经济报复，近卫文麿政府正准备停止日本的生丝出口。

该报指出，日本正在做出安排，使所有丝绸都为国内所用。对美国的生丝销售一直是日本最大的外汇来源。暂停出口对日本的经济将是一个沉重的打击。

值得一提的是，没有一家报纸暗示，日本政策可能会做出调整，以减少美国的抵制。显而易见，近卫文麿首相的政府将完全恪守其目前的政策，在其执政期间不会有任何改变。

《读卖新闻》发现，美国贷给中国外汇基金，其实居心不良。该报称，这意味着美国将控制中国经济，由此取代英国在中国金融界的地位，从而让美国资本"吃掉中国的心脏"。报纸补充道："日本绝不能容忍事态这样发展下去。"

日本威胁要帮助德国

【美联社东京 9 月 26 日电】今天，一位资深的消息人士说：日本终于深信，美国坚定不移地反对日本在东方的"合法"扩张；如果美国加入欧洲战争，那么日本有望积极支持德国。

他说，即使在英国对日提出和解的时候，美国也一直采取强烈的反日政策，日本与华盛顿方面达成协议的想法看来是徒劳无功的。

该消息人士与日本政府关系密切，他表示，日本面临着南面和东面的冲突，准备修复与苏联长期紧张的关系，以保持其北部和西部侧翼免受威胁。他说，日本和苏联签署互不侵犯条约并不是不可能的。

他继续说道："日本现在而且永远都会反对共产主义，但这并不意味着不能与苏联达成行之有效的协定。

"日本一直在远东地区寻求和平的经济渗透。这是我们的势力范围，我们不愿意派遣部队和军舰到远东去保证经济渗透得到实施。

"美国一直试图封锁日本。即使在英国提出调解的时期，美国还加强了对日封锁政策。"

日本领导人似乎对危险的处境有点黔驴技穷。事实上，由于他们的宣传，国内公众以为日本帝国是不可战胜的，没有什么可以抑制日本的扩张和最终的胜利，所以现在他们的处境是难上加难。

第五章

5
chapter

希特勒将制定欧洲“新秩序”

1940 年 10—12 月

1940年年末的几个月，英国和德国展开空中拼杀，英国终止了德国入侵的威胁。贝尼托·墨索里尼不甘心充当希特勒在欧洲的副手，决定趁英国忙于应对轰炸、无暇他顾之际，在地中海战区发动战役。在鲁道夫·格拉齐亚尼元帅的领导下，大批意大利军队越过埃及边界，直接进犯苏伊士运河沿岸。10月28日，意大利无端入侵希腊。两天后，《纽约时报》报道，希腊人已经阻止了意军的攻势。到11月底，希腊军队已跨过边界，进入阿尔巴尼亚，威胁要击败意大利人。11月13日，英国水上飞机袭击了意大利在塔兰托的舰队，给意军造成严重损失。12月份，英联邦军队在埃及对意大利人发起了代号为“罗盘”的重大军事行动，彻底击溃意军，并俘虏了13万名意军官兵。在这个遥远的战场上，盟军终于尝到了一丝胜利的滋味。

然而，几个月以来，英国一直面临着夜复一夜的闪电战。大多数时候，伦敦是德军的攻击目标，但在11月和12月，德军的轰炸机把目标转向了地方城镇。10月份，以一些读者写给编辑部的来信为材料，《纽约时报》刊登了一篇反映战时欧洲生活的文章，其中有一个小标题为《遭到轰炸的一家人》，内容是一名英国妇女写来的信。信中称，尽管她家的房屋遭受了两次轰炸，但她全家人现在对战局很乐观。《纽约时报》伦敦分社的雷蒙德·丹尼尔也发现，英国人现在真的对轰炸已经习以为常。他自己也因公寓遭受轰炸而将《纽约时报》的工作转移到了萨沃伊饭店。经过几个星期到处奔波寻找避难所，他体会了“炸弹恐惧疗法”。从那时起，他可以无视周围的爆炸而安然睡在自己的床上。在关于闪电战时期的回忆录中，他说，无情的轰炸“在现实生活中并不像人们所预想的那样糟糕”。据他观察，伦敦的平民百姓没有恐慌的迹象。在 10 月和 11 月期间，《纽约时报》对轰炸的报道渐渐地被其他新闻所取代，但它对 11 月 14 日考文垂遭受的毁灭性轰炸进行了报道。这起袭击就像首都伦敦遭到轰炸一样，激发了英国和美国公众的想象。

在美国国内，最重大的事件是 11 月 8 日的总统大选，罗斯福将寻求第三届连任，这是史无前例的，但《纽约时报》并未对此表示出过度的热情。罗斯福现在正大张旗鼓地推动美国重整军备，《1941 年美国迎来武器高产》是选举前一个月《纽约时报》的标题。罗斯福总统返回白宫 10 天后，首批美国新兵应征加入陆军，几个星期后，威风凛凛的海军上将欧内斯特·金被任命为美国大西洋舰队司令。这充分表明，美国大规模地参与大西洋潜艇战已经不只是一种可能了。12 月 29 日，罗斯福开始播出著名的“炉边谈话”，他承诺，美国将成为“民主政治的资源库”。这是美国启动“贷款租赁”立法的前奏，意在为抗击轴心国的国家提供战争所需的物资。如果美国人想知道他们即将面临的敌人是如何穷凶极恶，只需读读 12 月份传来的华沙创建犹太贫民区的消息就可以了。在华沙，犹太人被用围墙圈在了一片区域内，被迫做苦工，不许外出，生活几乎与外界完全隔绝。波兰德国占领区内的大批犹太人目前面临的严峻现实，可从该报道中窥见一斑，他们当中的绝大多数会在未来 3 年内被斩尽杀绝。

1940 年／10 月 4 日

英国将重新开放缅甸—中国公路

【合众社伦敦 10 月 3 日电】今晚，温斯顿·丘吉尔首相在唐宁街 10 号接见了中国驻英大使郭泰祺。据推测，大使已经得知英国有意于 10 月 17 日重开滇缅公路的消息。

人们相信，他们也可能就英国对华财政和经济援助的问题进一步展开讨论。

有报道说，日本与德国和意大利建立军事联盟之后，英方已就开放滇缅公路之事，充分与华盛顿方面交换了意见。

英日协议到期

英日两国达成的关闭滇缅公路、禁止对华所有军用物资运输的协议只有 3 个月有效期，将于 10 月 17 日到期。此前，日本称将在 3 个月内寻求与中国达成和解，英国与之签订了该协议。但日本违反协议，与英国的敌人结盟。日本的武装力量还渗透到法属印度支那，切断了从这一地区经由云南省运往中国各地的物资供应。

现在，为向中国表示友善，同时为了弥补由于滇缅公路关闭而导致的石油供应不足，据说，英国政府打算以信贷的方式从缅甸供油给中国。

昨天伦敦有人预测说，由于日本与轴心国结盟，英国今后更会把中国当作一个盟友，英国还将通过滇缅公路为蒋介石委员长提供更多的战争物资，以解其燃眉之急。

1940年/10月5日

社论：布伦纳山口列车上的“亲切”聚会

公报向我们保证，昨天在布伦纳山口的运载车上，两个独裁者的会面是“亲切的会见”。但是，希特勒和墨索里尼审视目前的处境并展望未来时，他们会发现一个顽固的事实，一个他们初夏在慕尼黑会见时所始料不及的事实。这一事实就是英国的存在。也正是由于这一事实，他们不得不在一辆装甲列车上会面，而且车顶上还架起了高射炮以抗击可能来自空中的袭击。大英帝国仍然是他们的拦路虎，英国的海军力量完整无缺、空军实力日益增长而且攻击技能越来越娴熟，而英国人民经受住了纳粹所能构想的最为穷凶极恶的攻击。轴心国原定于冬天之前全面告捷，但现在必须调整时刻表以适应可能的长期战争。

相比老朋友之间的咖啡会，在布伦纳的会谈本身很难说是一次令人愉悦的会面。除非有麻烦问题亟待解决，两位独裁者通常不会面。在这种情况下，我们不妨假设，他们在试图协调两国之间未来的计划，但每一个可能的举动都会给自身或对方带来弊端。假如德国大举入侵巴尔干半岛，并抢夺伊拉克油田这块金光闪闪的战利品，那么意大利在欧洲的势力范围就会缩水，而且还有挑起与土耳其甚至苏联的纠纷的危险。假如轴心国大举入侵埃及，抢占苏伊士运河，那么其人员和物资将暴露在利比亚对面的英国舰队的枪口之下。这项大业同时还涉及德意之间由谁领导的微妙问题。假如通过饥饿而疲惫的西班牙攻击直布罗陀海峡，那将引发无限的物资供应问题，关于这点塞拉诺·苏涅尔似乎在柏林和罗马已经讲得很清楚了。如果试图将法国拉入轴心国，可能需要占领法国全境，但同时也有将法兰西帝国带回战争的风险。

此外，两名独裁者在商讨未来计划的时候，肯定已经知道，冬天每过一个月，美国的物质力量就加强一分，对他们就会更加不利。他们已经尝试通过威胁，制止美国帮助英国。他们现在可能会尝试其他的战术，也许是另一个“和平”提议，也许是更积极地讨好苏联以蒙骗或吓唬美国人民。他们确切的战役计划是一个军事机密；通过柏林我们只知道，它将给英国造成“灾难性”的后果。但不管冬天的计划是什么，独裁者们终究还是要为冬天做出一个计划，这一事实比什么都重要。

希特勒和贝尼托·墨索里尼及意大利外交部长齐亚诺伯爵在布伦纳山口会面。

1940 年 / 10 月 6 日

伦敦报界玩味战争新闻
关于地铁的议论
来自大洋彼岸的报纸称，进入地铁躲空袭可能需要出示“入场券”

据克莱德水上飞机昨天下午从英国送来的一批伦敦的报纸，伦敦周四和周五的重大新闻是丘吉尔内阁的改组。同样引人注目的新闻还包括德国轰炸机轰炸英格兰中部地区；伦敦的干线列车遭机枪扫射；希特勒和墨索里尼在布伦纳山口举行会谈等。

从刊登的次要新闻项可以看出，尽管遭受纳粹持续性的轰炸，伦敦人依旧关心如何才能让日常生活变得更舒适。《每日邮报》刊出的一篇专题报道称，警察得到命令：除了妇女和儿童，下午 7 点之前，伦敦市中心的地铁站不能作为防空洞使用，以尽量不耽误上班者乘车返家。

地铁防空洞的入场券

《每日快报》在头版醒目位置刊登了一则报道，称国内安全事务部计划发行避难所入场券，以缓解地铁站人满为患的情形。《每日电讯报》报道称，食品部正计划在地铁站开设咖啡摊点和奶品点心铺，这样“不久之后，在地铁站躲空袭的人们在夜间和清晨起床时就可以喝到热饮、吃到热点心”。

各大报纸都以较大版面报道了赫伯特·莫里森被任命为内政大臣和国内安全大臣一事。人们认为，这表明英国政府已决定采取深挖防空洞的政策。战前，莫里森先生就曾敦促这一方案的实施，而现在它将成为他上任后的第一项任务。《每日见闻报》载：以劳工大臣身份出现的欧内斯特·贝文（“把事做完先生”），在视察中发现防空洞中漆黑一片，十分惊骇，问道：“为什么连灯都没有？”并随即命令立刻提供照明。

广告也同样表明，伦敦人已经在长期的空袭围困中逐渐安顿下来。他们挤在防空洞内，随便找个地方睡觉，然后匆匆赶去上班，睡眼惺忪但坚持不懈。“当你只有一分钟时间站着用餐的时候”，巧克力就成为备受推崇的美食。用来堵耳朵的棉花团上涂了凡士林制剂以降低噪声。广告商在推销该产品时向市民这样保证：“空袭远没有听起来那么危险。”

妙招对付闪电战失眠

热巧克力调制品广告宣称它可以克服闪电战失眠，消食片则提议说“在非常时代让您保持健康”。即使古龙水厂家也不甘示弱，它们像往常一样在后方兜揽生意，声称“热情会因为长时间的工作而逐渐减退”，使用其产品“会让你重温那种新鲜感和机敏”。

1940年德军空袭期间，伦敦人躲在地铁中。

1940 年/10 月 6 日

各国对英援助达到高峰

来自世界各地的人力、食品、财帛供应滚滚涌入，以帮助英国击败独裁者

詹姆斯·麦克唐纳

通过电报发回《纽约时报》的特别报道

【伦敦 10 月 5 日电】在一线冲突的背后，大不列颠拥有广泛的支持阵线，可以作为最后的缓冲让英国的敌人把自己撞得粉身碎骨。

支援不仅仅是军事方面的，对英国来说，经济方面的支援更加重要。大英帝国不仅拥有像百慕大和塞浦路斯这样面积较小的殖民地，还有像加拿大和澳大利亚这样幅员辽阔、财大气粗的自治领。换句话说，这是一个强大的阵线，参与方包括印度次大陆，及遍布全球的英联邦的殖民地。

这个阵线的供应力正在稳步增长，源源不断地给英国送来人力、财帛及物资，帮助英国阻挡敌人的攻势。大英帝国这个大家庭中的国家和殖民地，其数百万人口和丰富的物质资源，已经彻底投入战争。

保持海上航线开放

英国海军在海上设置了屏障，以阻止一切物资从海上进入意大利和德国；与此同时，它扼守着航线，以便让来自世界各地的黄油、培根、鸡蛋、小麦、飞机、士兵、弹药和金钱滚滚流入英国。

仅从加拿大一个国家，英国就收到了大量的培根、小麦、面粉、大麦、大马哈鱼和苹果。据伦敦官员说，加拿大统计局估计，当前的小麦产量共计 5.61 亿蒲式耳——与 1928 年空前的大丰收相比只差 500 万蒲式耳。燕麦产量估计为 4.05 亿蒲式耳，大麦产量为 1.105 亿蒲式耳，亚麻产量则达 350 蒲式耳。自 8 月初以来，培根的每周供应量平均在 900 万磅左右。

金融方面，在战争开始的第一年间，加拿大的战争开支就超过了 5.5 亿元，

其中一些是给英国的军事行动经费，但大部分是加拿大的战争花费。1940—1941年财政年度，加拿大计划投入 7 亿加元用于战争。

加拿大和英国政府计划投入 2.226 亿加元，用于在加拿大建弹药厂和采购设备。预计，这些工厂的弹药年产总值达 6000 万加元。

澳大利亚计划向美国输送 2 亿磅羊毛，并存储在那里，但归英国所有。到目前为止，澳大利亚已向其母国输送了剩余的所有铜、锌、钨和 5600 万蒲式耳小麦。

战争储蓄团体

澳大利亚的战时定期存款超过了 1300 万英镑。此外，澳大利亚战争储蓄团体拥有 125 万名成员，占总人口的 1/6。英联邦财政部官员估计，第一年的总储蓄额将超过 2500 万英镑。

在南澳大利亚怀阿拉的铁矿海运港，澳洲人正在开发一个巨大的工业中心。

澳大利亚的 7 个造船厂正在建造 50 艘巡逻船，每艘船的船员都将是“澳洲人”。

新西兰也在尽自己的努力。预计到 1940 年年底，新西兰将输送 12 万吨黄油和 10.7 万吨奶酪到英国，1939 年的输送量分别为 11.5 万吨和 8.4 万吨。

9 月 26 日，新西兰当局宣布发放 800 万英镑的战争贷款。新西兰还为母国抗战勒紧腰带，禁止进口毛线，自行车轮胎和内胎，以及新西兰人先前所喜欢的其他一些商品。

南非从其金矿为母国送去的黄金数量简直令人难以置信。8 月份，德兰士瓦的黄金输出刷新纪录，几乎达 120 万金衡盎司。此外非洲还给英国居民送去很多鸡蛋。最近一次运输共送去 1 万多箱差不多 400 万只鸡蛋。估计到 1940 年年底，南非为战争筹集的款项至少会达到 4600 万英镑。

纽芬兰的捐助运动

坚强的纽芬兰人也在竭尽所能，加强英国的“支援堑壕”。他们已经发放了一笔 30 万英镑的战争贷款。此外，他们还赠送了两架“喷火”战斗机给英国皇家空军，每架飞机造价 5000 英镑。

战争期间，伦敦人排队买鱼。

印度克服了国内严重的政治和宗教冲突，帮助英国打经济战，以对抗德国和意大利。自从 6 月上旬印度开展国防储蓄运动以来，已经累计捐助了近 2000 万英镑以加强印度军队。与此同时，印度一些富裕的当权者还出资近 7.5 万英镑为英国购买飞机。

其他成员国也不例外。缅甸、东非、婆罗洲、毛里求斯、塞舌尔、马耳他、巴哈马、巴巴多斯、背风群岛和向风群岛，以及福克兰群岛（阿根廷称马尔维纳斯群岛。——译者注）等地都在各尽所能出资出力。

但这并不是全部，还有纯军事的支援。既然很久以前就已经预测到，对德战役的成败将取决于空战，最重要的环节也许将是帝国空军培训学校。

这所要求严格的大学目的是培训男子学习驾驶军用飞机、投掷炸弹、用机枪扫射敌人，以及如何应对经常的死亡威胁。它的主校区都设在加拿大，其他校区设在澳大利亚、新西兰和南非。据报道，各个地方的新兵都非常充足。

1940 年/10 月 6 日

1941 年美国迎来武器高产
通用电气负责人称我们的力量最终将赶超全球

通用电气派出大批员工集体参观世博会，后者迎来了星期六参观人数的最高峰，也是本季度的第 5 个最高峰。该公司两名高级管理人员昨天宣布，计划投资 5000 万美元用于国防扩张项目，并预测民主美国的工业力量一旦投入高速运转，将远远超过所有极权国家的军备输出总和。

今天早上，来自通用电气公司位于本地区各家工厂的 4.7 万多名雇员及其家属组成团队，乘坐专列、公共汽车、轿车，甚至两条特许的汽船，齐聚纽约，浩浩荡荡地拥入了世博会会场。世博会官员称，这是世博会本季度接待的最大的单一参展团体。

有了这一“开门红”，从下午一直到晚上，付费参观者不断走进世博会大楼。下午 4 点刚过，参观者超过了 23.3864 万人，刷新了 9 月 21 日创下的“最佳星期六”纪录。当日购票入场的参观者共计 28.026 万人。

通用电气公司总裁查尔斯・E. 威尔逊宣布，为配合美国的国防计划，公司计划扩建工厂。他说，未来 15 个月，公司将投资 5000 万美元用于扩建工厂和采购新设备。

今天出席通用电气公司展览新闻发布会的还有 40 岁的董事长菲利普・D. 里德。他表现得信心十足，直言不讳地说，除非打败德国，否则美国的防御计划绝不会放慢脚步。

“军备建设可不是为了好玩”

在回答一个提问的时候，威尔逊先生说，他相信总统选举的结果不会改变已在进行中的防御计划。这时里德先生突然插话说：

“大家要知道，我们搞军备建设可不是为了好玩。我们的目的是应对国外的局势。只有一个方法可以让我们停下来，那就是德国的垮台。”

然后他宣布，制造商已经为生产“改进了设备”。一旦收到订单，投入生产，美国工业的产量将“大大超过”极权主义国家。

提到“改进设备”时，威尔逊先生宣称：“这不是短短几天或几周的问题，这需要数月之久。”“今年，大家看不到什么大的进步，但过了今年，产量将突飞猛进。”

当被问及民主国家需要多长时间才能赶超独裁国家的武器制造时，里德先生说，他认为 1941 年年底有望与之持平。

他说：“我不是说现在没有进展。”“但不幸的是，只有到事情最终发生时，公众才能看到端倪。”

威尔逊先生确认“从现在开始，再过一年，大批量的生产将会开始”。

1940 年/10 月 9 日

柏林开始疏散儿童以防空袭

通过无线电发回《纽约时报》的报道

【柏林 10 月 8 日电】昨天和今天，首批自愿撤离柏林的儿童乘火车离开了首都。有消息认为，最初两天从首都送出的儿童超过了 1000 人，未来几周，在不太可能遭受频繁轰炸的地区，疏散儿童的行动还会继续。

自战争爆发以来，为了免遭英国战机轰炸，55 万多名德国儿童已经先后从德国的城市撤离。其中 35 万多名儿童被送到了乡下，或像德累斯顿这样不太可能被攻击的城市的小社区的居民家中。另有约 20 万名儿童被送到了度假营地、旅馆和类似的庇护所。

3 岁以下的儿童由母亲陪同疏散。3 至 10 岁的儿童被转移到别的家庭中。希特勒青年团负责 10 至 14 岁的少年的疏散。

1940 年 10 月 16 日

关于黑人参加空军的计划

发回《纽约时报》的特别报道

【华盛顿 10 月 15 日电】美国战争部今天称，根据军队扩张方案，一旦训练有素的人员到位，就立即组建黑人航空部队。

目前，在美国民航管理委员会的协助下，借助政府设施，飞行人员已经开始参加培训。黑人飞行员目前正在芝加哥格伦威尔飞行学校接受训练。

同时全美青年总署也在培训机械师和其他地勤人员。

这一决定是为了组建黑人航空兵中队。根据最近公布的一项政策，按黑人在国家人口中所占的比例（大约 9%）招募黑人军官和士兵。

黑人预备役军官将被分配到黑人领导的有色人种部队。军官学校开办之后，将招收黑人入校学习。目前白人开办的正规部队军官学校暂不接收黑人军官，但医务人员和随军牧师除外。

1940 年 10 月 20 日

大不列颠信件中所揭示的战时欧洲生活

一位在军事机要部门工作的英国人，给他在美国的妻子的信中说：

告诉他们（美国人）我们在英格兰已经做好所有的战斗准备，但我们希望他们不遗余力地帮助我们。我们很感激他们现在所做的努力以及之前所做的工作，尤其是在私人捐助方面。但是，我们想要的不只是用50艘驱逐舰交换海军基地这样的安排。

最重要的是，要让这些纳粹猪猡明白，我们可以“承受”，并将继续“承受”他们的“恩赐”，直到有一天，我们强大之后，将悉数“回报”给他们。我有种感觉，他们不会“欣然”接受。明年这个时候，臭名昭著的戈培尔博士绝不会像现在这般趾高气扬。纳粹党羽也将不会那么不可一世，特别是被我们当头一棒之后。我希望他们赶快动手，我们都迫不及待地想要他们过来，这样我们就能真枪实弹地跟他们较量一番。这会是一场可怕的较量，但我们都感觉越早了断越好。任何人都不会轻而易举地取胜，但我认为，我们终将把他们全部消灭，我有这种感觉。

他（希特勒）似乎在广施“恩典”，对伦敦周围显得尤其“情有独钟”。实际上，在我看来，他是费力不讨好。有一点可以肯定，那就是他把自己变成了让人唾弃的讨厌鬼。他对伦敦东区贫民窟的财产所造成的破坏真是惨不忍睹。那里的物业虽然不值一文，因为它们迟早都会坍塌，但那些被卷入空袭的可怜居民，唉，他们真是可怜。

我刚到伦敦拜会一位大臣及其他官员时，残忍的空袭警报正好开始响起来，我发现大部分约见都被安排在我拜会部门所属的防空洞内。我从一个办公室来到另一个办公室，听到一声又一声的爆炸，以为爆炸就发生在不远处。后来我发现，果然第二批炸弹就投在了白金汉宫上。我非常愤怒，大家都很愤怒。其实，从某个方面来讲，这是一件好事，因为当时东区已经被炸得不成样子，而这次轰炸正好将东西两区连在了一起。现在，无论贫富，无论高低贵贱，无论男女，所有的人就是一个整体。每过一晚，我们就越来越强硬。

星期天早上，我和哈利出去打高尔夫球。当然了，我们已经好长时间没锻炼了。那天风和日丽，我们玩得很开心。突然间，我说，“听起来像有很多轰炸机”。果不其然，一大队德国轰炸机在战斗机的护送下一浪又一浪地飞抵伦敦上空。我们满腔仇恨地看着它们向我们飞来，不由得衷心希望我们的战斗机能在它们到达伦敦前及时迎上。紧接着——噢，让我们高兴得不得了的是，我们的小伙子驾着“飓风”战斗机和“喷火”战斗机飞过来了。我看到它们冲过来，冲进德国人的编队里。上帝啊，我们一架飞机要对付多少架敌机，但是我们的小伙子就那样猛冲过去，冲垮了敌人的队形。简直太了不起了。我高兴得都快发狂了——而哈利早已乐疯了。

然后德国的飞机一架架被击中，应声坠地。有的飞机直接在空中开花，有的屁股冒了烟，有的直接重重地撞到地上。纳粹飞行员打开降落伞下降，我们恨不得他们在降落时摔断脖子。很快，所有的德国佬都被赶回了海岸，我们的高尔夫比赛也到此结束。我们都太兴奋了，无法再玩下去。傍晚，我们从广播中听说，当天有 180 多架敌机被击落。这是德国佬最后一次出动大队飞机来轰炸伦敦，我不怪他们。他们根本不是我们小伙子的对手。多么令人激动的景象！

住宅遭遇轰炸

9 月 29 日，《纽约时报》驻伦敦记者 W.F. 莱伊史密斯发来电报，称其在郊区的家遭到轰炸：

大约午夜时分，我们全家都上了楼，准备睡觉。突然两个巨大的高爆炸弹同时落下，一枚落在屋前，一枚落在屋后。我家房子被炸得仅剩不到 1/4，爆炸甚至波及了公园一侧的邻居家。一枚炸弹在基石下爆炸，炸毁了两堵墙，留下一个直径 20 英尺的弹坑。我和贝蒂随着屋顶木头、墙体、炉箅和烟囱陡然落下，掉进弹坑里。

我们 70 岁的女仆安妮的卧室被炸毁，她就那样悬在半空中——从摇摇欲坠的墙壁探出来的断梁上。她透过高射炮闪烁的白光从高处看到了贝蒂的头，冷静地指引着营救小队去救助。然后断裂的煤气管道开始起火，烧得到处一片狼藉。

正在附近一所被炸的房子实施救援的消防队及时赶到，把我们救出火海。不久，他们又从床的铁架子中撬出了贝蒂，谢天谢地，她被里面的床垫包缠着。

我也很幸运，落在她下面稍远的地方。爆炸冲击波把我从床上掀了下来，推到本来平铺在卧室里的炉箅上。炉箅卡住了我的腿和肩膀，但同时也把成堆落下的重物挡在上面。

你们的朋友彼得——那只狗——毫发无损，我敢肯定你们会很高兴。它就睡在我床底下，但我们找了它一晚上也没听到一丝呜咽声。黎明时分，我发现它坐在一堆残骸之上，要我陪它去散步。

你们送给贝蒂的旅行钟被气浪从她的床边冲出房间，掉到了花园的地上，玻璃罩完好无损，而且依然在嘀嗒走动。除此之外，我们抢救出来的唯一物品就是那辆旧车。我们从车库里将它挖了出来，尽管车库的侧墙已经被连根拔起，而且车库的前后门都被炸飞，但汽车状况良好，还能开，而且车窗玻璃也都无破损。

医院的报告说，贝蒂的状况无甚大碍。她身上多处严重擦伤，一条腿被压伤，但伤势比我起初担心的要轻，没有骨折。我的小腿、脚、手和肩膀有一半的皮肤被蹭掉，所以暂时处于半残废状态，但其他方面我一切都好。

1940 年 10 月 28 日

戴高乐组成自由“政府”

声称管辖所有在反抗的领土，呼吁法国人拿起武器抵抗侵略者

詹姆斯·B. 赖斯顿

通过电报发回《纽约时报》的特别报道

【伦敦 10 月 27 日电】夏尔·戴高乐将军今天在比属刚果利奥波德维尔通过广播宣布，决定为法兰西帝国建立国防委员会。

戴高乐将军在视察刚果期间宣布："几个臭名昭著的政治家正在断送法兰西帝国。"而后发布了一项命令：

“只要法国政府和法国人民的代表不能独立于敌人而正常存在，那么由国家领袖和部长理事会正式行使的权力就将转交给自由法国的部队的领导人，并在国防委员会协助下行使。”

戴高乐将军说，这些新权力从 1940 年 6 月 23 日开始按照法国现有法律行使。

这一宣言在伦敦引发了特别的关注，因为这无疑是在明确宣布亨利·菲利普·贝当元帅准备将法国出卖给希特勒总理。此前，这只是一个假设，而且尚未得到英国外交部认同。

白厅指出，在希特勒与贝当元帅会晤后所发布的官方声明仅仅说明，双方“在原则上已经达成合作协议”。这一含糊不清的声明，不足以让英国人相信贝当政府已准备向希特勒的条款低头，但戴高乐将军显然相信了。

今晚，英国官员的态度似乎认为希特勒不过是走进贝当元帅接待室的又一位拜访者。例如，他们现在仍遵守严格的国际礼仪，拒绝发布乔治国王给贝当元帅的讯息，理由是该讯息涉及法国元首，需要得到贝当元帅的许可才能发布。

换句话说，在法国与德国进行更具体的协商之前，英国人还不准备把法国这个老盟友排除在外。如果副总理皮埃尔·赖伐尔达成了一项协议，人们丝毫不会感到惊讶，但是英国政府仍把贝当元帅和赖伐尔先生分得一清二楚。只要贝当元帅没有签订具体的投降条款，丘吉尔首相不会想当然地认为法国已经认输。

1940 年

11 月 1 日

报告称，对希腊的攻势已被阻止

据称，意大利军队已被击退——阿尔巴尼亚基地遭受空袭

【合众社雅典 10 月 31 日电】今晚有报道称，进攻意军纵队及其供应基地的希腊空军，协助制止了法西斯陆军和空军发起的进攻希腊首都的攻势。

希腊电台宣布，意大利某军团已经进入希腊领土，但遭到顽强抵抗，并被立即击退。广播说，意军有两个连被击溃后，扔掉枪支和装备，逃之夭夭。

军方人士称，希腊轰炸机首次在北部山地前线发动攻击，向意大利军队投下炸弹，当时意军正试图沿爱伊尼亚海岸与内陆的卡拉马山谷向南推进，赶往有防御工事的城镇亚尼纳。

面对人数多于自己的侵略者，希腊守军奋起反击。

意大利飞机今天再次轰炸了雅典西部的几个重要港口，包括佩特雷港口和科林斯海湾北岸的瑙帕克托斯。周一战事爆发几小时后，佩特雷港口就有 110 名成人和儿童在轰炸中丧生。

前线发回的报道称，希腊人已经阻止了意大利先遣部队，并在美利斯欧佩特

拉战役中，沿着从阿尔巴尼亚边境通往亚尼纳的干道，将它赶了回去，打死打伤意大利士兵 41 人。另有报道说，意大利人正在卡斯坦尼亚村周边地区实施高压政策。该村庄就在阿尔巴尼亚边境对面，离克尼斯珀里斯南部只有几英里。

报道称，意军已被阻止

希腊最高指挥部在一份公报中称，意军先遣部队在边境遇到了希军的强大抵抗，整体攻势已被阻止。贝尔格莱德发来的报道称，意大利占领了希腊公路重镇布累兹尼卡，试图开辟一条通道，穿过马其顿前往萨洛尼卡，但公报否认了这一说法。

据说，希腊守军在 4 天的零星战斗之后，依然顽强地坚守在靠近边界的阵地上。

最高指挥部指出，数支游击队正在与敌人周旋。游击队指的显然是阿尔巴尼亚及其他山地的非正规军。

今天非官方前线报道称，意军分遣队今天早晨从克尼斯珀里斯越过了阿尔巴尼亚的边界，并向卡斯坦尼亚村发起进攻，但遭遇激烈反攻，意军 11 人战死，30 人受伤，之后溃逃。

据说，在逼近亚尼纳的战斗中，意军从阿尔巴尼亚的麦萨里镇沿大路向南，就在它试图穿过维奥萨河时，被希腊炮火截住。据称，一小时后意军开始撤退，17 人被击毙、40 人受伤，而希腊军队仅有 4 人受伤。

1940年，意大利士兵在希腊前线。

1940 年 / 11 月 1 日

尼赫鲁因反战演讲在印度被捕

通过电报发回《纽约时报》的特别报道

【新德里 10 月 31 日电】 印度国大党前主席、博学贾瓦哈拉尔·尼赫鲁，今晚在与圣雄甘地会面后，在阿拉哈巴德附近被捕。

作为非暴力不合作运动计划的一部分，尼赫鲁和另外一人被甘地选中做反战演讲。另一位提名人维诺巴·巴韦在几天前被捕，原因是他无视政府的反战活动禁令，发表了一系列和平主义的演讲。

因违反印度国防法规，尼赫鲁被捕。他被指控近期在戈勒克布尔发表了引起异议的演讲。

1940 年 / 11 月 5 日

希军插入意军背后
现在就在科尔察射程之内
英国再次轰炸那不勒斯

A.C. 塞奇威克
通过无线电发回《纽约时报》的报道

【雅典 11 月 4 日电】 今天，从前线传来的消息比昨天更振奋人心。从权威部门获得的消息表明，希军不仅守住了它昨天在科尔察镇夺取的数处高地，还在这一地区沿不同的方向向前推进了一步，进入阿尔巴尼亚境内。至此，它在群山环绕的地方占领了至少 5 个有战略意义的阵地。

科尔察今天遭到希腊轰炸机的轰炸，据说炸弹击中了集结中的敌军部队、油库和军队仓库。或许，科尔察很快就会进入希腊大炮的射程。

为避免敌机发现自己的动向，昨晚希腊人在夜色的掩护下忙碌了整整一个晚上，把重型火炮运了过来。这一壮举赢得了最近抵达的英国军官的赞誉。

首席联络官迈克尔·甘比尔·帕里少将今晚告诉笔者，他对希腊的表现大体上比较满意，还热情洋溢地谈到了希腊总参谋部与他的合作。

报道称赞希腊的空战技能

尽管意大利空军有着巨大的优势，而希腊空军部队是由英国、美国、荷兰、波兰和捷克的飞机（有些已经“破旧不堪”）拼凑而成，但希军飞行员在若干次战役中展现了自己过硬的战术以及胆量。到目前为止，所能计算出的意军与希军被击落飞机的比例是 9:4。

这看起来像是夸夸其谈，但事实并非如此，因为希腊的政策是一直反对过于乐观的报告。

雅典有报道称，虽然希腊在科尔察附近完全可以继续推进，但是近期并没有这样的打算，并不是因为这太过危险，而是待正在迅速进行的动员完全结束之后，再进行这种防御战更为适宜。

同时，还应指出，科尔察事关重大并不只是因为意大利人把它建设成了一个重要的军事中心，还因为它在整个巴尔干半岛所处的战略位置。一旦意军被逐出科尔察，它对萨洛尼卡的攻势将遭受挫折。此外，占领科尔察必然会对南斯拉夫的政策产生影响，因为意大利进攻萨洛尼卡的备用方案就是率军向莫纳斯提尔隘口进发。

在中心地带，也就是科尔察周边区域，据说希军挡住了意军的所有攻势。来自西伊庇鲁斯防区的报告称，意军在那里的攻击比其他地方更为猛烈，在闪电战所使用的各式武器（坦克、装甲车和飞机）的协同下向前推进，直到深夜。

据称，午夜刚过，意军就受到了希腊步兵的猛烈反击。据希腊最高当局称，此次反击是由扬尼斯·迈塔克萨斯总理亲自下达的命令。此次反攻中止了侵略者纵队的挺进，而且紧随其机械化部队之后的步兵也被打得落花流水，一败涂地。

意军原本想在一两天内征服希腊。惨败让意大利人恼羞成怒，为了报复，他们再次向希腊多处城镇与乡村投掷了杀伤性和毁灭性的炸弹。萨洛尼卡的平民再次遭受重大伤亡。昨天，有多达 58 人丧生，另有多人受伤。据报道，市民的财产也遭到巨大破坏。今天袭击中的伤亡人数尚未可知。科孚岛人民的生命和财产也蒙受了相当大的损失，但据说没有军事目标被击中。

1940 年／11 月 7 日

领先对手 500 万张票

总统获得 2700 万张普选票，但对手进步颇大

亚瑟・克洛克

已基本完成的选举报告表明，周二的美国总统选举中，大约 5000 万选民对于罗斯福三任总统的请求做出了回答，同时也是对他的外交政策的一次信任投票。大体结果是：

罗斯福大胜共和党候选人温德尔・L. 威尔基，在 48 个州中，他赢得了 39 个州的选举人票。罗斯福只要获得 266 张选举人票就可成功连任，而他总计得到了 468 张选举人票，但这比他 1936 年当选时获得的票数少了 55 张。

民主党及其政府保住了对众议院的掌控，并将民主党在众议院原有的 88 个席位增加到 96 席，其参议院多数党地位将至少会自动延续到 1942 年。目前众议院仍有一个席位待定。

1940 年
11 月 11 日

前首相张伯伦去世，英国举国哀悼

张伯伦于周六下午 5 点 30 分去世，但讣告推迟至周日上午才向全国发布

雷蒙德·丹尼尔

通过电报发回《纽约时报》的特别报道

【伦敦 11 月 10 日电】昨天下午，英国前首相内维尔·张伯伦在汉普郡腹地一座被高人落叶松环抱、布局凌乱的低矮农舍中去世。他曾以为，与独裁者们在慕尼黑所做的交易能保证“我们这个时代的和平”。绥靖政策失败后，他不情愿地将自己的祖国投入了战争，但他却不能目睹战争的结局了。

这位前伯明翰商人是他那个时代最具争议的人物之一。他在昨天下午 5 点 30 分去世，但直到今天上午 10 点 20 分，他去世的消息才得以公布。张伯伦先生生命中最后的日子就在寂静的农舍中度过。很多附近的居民是在伦敦午间新闻广播发布了官方讣告之后，才得知他的死讯的。

昨天，在赫菲尔庄园旁边一处四墙做了精心伪装的房子里，张伯伦先生陷入昏迷，他的妻子和姐妹就守候在病榻前。与庄园比邻而立的就是华美古老的诺曼式圣米迦勒教堂。教区牧师，尊敬的 H.R.P. 特林汉姆与早礼拜会众的成员们，和这个国家的其他人一样，之前对他去世的消息一无所知。

张伯伦去世后的祈祷文

在布道前，教区牧师建议为“身患重病”的张伯伦先生祈祷。

这一天是休战纪念日，教堂里挤满了“一战”的退伍老兵，以及当前这场世界大战中的现役士兵和英国地方军士兵。在由一小群乡民参加的晚祷上，教区牧师向这天早些时候自己曾为之祈祷的张伯伦先生致哀。特林汉姆牧师说道：

“人们提到张伯伦先生时，脑中闪过的第一个想法是：‘上帝保佑和平的缔造者们，因为他们将被称为上帝的孩子。’为了我们的和平，他比任何人都勤奋，

尽管他的努力似乎失败了，但他虽败犹荣。这位先生的理想主义和大公无私的精神，不仅鼓舞了我们，也将鼓舞世世代代的后人。他取得的功绩或许与那些轻易获得成功的人取得的成就一样伟大。”

预计张伯伦的遗体将运往伦敦举行国葬。

伯明翰市是张伯伦先生的故乡，他曾当过伯明翰市市长，其父亲和兄弟们也曾在此执政且政绩斐然。在听到他的讣告后不久，伯明翰市的公共建筑降半旗以示哀悼。在他的选区艾吉巴斯顿，一些支持者戴上了黑臂章。

诺尔·哈奇克罗弗特牧师是伯明翰卫理公会传教团的首领，他在描述其信众们的情感时说道：

“为了理想，他无视世俗的危险，忠诚于自己的信念。他的政策虽然失败了，但是后人会永远铭记他不屈不挠的精神。”

张伯伦先生 1939 年 8 月发病，其时他是下议院领袖。当时他接受了一次手术，医生在报告中称这是“一次成功的手术，能缓解肠梗阻症状”。无论手术是否“成功”，71 岁的张伯伦并未真正康复，他于 1940 年 10 月 3 日辞去掌玺大臣一职。上周五，张伯伦的妻子透露，他的病情已严重恶化。

在议会再次开会时，张伯伦曾经的下属，包括其继任者温斯顿·丘吉尔首

1939年，内维尔·张伯伦首相在唐宁街 10 号门前。

相，将向这位战争初期的英国领导人致哀。目前尚未决定致哀之后议会是否将闭会而在下一天重新开会，但如果下议院认为，对于不情愿地宣布开战但又决心打赢的张伯伦先生，最佳的致哀方式是一如既往地工作，那也没什么好吃惊的。

1940 年／11 月 14 日

英国舰队发起攻击

汉森・W. 鲍德温

在过去的几天中，意大利人开始理解战争的含义了。

昨天，温斯顿・丘吉尔首相在下议院宣布，英国皇家海军下属的航空兵袭击了意大利塔兰托海军基地和活跃在奥特朗托海峡的狭窄水域的地中海舰队轻型船队，沉重打击了意大利海军，让意大利的痛苦雪上加霜。

首相还提到，上周在深海遭德国军舰袭击的英国护航舰船中，6 艘已经平安进港，现在只有 8 艘下落不明。

昨天这一消息是数周以来英国最大的喜讯，对于意大利却是最惨痛的失败。

到目前为止，意大利人在战争中扮演的角色，特别是其海军的表现，实在是丢人现眼。截至英军最近一次的袭击，意大利海军已损失了一艘轻型巡洋舰——“巴托洛米奥・科勒奥尼”号，六七艘驱逐舰与鱼雷艇，以及 5—22 艘潜艇。

刚参战时，意大利拥有 6 艘已完工或基本完工的战列舰，其中两艘是强大的“利托里奥”级新型战列舰（排水量 3.5 万吨，配备 15 英寸主炮 9 门、6 英寸副炮 12 门，航速 32 节），4 艘是经现代化改装的 2.3622 万吨的“加富尔伯爵”级战列舰。根据丘吉尔首相昨天公布的消息，两艘“利托里奥”级战列舰中的一艘，以及一艘“加富尔伯爵”级战列舰遭受重创。首相在声明中说，还有一艘“加富尔伯爵”级战列舰似乎也被击伤，另有两艘巡洋舰、两艘舰队辅助船只，据报告已倾斜或部分沉没。

塔兰托港和很多欧洲港口一样，锚地颇为有限，需要通过一个瓶颈状入口后水域才变得开阔起来。意大利海军明显是锚泊在内港，英军鱼雷机（可能是菲尔利公司生产的“剑鱼”鱼雷轰炸机）在入口处投下的鱼雷几乎能百发百中。

似乎可以肯定，此次空袭占了出其不意的先机。进攻的英军主要寄望于鱼雷，而不是炸弹。鱼雷击中了意军军舰的水下部分，这也是船体最脆弱的部分。击退鱼雷机攻击的最好方式就是空战。防空炮火有时是有效的，但通常情况下鱼雷机的飞行高度太低，还会以烟幕、雾、云等为掩护，防空炮火力不能及。本次战斗中，鱼雷机在黑夜的掩护下投下鱼雷。鱼雷机攻击时编队紧贴着水面飞行，高度可能仅为25—50英尺。海上舰船最佳的自保方式是通过机动躲避敌机投放的鱼雷，以及在射击时有意压低炮口，让炮弹打入敌机和舰船之间的海里，溅起数英尺高的水柱或者说是“水墙”，让敌机要么撞上水墙坠海，要么被迫转向。但意军舰船采取了很多地中海港口通行的做法，以首尾下锚的方式泊于港内，鱼雷袭来时它们来不及起锚躲避，有许多枪炮可能也来不及瞄准。

如果英军声称的战果属实，那它确实获得了一次巨大的胜利。突击舰队、潜艇、飞机和水雷的威胁尚未排除，但是在地中海，意大利海军和陆军的后备部队对英军的压力已经减轻。意军尚未用尽全力，但大英帝国的黑暗时期至少已暂现光明。

1940年/11月16日

纳粹的“报复”

为报复皇家空军对慕尼黑的空袭，纳粹彻夜轰炸英国工业城市

雷蒙德·丹尼尔
通过电报发回《纽约时报》的特别报道

【伦敦11月15日电】今天拂晓，人们看到又一夜的大规模空袭留下的满目疮痍，但这一切都无法和考文垂这座英格兰中部小城的惨状相比。它遭受了一场从莱特兄弟为人类插上翅膀那天以来最猛烈的空袭。

纳粹轰炸机早先想在空袭伦敦中达到的破坏效果在考文垂实现了。面对这座

人口仅 25 万的紧凑小城，德军出动的飞机编队和空袭拥有 800 万人口的伦敦时所用的一样庞大。德国军机投下成吨的炸弹，造成至少 1000 人伤亡，无数房屋毁坏，包括壮丽的圣米迦勒大教堂。教堂建于 14 世纪，是英伦三岛最华美的哥特式建筑之一。

上周五，希特勒发表慕尼黑讲话时，皇家空军对慕尼黑进行了轰炸。德国人称空袭考文垂是对英国人的报复。为了完全达到报复目的，纳粹轰炸机先对伦敦发动了多次佯攻，以吸引皇家空军的防卫力量，而编队的主力却扑向英格兰中部地区的工业中心，并将考文垂作为疯狂发泄的主要目标。

圣米迦勒大教堂遍地残骸

今天，来考文垂的人们发现，教堂曾经矗立的地方已是一片废墟。烧黑的石雕拱门和窗户正面，虽然面目全非，但仍残留着劫难之前的庄严优雅。然而，建筑的条石、贵重的教堂家具、纪念名人生平的匾额，都已和无名的尘土化为一体，躺在摇摇欲坠的残垣之间。

城市其他各处建筑也遭受了严重破坏。整整一天，商人和店主们都在一堆堆的碎木块和砖石中搜寻残余的财物，有些店主在人行道上做起了生意。在出城的道路上，会看到一队可怜的难民。他们正急着赶路，要在灯火管制开始前到达乡间的住处。

考文垂处于英格兰中部地区的心脏地带，与利物浦、布里斯托尔、伦敦和赫尔这四大港口的距离均为 90 英里左右。作为一个以汽车、摩托车制造为主业的工业中心，考文垂是英国战争机器上的一个重要齿轮。

但考文垂遭受损失最严重的不是工厂，而是人们的生命、小屋舍以及教堂、医院。事实上，不仅考文垂如此，自从纳粹飞机越过高射炮火和拦阻气球强行闯入，实施集中轰炸以来，这些都是英国各地损失最为惨重的。

满目疮痍

今天，在这座传说中著名的戈黛娃夫人曾裸身骑行、为民请命的古城中，每走过一条街道，就必定会看到空袭留下的悲惨印记。它们诉说着昨夜地狱从天而降的景象：每隔一两分钟，就有一颗炸弹轰响，彻夜未停。

考文垂现在看上去就像同时遭地震和火灾肆虐过一般。今天，市民们神情恍惚地在家园的废墟里翻寻着，查看市中心商业区的残骸，朝着人行道和建筑上嘲笑希特勒的粉笔涂鸦苦笑。

今夜，这座城市仍在与灾难苦斗，但最恐怖的时分已过。在一个地方，一群可怜的孩子在向自家房子燃烧的山墙喷水，所用工具是一只小小的手动水泵。

一大群医生和护士在夜以继日地工作，其中很多人是从附近的城镇赶来的。在当地工厂换班时，工作台前的工人们成了救援人员，前去替换自昨夜以来一直在搜救的人们。为顶替昨晚因空袭身亡的同事，很多人累得精疲力竭而倒下。

在一座英国最好的都铎式建筑的残骸中，疲倦的消防队员们拖着沉重的步伐，把水喷向瓦砾中吞噬最后几块木头的余烬。

脸色苍白憔悴的男男女女沿着满地狼藉的街道拖着脚前行，不停地寻找着什么人，或者只是看着什么东西发呆。

在一个防空洞内，发现了 4 名已被官方登记为“失踪”的人。夜间空袭炸弹的冲击把他们吓坏了，他们拒绝返回地面。

他们默不作声地听着救援人员所做的一切安全的保证，却拒绝挪动一步。

1940年，考文垂圣米迦勒大教堂遭德军轰炸，化为瓦砾。

1940 年/11 月 18 日

首批应征人员今天入伍

受训者多数是志愿兵，将前往新英格兰和西部军区服役

【美联社华盛顿 11 月 17 日电】罗斯福总统签署《选征兵役训练与服务法》两个月又两天后，陆军将于明天接收首批应征人员。

战争部的官员说，1941 年 6 月 30 日前，将有 80 万新兵接受为期一年的军事训练。第一批新兵仅占一小部分，将在新英格兰、芝加哥及太平洋沿岸的多个地点入伍。其他军区中，有些将于周二开始接收应征人员，余下的军区将在更晚的时候开始征召新兵。

应征者可以选择新英格兰各州 6 个接收中心的任意一个，前往报到。因为时间上的差异，他们可能是“美国陆军”第一批入伍者。

陆军宣称，芝加哥的第六军区将接收整整 100 人，他们是 1940 年伊利诺伊州征召的唯一一批应征者。在西海岸，第九军区将征召 1630 新兵，官员们称其征兵任务将持续到周五。

第九军区的应征者将在下列征兵站宣誓入伍：萨克拉门托、洛杉矶、旧金山、蒙大拿州的米苏拉堡、俄勒冈州的波特兰、华盛顿州的塔科马和斯波坎、爱达荷州的博伊西、怀俄明州的夏延或犹他州的盐湖城。

陆军原定于 12 月 1 日前招募约 3 万名士兵，但官员们称该数字已经削减，主要原因是在这段时间内志愿应征者的人数过多。

征兵官员称，首次征召的应征者几乎都是志愿应征的登记者。

7.1 万人志愿入伍

一项对州征兵官员的调查显示，在经分类被认定为有资格立即服役的人中，

有大约 7.1 万人是志愿入伍者。

明天，应征者将在征兵站与陆军人员首次接触。在那里，他们将再次接受体检，军医将检查地方征兵管理处体检医生出具的体检结果。

被接收的应征者将被收集指纹，建立服役档案，分配入伍编号。然后，他们将宣读下面的誓词：

“我将真诚地效忠于美利坚合众国，我将忠实、忠诚地服务于美国，反对一切国外和国内的敌人。我将服从美国总统的命令，服从上级指挥官的命令，遵守战争的法规和条款。”

然后，应征者将被送到一个陆军接待中心，领取军装，注射疫苗，接受简单的基本军事训练，之后被派往正规部队。

1940 年／11 月 23 日

希特勒将制定欧洲“新秩序”

通过无线电发回《纽约时报》的报道

【慕尼黑 11 月 22 日电】今天，德国法律学院代表大会在慕尼黑召开，该院院长、德国司法专员汉斯·法郎克透露了关于未来“新欧洲”法律框架的一些要点，该框架正在德国领导下由轴心国起草。

他表示，“第三帝国作为领导者对帝国全境拥有绝对管辖权”，将是“德国宪法生活”的基础，除“保护国（波希米亚和摩拉维亚）及（波兰）总督府”以外，德国还会拥有“若干”“邻接的领地，比如殖民地、代理主教辖区，它们都将属于第三帝国”。

他表示，根据“元首颁布的法令”，上述各领地与第三帝国的法律关系将“得以明确”。

他还表示，战争未曾打断民事法典的起草工作，该法典将确认用共同权利代替个体权利、用民族共同体的同志情谊取代阶级冲突、满足穷人的需要而不是对他们进行剥削、用“国家加以系统引导”的个人全面发展取代“资本主义的嗜利和贪婪”。

1940 年/11 月 26 日

希腊军队逼近

阿尔巴尼亚的第二个重要法西斯中心被攻克

【A.C. 塞奇威克《纽约时报》雅典 11 月 25 日电】据报道，希腊军队今晚攻占了阿吉罗卡斯特龙附近的所有重要高地，而且即将兵临阿吉罗卡斯特龙城下。这座城市与科尔察具有同等的战略意义，预计随时可以攻克。从阿尔巴尼亚南部进入希腊的通道为数不多，而这座城市扼守着其中之一。

如果希军在该地区再次获胜，则意味着它可能切断该通道。从阿尔巴尼亚进入希腊的其他通道均已被切断。希军必须摧毁这些交通要道，只有这样才能对意军可能策划的再次进攻造成较大的阻碍。

看来，希军不只是从西侧逼近阿吉罗卡斯特龙，同时还翻越内梅尔特斯卡山脉向该城推进。

据报道，从阿吉罗卡斯特龙北逃的意军已经抵达特佩雷尼。人们曾一度认为——但只在很短时间内——意军可能会沿特佩雷尼—克利苏拉—弗拉谢里这条线进行抵抗。今晚，从另一个区域前来的希军似乎已抵达阿吉罗卡斯特龙邻近地区，并驱散了所有可能抵抗的敌人。现已得知，英国和希腊两国的空军轰炸了特佩雷尼及其附近的意军集结地。

希军抵达托莫尔山脉

希军昨天攻下了莫斯考波利斯，意军正从该市全面撤退。据可靠的报道称，意军已到达代沃尔河左岸的另一个城镇普罗托帕帕。该城大致位于科尔察和培拉特中间。

据悉，希军先遣部队今晚已抵达托莫尔山脉的丘陵地带。

在军事行动接连不断的科尔察邻近地区，有可靠消息称希军已缴获了数千加仑汽油。除昨天的大量战利品之外，希军还缴获了 14 辆军用卡车。

意军显然认识到了希军可能因缴获战争物资而得益，于是派出了一队士兵反扑，企图夺回或摧毁这些物资，但希军的扫射把他们打得四散奔逃。

在科尔察东北，希军士兵似乎不费吹灰之力就截获了大量战俘、骡马、机枪和数目众多的卡车。这只是过去 24 小时中希军夺得意军战利品的一部分。战利品的数量就是在科尔察附近公布的。

英国驻希腊空军指挥部今晚宣布："昨天白天，皇家空军轰炸机对都拉斯发动了一次猛烈的空袭。都拉斯是阿尔巴尼亚唯一的重要沿海港口，自意军对希腊开战以来，连续遭受轰炸。"

报告称，炸弹直接命中都拉斯港内目标

有报告称，有些炸弹直接命中了港内的船舶。两枚大炸弹击中了一艘一万吨的船只，另有一艘较小的船只被击中起火。官方消息称，还有大量炸弹击中了码头。意军用防空火炮进行了猛烈还击，并出动了几架战斗机。即便如此，据称所有英军战机都已安全返回基地。

同时，据皇家空军的公报称，英军飞机空袭了特佩雷尼地区的意军仓库和机动车运输队，而在科尔察以北，英军飞机以低空攻击打乱了意军 3 个机动车及骡马运输纵队。

当时，这些纵队正赶往科尔察以北，企图救援正在那里苦撑的意军部队。英军的公报称，这些意军纵队受到袭击时一片混乱，虽然执行任务时天气不好，但所有英军飞机都已毫发无损地返回。

同时，希腊空军也重创了爱尔巴桑，以及阿吉罗卡斯特龙的机场。在波格拉德茨地区，意军似乎正沿奥赫里德湖西岸逃窜，而有些意军分队已进入该地区的山岭，准备从那里撤退。今天，一名熟悉那些山岭的人向笔者称，那里是阿尔巴尼亚最荒凉最险峻的山区。

阿尔巴尼亚人对希军的帮助

【合众社雅典 11 月 25 日电】据报，希军今天正在包抄并击败各地区的意军，但代沃尔河峡谷的崎岖乡村成了它面前最大的障碍。据说在该地区，阿尔巴尼亚抵抗组织给了希军有力的帮助。

据说这些阿尔巴尼亚人来自著名的梅利索罗斯部落，不停地从后方袭扰意军。该部落居住在代沃尔河谷和什昆宾河谷之间的山脉中，是阿尔巴尼亚最大、最具战斗力的部落，从未彻底向意军低头。据说，部落的族人已经取出隐藏的武器，准备袭击撤退的意军。

雅典的报纸称，一名意大利将军在阿尔巴尼亚自杀身亡。

1940 年／11 月 27 日

野村认为美日两国需要和平
赫尔对其选择表示欢迎

【美联社东京 11 月 26 日电】海军大将野村吉三郎预计将于下月前往华盛顿履新，出任日本驻美大使。他今天表示，日美之间不存在任何必须诉诸武力才能解决的问题。

这位身高 1.83 米、体重 200 磅的退役海军大将在一次采访中说道："在很多方面，全世界的命运取决于美国人目前的行动。如果美国卷入欧洲或太平洋的冲突，则文明将毁于战火……想与美国开战的日本人，即使有，也为数不多。重要的是如何阻止局势继续恶化，以免达到最坏的境地。"

这位英文流利、直言不讳的大将在"一战"时曾是日本驻美海军武官。他声称，对于改善日本政府与华盛顿关系的前景，他既不乐观，也不悲观。他补充道，这些关系"明显主要取决于日本的大陆及南太平洋政策"。

他表示，在他看来，美国对日本可能实施的任何禁运都是危险的，并坚持认为“切断这一巨大的贸易渠道可能导致日本采取异常行动”。

对此，他表示：“如果美国拒绝向我们出售石油和其他物资，那我们必须从其他地方得到它们。”

他进而宣称，美日之间的冲突可能会引发“一连串的战争”，并且可能会无限期延续。

“各国必须相互依存，你不可能消灭一个民族。我（在‘一战’结束时）参加了凡尔赛和谈，并目睹了德国人已明显被彻底踩在脚下。我从没想到欧洲会再起战事——但现在它却不期而至了。

“与之相似，美日之间的冲突只会引发一连串的战争。我个人认为，美日之间不存在任何无法和平解决的问题。”

野村大将表示，日本人比任何人都更关注中国的和平。他解释说：

“从军事的角度考虑，封锁和贸易限制是必要的，但各国的贸易商都会成为受害者，日本和其他国家的贸易商也不能幸免。我们需要的是在中国实现和平，只有这样，中国和世界各国才可以开展自由、平等的贸易。

“当和平到来时——不会等太久——事实将不言自明，目前日美之间的问题将自动消失。”

他嘲笑了那种认为日本的扩张计划将把美国商贸利益逐出东方的说法：

“首先，这是不可能的；其次，这点根本不在考虑之列。不能这样去否认经济事实。日本、中国、东印度群岛，乃至所有的东方国家都必须和其他国家继续开展自由而不受限制的交往。否则它们将停滞不前。试想想看，如果日本历史上的闭关锁国政策还在继续，今天的日本会是什么样子？”

在日本袭击珍珠港数天前，刚刚抵达华盛顿参加外交谈判的日本外交官来栖三郎（右）、日本大使野村吉三郎（左）与美国国务卿科德尔·赫尔在一起。

1940 年/11 月 30 日

肯尼迪否认对英国有悲观情绪
大使声明关于他的观点的报道是“一派胡言”

昨晚，美国驻英国大使约瑟夫·P. 肯尼迪把说他“预料英国赢不了这场战争”的报道形容为“一派胡言”，并重申了他反对美国参与战事的立场。

合众社记者请其重新表明立场，大使回应说：“我所关注的是让美国置身战争之外。”“众所周知，从一开始我就反对美国参战。”

大使继续说道：

“我听到伦敦有传言，说我在英国制造反英言论，甚至还说我预料英国赢不了这场战争。这纯属一派胡言。

“无论是在正式场合，还是非正式场合，我从未发表过或说过料想英国赢不了这场战争等反英言论。在离开伦敦之前，我对这个国家发表任何言论时，都有四五名英国内阁成员在场。

“我所关注的是让美国置身战争之外——但这根本不是什么秘密。众所周知，从一开始我就反对美国参战。

“总是有人问我：‘你对这场战争有何看法？英国会赢还是输？’但是，除非了解德国的实力，谁能回答这个问题呢？我并不了解德国的实力。

“我个人对自己在英国给人留下这种印象深感遗憾。如果因为我拒绝了一次采访，或者如果漫谈栏的一则故事就足可以抹去我宣称的观点，以及我在伦敦两年零九个月的时光，我不禁开始怀疑我在伦敦是否曾有过什么名望。”

1940 年
12 月 12 日

海军上将金任大西洋舰队司令

海军上将欧内斯特・J. 金

【华盛顿 12 月 11 日电】今天，美国海军部宣布，任命海军上将欧内斯特・J. 金为大西洋舰队司令。海军上将金是海军事务委员会的成员。这次他接替了海军少将海恩・埃利斯的职务。之前他曾是海军航空署署长。1938 年到 1939 年，他任美国海军作战部队航空指挥官。

海军上将金是土生土长的俄亥俄州人，现年 62 岁。他 1901 年毕业于美国海军军官学校。大西洋舰队司令部是目前海军最重要的部门之一，涉及大西洋及其海湾水域的巡逻，以及所有大西洋作战中空中部队的指挥。随着海军航空基地在西印度群岛、百慕大和纽芬兰的建立，该司令部现在已成为美国国防部队在大西洋西部行动的主要指挥。

1940 年 / 12 月 12 日

逼近利比亚

报道称，在埃及战斗中，1 万法西斯官兵被俘

【合众社开罗 12 月 11 日电】今晚官方消息宣布，在西部沙漠作战的英军，已经占领了意军基地西迪·巴拉尼，抓获了大量的俘虏，包括 3 名将军。该基地是意大利入侵埃及的主要前哨点。（据伦敦报道，自沙漠攻势开始后，英军俘虏了至少 1 万名意大利和利比亚士兵。）

英军经过 3 天的沙漠激战，对这座地中海沿岸城镇的围困取得胜利，阻断了埃及领土 70 英里之外的意军先遣部队对亚历山大和苏伊士运河的攻势。

据称，意大利在西迪·巴拉尼周围的师团处境非常“危险”，因为英军在该城布下了 45 英里长的圆弧形包围圈。需要承认的是，“由于作战区域面积广大”，3 万多名驻扎在该地区的意军据信可能有部分会突破重围。

据称抓获 6000 多名俘虏

今晚的公报报道了对西迪·巴拉尼的占领，在此之前，英国中东指挥部曾报告有 6000 多名意大利战俘被擒。西迪·巴拉尼是埃及一座古老的小镇，鲁道夫·格拉齐亚尼元帅指挥的意大利攻势已经在这里停滞了 3 个月。

据称，今天下午英军攻占了西迪·巴拉尼。迅捷的英国机械化部队立即西进，沿海岸向布格布格、塞卢姆及利比亚边境推进，并且再次抓获了“数目可观”的溃逃的意大利士兵。

今晚的公报没有透露在西迪·巴拉尼所抓获的俘虏人数，但是今天早些时候的报道称，意军有两个师团，即大约 3 万人镇守该城，而他们中的大部分已被包围并切断。

据说皇家空军的飞机对意大利军队、营地、补给基地、机场和交通纵队进行了猛烈轰炸，以便为攻城炸出一条通道。据了解，在攻取西迪·巴拉尼的战役中，最为激烈的战斗发生在该城东部 15 英里处的重要营地马科蒂拉。

意大利负隅抵抗

【美联社开罗 12 月 11 日电】今天，在西迪·巴拉尼争夺战中，英军遭遇了意军的顽强抵抗，但最终攻占了这座城市。今天晚上晚些时候，在 200 平方英里的沙漠战场上，意军仍在拼死坚守，两支孤军之间的沙漠战争仍在继续。

然而，人们普遍认为，英军占领了西迪·巴拉尼基地，目前阶段的军事行动结果还算令人满意。

在该城南面，意大利法西斯驻军仍在坚守营地，战斗非常激烈。每个营地外围都有一个深度战壕，后面还有反坦克防御工事。在营地周围建有石头和岩石堆砌的围墙，围墙不高但是很宽，上面架着反坦克炮、高射炮和机关枪。

英国步兵在重炮轰炸的掩护下，对这些危险的据点发起了攻击。与此同时，英国装甲纵队也在皇家空军的支持下向意军后方猛烈攻击。

被英军抓获的利比亚比尔·阿海姆要塞的意大利守军。

1940年/12月12日

尼罗河之战

以长远的眼光来看这场战争，英军在埃及的突袭的意义，胜于希腊在阿尔巴尼亚的连续成功。两场战役紧密相连，希腊人的英勇让意军的软弱暴露无遗，为英国人发起攻击提供了动力。英军先是袭击了塔兰托海军基地，然后又向格拉齐亚尼元帅的远征军发起攻击。后者的目标原来是占领苏伊士运河，却在西迪·巴拉尼受阻数月。英军已攻下了这一重要的前哨基地，并且可能切断了镇守要塞外围的两个师团。对被俘意军的人数估计出入很大，但其中有3名将军，因而人数似乎会很多。

这场胜利的重大意义不在其本身。意大利在埃及按兵不动，而英国驻军在不断增加，但可能由于物资运送受到严重干扰，英军在人力和空军力量方面仍然稍逊于侵略者。然而，在此次战斗中，英国人像希腊人一样，仔细估计了敌军的战斗力，发现敌军士气低落、缺乏斗志，即使敌众我寡也算不了什么。所有迹象都表明，意大利自身出了问题。显而易见，现在装模作样的攻势遭到反击就变成了失败，意大利半心半意发动的这场战争，不仅反映了公众舆论的状况（意大利民众从开始就一直反对这场战争），而且表明来自轴心国本身的压力，显然让意大利政府内部的严重分歧进一步加剧。

英国有望充分利用这一优势。英国民众长期以来一直反对向轴心国的弱小成员发起“全力以赴”的攻击。但令他们恼火的是，意大利从朋友变成了敌人。英国人现在已经采取了攻势，发起了一场可能对这场战争意义重大的战役。意大利似乎已做好准备，迎接冬季攻势、国外局势的逆转和国内的被轰炸，这对意大利公众的影响可能会像希腊人杰出的表现一样让人始料不及。

1940 年 / 12 月 13 日

卡曼其族再次应征为军队密码服务

美联社报道

【俄克拉何马城 12 月 12 日电】俄克拉何马州的卡曼其族印第安人拥有一种非常奇特的语言，全世界精通该语言的白人不超过 30 人。他们准备像在第一次世界大战中一样，再次对抗解码器。

印第安人服务部主任 A.C. 莫纳汉接到战争部的请求，让他推荐熟练掌握自己部落的语言，并能够彼此了解的 30 名印第安人报名参军，接受陆军通信兵培训。他选择了卡曼其族，该族没有书面语言。

劳顿市的卡梅伦农学院英语系教授 W.G. 贝克尔是研究该部落的权威人士。他回忆起在第一次世界大战中，几名来自俄克拉何马州西南部的卡曼其族人曾协助传递秘密讯息。他补充说：

“一名卡曼其族人在前线的电话机旁，与在总部的另一名卡曼其族人保持通信。他们会用母语传递命令。德国人肯定在偷听，不过一个字也听不懂，他们肯定都气得发疯了。”

陆军计划派遣印第安人到亚特兰大接受电话和无线电传输训练。

1940 年

12 月 15 日

柏林描述华沙新犹太区

经纳粹许可，犹太人可走出高墙

通过无线电发回《纽约时报》的报道

【柏林 12 月 14 日电】据称，把华沙的犹太人限制在一个区域所需的高墙已全部建成。犹太人出入犹太区受到限制，必须出示特别许可证才可通行。为把犹太人彻底与其他人隔开，电车通信系统已经做了改装。

犹太区由一名犹太人管辖，长官由德国人担任。前者是后者的副手，后者有一支犹太人组成的“治安队”。这名犹太人领袖在德国长官的领导下，负责维持犹太区的秩序等事宜。德国人宣称，医院和浴池等公共服务都由区内的犹太人负责。

据柏林称，犹太人的饮食也已经做了安排。食品运到犹太区后，分发给犹太零售商，让他们负责分配。德国人称，这些食品的费用由犹太人通过工作支付，而所谓工作大概是指建筑等体力劳动，以及由当局提供原材料的加工生产。

华沙犹太人被迫佩戴醒目的大卫星形标志。

关键人物、事件简介

人　物

内维尔・张伯伦（1869—1940）：1937 年起任英国首相。筹备 1938 年 9 月召开的慕尼黑会议。德国入侵波兰两天后对德宣战。1940年5月10日宣布辞职，数月后去世。

科德尔・赫尔（1871—1955）：1933 年 3 月至 1944 年 11 月担任罗斯福政府的国务卿。1941 年美日谈判中，对日本采取强硬态度，加速了日本制定对美国动武的决策。在起草《联合国家宣言》（1942 年 1 月 1 日签署）的过程中发挥重要作用，随后促成联合国的诞生。

佩特罗・巴多格里奥（1871—1956）：意大利元帅。数次出任意军总参谋长。1943 年接替下台的墨索里尼，担任意大利首相。1943 年 9 月，与盟军谈判并达成停战协议，随即离开罗马前往意大利南部。1944 年辞去首相一职。

温斯顿・斯宾塞・丘吉尔（1874—1965）：1940 年 5 月至 1945 年 7 月担任英国首相兼国防大臣。1940 年力主坚持对德作战，与苏共总书记斯大林和美国总统罗斯福共同建立战时"大联盟"。极力赞成轰炸欧洲轴心国，支持迂回进攻策略，即从地中海地区进攻希特勒在欧洲的军事要塞而不是正面袭击。随着战事的持续，影响力逐渐减弱。战后成为著名的冷战分子，仇视共产主义。

约瑟夫・斯大林（1878—1953）：1922 年起任苏联共产党中央委员会总书记。1941 年成为苏联人民委员会主席。二战期间担任苏联国防委员会主席，领导全苏战争行动。

欧内斯特・金（1878—1956）：美国海军五星上将。1940 年任美国大西洋舰队司令。反潜作战建奇功，为罗斯福总统所赏识，升任美国海军舰队总司令。1942 年 3 月起兼任美国海军作战部部长。

乔治·卡特利特·马歇尔（1880—1959）：20世纪30年代末担任在华盛顿的美国战争部作战计划处的处长。1939年任陆军参谋长直至二战结束。1947年任国务卿，颁布欧洲复兴计划，也就是人们熟知的“马歇尔计划”。

富兰克林·德拉诺·罗斯福（1882—1945）：二战期间任期最长的美国总统。1940第三次、1944年第四次当选总统，这在美国是史无前例的。20世纪30年代，采取“新政”帮助美国平稳渡过经济危机。20世纪30年代末，敦促美国重整军备。领导美国成为盟军作战的强大后盾，为盟军提供一切战备物资。日本突袭珍珠港后，坚持奉行先打败德国的战略，并通过《租借法案》，慷慨地与盟国分享美国的资源。

鲁道夫·格拉齐亚尼（1882—1955）：意大利将军。1936年至1937年任埃塞俄比亚总督，后任意大利驻北非部队总司令，1941年在北非沙漠战败后辞去军职。回国后，于1943年至1945年出任墨索里尼傀儡政府的国防部长。战后被判处有期徒刑19年，几个月后获释出狱。

克莱门特·艾德礼（1883—1967）：英国工党领袖。1940年5月加入丘吉尔的战时内阁。负责内政事务，1942年担任副首相。1945年工党赢得选举后，于7月接替丘吉尔成为英国首相。

贝尼托·墨索里尼（1883—1945）：意大利法西斯党党魁。1922年10月至1943年7月任意大利总理。野心勃勃想在地中海和非洲地区建立一个新的罗马帝国，于1935年10月向埃塞俄比亚发动战争，并击败埃塞俄比亚。与希特勒建立起紧密的轴心国同盟关系。1940年6月10日，向英法两国宣战；1940年10月，又向希腊宣战。意大利军队全线溃败后，其支持度下降。1943年7月发生政变，其政府被推翻。被德国特种部队营救后，在意大利德国占领区担任意大利社会主义共和国领袖。1945年4月28日，在逃往瑞士的途中被游击队员击毙。

蒋介石（1887—1975）：中国国民党总裁。九一八事变后，曾一度坚持“攘外必先安内”。1945年日本战败后，中国爆发内战，蒋不敌中国共产党，1949年败退台湾，任台湾当局“总统”。

阿道夫·希特勒（1889—1945）：德国纳粹党党魁、独裁者。1934年成为德国元首，1939年将德国拖入战争深渊。1941年12月自封德国军队总司令。其军队在二战中一败涂地。1945 年 4 月 30 日在柏林自杀。

夏尔·戴高乐（1890—1970）：1940 年晋升陆军准将。装甲战理论先驱之一，曾在法国战役中担任法国第四装甲师指挥官。1940 年 6 月流亡伦敦，尽管遭到美国总统富兰克林·罗斯福的冷眼，仍发起并领导自由法国运动。1943 年和亨利·吉劳德共同担任法兰西民族解放委员会主席。1944 年在阿尔及利亚成立法国临时政府。法国解放后，促成法国的民主秩序的建立。

维亚切斯拉夫·莫洛托夫（1890—1986）：苏共总书记约瑟夫·斯大林倚重的核心集团成员之一。1930 年至 1941 年任苏联人民委员会主席。1939 年起任外交人民委员。曾代表苏联参与苏联加入联合国的谈判。

近卫文麿（1891—1945）：日本公爵。1937 年至 1941 年间三任日本首相。在任期内侵占中国的企图破灭，1941 年开展的日美谈判也最终破裂。是日本"新秩序"的积极拥护者，但在太平洋战争中并未发挥太大的政治作用。1945 年 12 月，在被捕前自杀。

赫尔曼·威廉·戈林（1893—1946）：德国空军总司令和国家航空部部长。1939 年被指定为希特勒的接班人。1940 年击败法国，被授予最高军衔——"帝国元帅"。二战期间，政治活动较少，仅有短暂活跃期。纽伦堡审判中的战犯之一，被判处极刑，行刑前夜自杀身亡。

约阿希姆·冯·里宾特洛甫（1893—1946）：希特勒的外交政策顾问，1938 年 2 月起担任德国外交部长。1939 年 8 月，代表德国与苏联签署《苏德互不侵犯条约》。在整个二战期间都担任首席外交官的角色。纽伦堡审判中被判犯有破坏和平等罪，被处以绞刑。

查尔斯·默兹（1893—1977）：1931 年进入《纽约时报》编辑部，此前曾在多家报纸工作。1938 年 11 月至 1961 年，任《纽约时报》编辑。

约瑟夫·戈培尔（1897—1945）：纳粹政治家，纳粹德国国民教育与宣传部部长。1944 年被任命为帝国总体战动员委员会主任。1945 年 5 月 1 日在希特勒的掩体内自杀。

安东尼·艾登（1897—1977）：1940年，被刚任首相的丘吉尔任命为陆军大臣。1940年12月，任外交大臣。在英国的反法西斯战争中发挥了重要作用，并促成联合国于1945年成立。

爱德华·斯特蒂纽斯（1900—1949）：1941年1月被任命为生产管理办公室主任。1941年8月成为《租借法案》的监管者。1944年11月任国务卿。1945年5月代表美国出席在旧金山召开的联合国成立大会。

事　件

慕尼黑会议（1938年9月30日）：德国、意大利、英国和法国的领导人在会上签订了《慕尼黑协定》，同意对捷克斯洛伐克领土的划分，允许德国占领德意志民族聚居的苏台德地区。德国对该地区的占领从1938年10月1日起一直持续到战争结束。

水晶之夜（1938年11月9日至10日）：德国境内针对犹太人经营的商店以及会堂的反犹太人暴动。戈培尔在希特勒的默许下策划了此次暴动，目的是为了报复犹太抗议者在巴黎刺杀德国外交官的行动。

德国入侵波兰（1939年9月1日至27日）：德国陆军和空军入侵波兰，波兰军队节节败退，退到华沙附近才开展绝地保卫战。9月17日，苏联军队进入波兰，占领波兰东部地区。9月27日，主要战役结束。

苏芬冬季战争（1939年11月30日至1940年3月12日）：由于芬兰拒绝同意苏联在波罗的海地区改善安全状况的要求，拒绝向苏联割让领土和租借军事基地，苏联向芬兰发动战争。芬兰英勇抵抗，但仍不敌大兵压境的苏联军队，于1940年3月请求停战。

法国战役（1940年5月10日至6月17日）：1940年5月10日，德军入侵低地国家，迅速突破并切断盟军防线。5月15日，荷兰投降。5月28日，比利时投降。6月14日，德国攻占巴黎。6月17日，法国要求停战。

不列颠之战（1940年7月至10月）：英国南部上空发生的一系列空战，作战双方为英国皇家空军战斗机司令部和驻扎在法国北部的德国第二和第三航空队。英国皇家空军共损失 915 架飞机，德国空军共损失 1733 架飞机。

闪电战（1940 年 9 月 7 日至 1941 年 5 月 16 日）：9 月 7 日，德军轰炸伦敦码头，揭开闪电战的序幕。随后，德国第二和第三航空队对英国的港口、粮食储备仓库、石油储备设施和航空发动机工厂展开持续轰炸。空袭导致 4.3 万多名英国人丧生，但对英国经济的影响有限。

致谢

本书编者要向 Black Dog & Leventhal 出版社的 J.P. 莱文赛尔、丽莎·特纳格利亚和帕梅拉·谢克特表示衷心感谢，感谢他们在文稿准备中的帮助。

出版人要感谢理查德·奥弗里，感谢他承担起这个艰巨繁重的项目；要感谢德怀特·齐默尔曼，感谢他深入细致的研究；要向希拉·哈特致以谢意，感谢她的精彩设计，以及为本项目付出的辛勤工作；还要感谢《纽约时报》各位参与本项目的人员，特别是亚历克斯·沃德和米切尔·利维塔斯。

《纽约时报》要向以下人员表示由衷的感谢，感谢他们周密详尽的研究和技术支持：苏珊·比奇、克莉丝蒂·蕾莉、詹姆斯·伯默尔、罗伯特·拉尔森、芭芭拉·格雷、杰克·贝格、阿兰·德拉奎里尔和海蒂·吉奥维尼；同时感谢以下人士提出的建设性意见和全心全意的协助：《泰晤士报》的肯尼斯·里基耶里和李·里法泰尔，美联社的安东尼·布里托与乔纳森·弗尔曼。